国家自然科学基金项目资助

U0644545

新疆天山世界自然遗产保护地生态移民的生计及参与旅游研究

XINJIANG TIANSHAN SHIJIE ZIRAN YICHAN BAOHUDI
SHENGTAI YIMIN DE SHENGJI JI CANYU LÜYOU YANJIU

姚 娟　胡继然　李倩娜　著

中国农业出版社
农村读物出版社
北京

图书在版编目（CIP）数据

新疆天山世界自然遗产保护地生态移民的生计及参与旅游研究 / 姚娟，胡继然，李倩娜著. —北京：中国农业出版社，2023.4

ISBN 978-7-109-30487-1

Ⅰ.①新… Ⅱ.①姚… ②胡… ③李… Ⅲ.①移民—研究—新疆 Ⅳ.①D632.4

中国国家版本馆 CIP 数据核字（2023）第 038614 号

中国农业出版社出版

地址：北京市朝阳区麦子店街 18 号楼

邮编：100125

责任编辑：姚　佳　　文字编辑：王玉水

版式设计：王　晨　　责任校对：吴丽婷

印刷：北京中兴印刷有限公司

版次：2023 年 4 月第 1 版

印次：2023 年 4 月北京第 1 次印刷

发行：新华书店北京发行所

开本：720mm×960mm　1/16

印张：14.25

字数：263 千字

定价：78.00 元

本书是国家自然科学基金项目"新疆天山世界自然遗产保护地生态系统服务的旅游消费测度及调控机制研究"的部分研究成果（项目批准号：41961046）课题主持人姚娟教授（新疆农业大学）

本书出版得到国家自然科学基金项目"新疆天山世界自然遗产保护地生态系统服务的旅游消费测度及调控机制研究"（项目批准号：41961046）资助

序 言
PREFACE

本书是笔者对牧民生计及参与旅游问题多年持续跟踪研究的一次总结归纳。

自 2008 年起，笔者及研究团队在新疆第一处也是目前唯一一处世界自然遗产保护地天山开展了十余次深度调查，以新疆天山世界自然遗产保护地周边的天山天池、喀拉峻、巴音布鲁克等重点旅游景区为研究案例地，组织博士研究生、硕士研究生和本科生等不同层次的科研团队，投入巨大的时间和精力进行研究设计、实地调查和数据处理分析等，累计获得牧民、游客调查材料近三千份，研究成果先后以学术论文、学位论文等形式发表。通过讨论整理，以生态移民的生计和参与旅游问题为线索对研究成果进行分析梳理和筛选，基于农业农村经济、生态经济等学科理论，形成逻辑合理、前后连贯、内容相互支撑的整体研究思路和全书框架，将多年积累的调查资料和研究案例按照相关主题串联起来，最终形成全书正文。全书主要内容由五部分组成：

（1）研究区旅游发展、生态移民搬迁安置及其生计现状调查。主要开展新疆天山世界自然遗产保护地及周边重点旅游景区概况、生态移民搬迁安置及其生计特征现状调查。

（2）研究区生态移民搬迁定居的意愿、态度、适应研究。对研究区生态移民搬迁安置意愿及影响因素、生态移民对定居工程的态度及满意度、定居牧民变迁环境适应水平进行调查研究。

（3）研究区生态移民生计影响因素研究。从搬迁安置牧民的生计资本与生计策略，牧户多样化生计与草地生态系统服务依赖关系，资本禀赋、政策感知与牧民减畜意愿三个方面进行阐述。

（4）研究区生态移民生计共生及参与旅游问题研究。从基于生态系统服务的牧民生计共生、搬迁安置牧民的参与旅游问题、旅游专业合作社特色化经营模式三个方面，对生态移民的参与旅游问题进行研究。

（5）生态移民生计与旅游业可持续协同发展策略和建议。从牧民的应对策略、旅游龙头企业的应对策略、政府的应对策略、巩固生态移民成果等方面提出促进牧民生计可持续的政策建议。

本书是团队合作的成果，主要参与人员分工如下：第一作者新疆农业大学经济管理学院姚娟教授拟定全书提纲目录，承担全文最终统稿，撰写第 1、2、3、4、6、7、14 章的内容；第二作者新疆农业大学经济管理学院博士研究生胡继然完成第 5、8、9、11、12 章的内容；第三作者内江师范学院经济与管理学院助教、新疆农业大学经济管理学院博士研究生李倩娜完成第 13 章的内容；山东开放大学助教付鹏飞完成第 10 章的内容。

笔者能力有限，书中不足之处，请读者批评指正。

姚　娟

意大利博洛尼亚卡萨莱基奥

2022 年 11 月 16 日

目　录
CONTENTS

序言

第 1 章

绪　　论

1.1　问题的提出

在新疆天山世界自然遗产保护地实施生态移民，是实现天山山脉自然生态保护、世界自然遗产保护地资源有序开发与管理、牧民生计改善等多重目标的重要路径。开展研究区生态移民的生计及参与旅游问题调查研究，推动实现边疆牧区富民安居和稳疆兴疆的战略目标，对生态脆弱区域生态安全和生态系统服务合理有序利用有重要意义。

1.1.1　开展遗产保护地自然生态系统的保护性利用任重道远

1.1.1.1　新疆天山生态系统的脆弱性显著

生态脆弱性是一个涉及多学科的综合性概念，指生态环境受到外界干扰作用超出自身的调节范围而表现出的对干挠的敏感程度，是生态系统的固有属性。新疆天山的荒漠草原地处中亚荒漠地带的东部，光照资源和土地资源十分丰富，但受古尔班通古特沙漠、准噶尔盆地以及亚洲内陆极端干旱气候影响，降水量少，植被稀疏，结构简单，生态脆弱性明显。位于新疆天山北坡的低山和山前平原带的春秋牧场为荒漠草地，同一草地每年两季利用时，牧草正处于关键生长期，这种尖锐的矛盾造成了草地严重退化。

1.1.1.2　天山牧区畜牧业发展超载超限

草场超载是指一定面积草场上的实际载畜量超过该草场理论载畜量的状态。根据研究，新疆草场超载情况严重。牲畜数量与草地资源状况有着直接的关系，牲畜数量增加，对牧草的需求量加大，超过草地资源的承载力，导致草地退化。新疆作为干旱、半干旱区，生态系统极为脆弱。天山牧区牧民传统的放牧方式、人口增加带来的生存压力、超过草地承载力的牲畜保有量，加剧了局部草场的退化，进而改变了草地生态环境，降低了草地生态系统的功能，使干旱类型的草地植被得不到正常生长和发育，覆盖度变小、草层变低，草地生产力下降，造成草地严重退化。

1.1.1.3　山区生态系统迫切需要实施综合管理

（1）保障生态系统服务供给能力。生态系统服务供给是指生态系统与生态过程所形成及所维持的人类赖以生存的自然环境条件与效用。生态系统服务供给不仅为人类提供了食品、医药及其他生产生活原料，还创造与维持了地球的生命支持系统，形成了人类生存所必需的环境条件。

新疆天山深居干旱内陆区域，四周被沙漠所环绕，巨大的山体突兀在浩瀚广袤的荒漠背景之上，相对高差达 4 000～6 000 米。造就了湿润、半湿润、半干旱和干旱的不同水热环境组合，形成了由暖温带、中温带、寒温带、寒带和极高山永久冰雪带组成的鲜明气候带谱，发育了荒漠、山地草原、山地森林、亚高山草甸、高山草甸、高山垫状植被和冰雪带等系列垂直自然带，为野生动植物提供了多样的栖息和生存环境，孕育了独特的植被类型和丰富的生物种类。新疆天山拥有茂密的森林、广阔的草原和众多的山系，占新疆全区面积 1/3 强（57 万多千米^2），其山体由山地、山间盆地和山前平原 3 部分组成，它是一个完整的生态系统，能为人类提供赖以生存的环境与条件。开展新疆天山山区综合管理可以维护和提高其生态系统的服务供给能力。

（2）合理利用环境资源，推动区域可持续发展。新疆天山的环境资源类型丰富，包括新鲜的空气、干净的水资源、丰富的矿藏资源、茂密的森林、广阔的草原、珍贵的野生动植物、少数民族特色文化等。其旅游资源品质较高，对游客具有极强的吸引力。在"禁牧兴旅"的战略引导下，推动旅游业在牧区积极开展，对当地经济的发展具有极大的促进作用，能够提高牧民的生活水平，从而推动区域可持续发展。

1.1.2　实施遗产保护地各类资源有序开发利用的管理规制势在必行

1.1.2.1　化解旅游开发中景观休憩与畜牧生产的矛盾

新疆天山旅游开发中因资源利用权衡、资源过度开发损害生态环境等产生的旅牧、林旅、林牧矛盾冲突日益尖锐。其中旅牧矛盾突出表现为景观休憩会影响牧民的畜牧生产能力，景观用地占用畜牧用地，导致牧民生产用地减少，因而生计受到影响。总体上区内现有的生产生活方式已不能满足牧民发展需求。生态移民既是新疆天山世界自然遗产保护地资源环境保护的举措，也是调节旅牧矛盾、实现牧民生产生活转变的有效手段。通过将部分牧民迁出景观休憩区和生态保护区，划定禁限放牧的草场，帮助牧民参与旅游经营并从中获取收益，可以实现旅游资源保护、牧民生计可持续的多赢目标。

1.1.2.2 履行遗产委员会的资源管理承诺

新疆天山世界自然遗产保护地保护管理规划界定了遗产保护地的位置和面积，阐述了其突出的普遍价值，分析了遗产保护地的保护现状，提出了保护管理措施，以更好地对遗产保护地进行有效的保护。其具体内容包括以下几个方面：①通过系列遗产保护地的管理规划承诺履行《保护世界文化和自然遗产公约》的义务；②客观陈述系列遗产保护地的位置、范围、满足标准、列入理由、所具有的突出普遍价值及保护管理现状；③客观分析各遗产保护地所面临的挑战和问题；④提出系列遗产保护地整体的保护管理目标；⑤制定一系列专项保护与管理规划，包括地质地貌遗迹保护、水体保护、生物生态保护、自然景观保护等；⑥对系列遗产保护地保护与管理分区，制定长远的保护管理政策和机制；⑦为确保规划和行动计划能有效实施，建立遗产保护地整体的监测和评估机制；⑧制定系列整体的保护与管理实施方案，指导各遗产保护地的实践操作。

1.1.2.3 推动实现新疆"稳边兴牧"的社会经济战略

新疆维吾尔自治区第九次党代会提出，坚持兴边惠民，有力促进稳边固边。兴边富民行动包括：①加快推进现代农牧业进程，增强县域经济发展实力。②主导优势产业逐步形成，边境农牧民收入大幅增加。③改善生态环境，拓展经济和社会发展的空间。④带动边境少数民族群众的就业。⑤发展少数民族特色产业，弘扬和保护少数民族的传统文化。⑥促进民族团结，维护社会稳定。

1.2 研究意义

以新疆天山世界自然遗产保护地为研究区开展生态移民的生计和参与旅游问题研究，对生态系统服务理论应用与管理实践有重要意义。

学界利用旅游环境承载力、旅游生态足迹、旅游废弃物等理论研究旅游生态与环境影响的成果，为旅游地可持续发展理念和相关制度的形成提供了有力支撑。以生态移民的生计及参与旅游为选题，研究资源利用多元共存的世界自然遗产型旅游区人类经济开发活动与本地生态系统服务的关系，对生态系统服务供给、传输、消费和再生产的相互作用循环过程研究有重要价值。从资源消耗和环境影响两方面系统定量研究旅游可持续发展问题，是旅游生态与环境影响研究的深化与推进。

实践意义方面，2019 年国家提出了打好"三大攻坚战"的战略目标，新疆维吾尔自治区政府在此基础上部署实施加快丝绸之路经济带核心区建设、深入实施乡村振兴战略、全面实施旅游兴疆战略的重点工作任务。旅游开发与生态环境保护等政策叠加交叉过程中，区域发展的政策选择需要生态移民的生计及参与旅游等经济活动对生态系统服务供给的影响研究支撑。天山是新疆唯一的世界自然遗产保护地，也是多民族聚居的传统牧区，民生发展与生态环境保护压力下，生态旅游开发替代畜牧业和林业成为地方政府的首选。天山作为典型荒漠干旱区、生态脆弱敏感区，开展生态移民的生计及参与旅游的研究，对维护区域生态安全和制定生态系统服务可持续供给管理政策有重要参考价值。遗产保护地各旅游景区在旅游生态与环境负面效应、生态系统服务不合理消费等影响冲击下，其生态系统服务被旅游业可持续利用面临巨大挑战。选择典型案例点开展旅游发展中牧民生计与生态系统服务利用等方面研究，揭示相关社会经济和生态管理政策推动下的畜牧-旅游共融区域生态系统服务消费的响应速率及变化趋势，研究新疆天山世界自然遗产保护地合理适度的发展速度和开发水平，对区域生态安全及社会经济与资源环境的可持续发展有重要实践意义，对遗产保护地旅游业可持续发展有重要理论和实践意义。

1.3 主要研究内容

本书以新疆天山世界自然遗产 4 个保护地及周边重点旅游景区为研究案例地，主要研究内容分为 5 个部分。

（1）研究区旅游发展、生态移民搬迁安置及其生计特征现状调查。主要开展新疆天山世界自然遗产保护地及周边重点旅游景区概况、生态移民搬迁安置及其生计特征现状调查。

（2）研究区生态移民搬迁定居的意愿、态度、适应研究。对研究区生态移民搬迁安置意愿及影响因素、生态移民对定居工程的态度及满意度、定居牧民变迁环境适应进行调查研究。

（3）研究区生态移民生计影响因素研究。通过搬迁安置牧民的生计资本与生计策略研究，牧户多样化生计与生态系统服务依赖关系，资本禀赋、政策感知与牧民减畜意愿等 3 章内容，对生态移民生计影响因素进行阐述。

（4）研究区生态移民生计共生及参与旅游问题研究。通过基于生态系统服务的牧民生计共生、搬迁安置牧民的参与旅游问题、旅游专业合作社特色化经营模式 3 章内容，对生态移民的参与旅游问题进行研究。

（5）生态移民生计与旅游业可持续协同发展策略和建议。从牧民的应对策略、旅游龙头企业的应对策略、政府的应对策略、巩固生态移民成果促进牧民

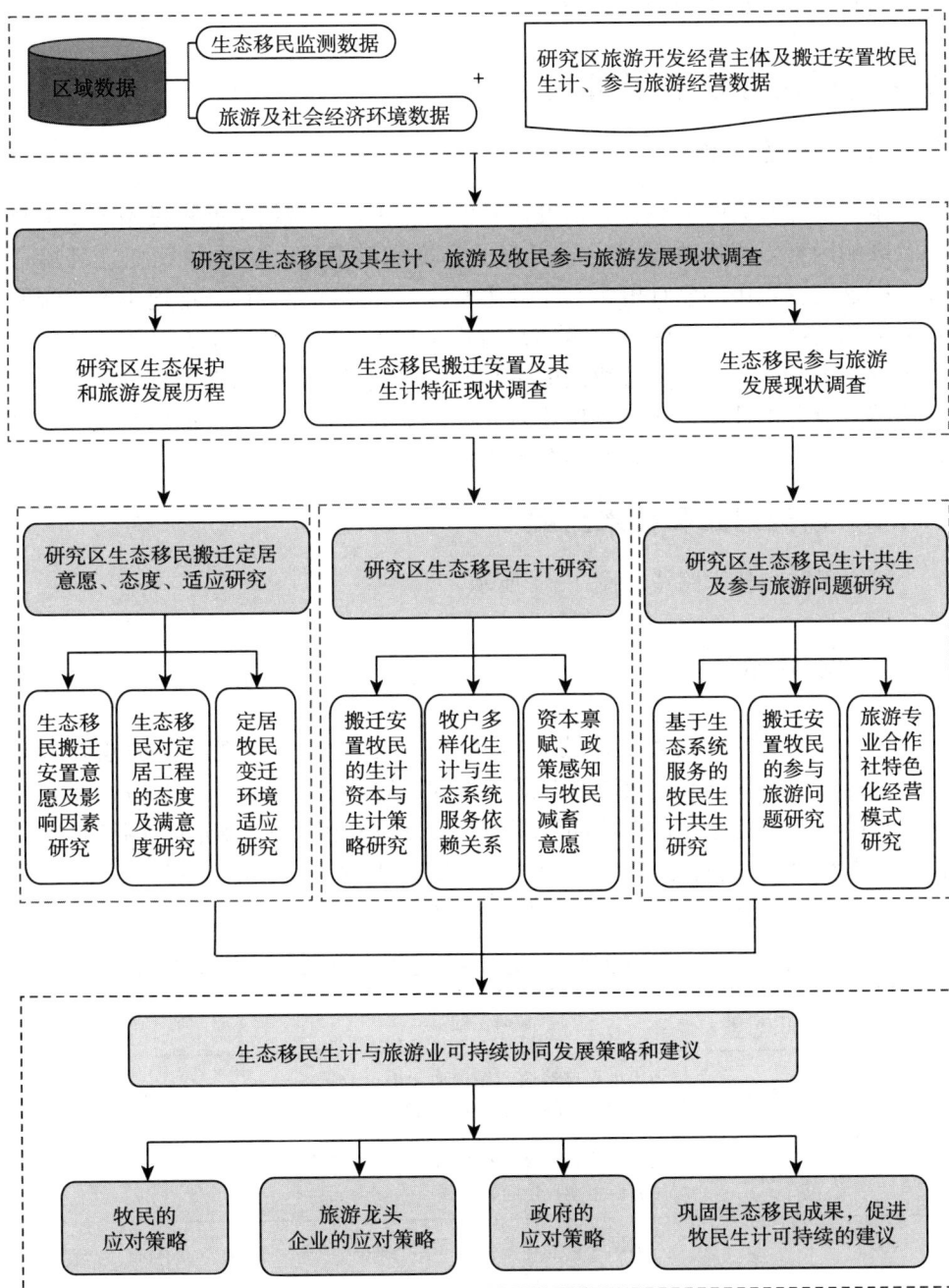

图 1-1　研究思路和技术路线

生计可持续等方面提出政策建议。

1.4 研究方法和技术路线

1.4.1 研究方法

本书研究时间跨度较长，研究内容涉及范围广，包括生态移民搬迁安置意愿及影响因素，搬迁牧民对定居工程的态度和满意度，定居牧民变迁环境适应，搬迁安置牧民的生计资本与生计策略，牧户多样化生计与草地生态系统服务的依赖关系，资本禀赋、政策感知与牧民减畜意愿，基于生态系统服务的牧民生计共生研究，搬迁安置牧民的参与旅游问题研究，天山世界自然遗产保护地旅游专业合作社特色化经营模式研究等多个方面。各部分根据研究目标需要选择相应的分析方法，在各章中分别详述。

1.4.2 研究思路和技术路线

研究思路和技术路线如图 1-1 所示。

1.5 数据来源

2016 年以来，研究团队连续 5 年多次赴天山世界自然遗产保护地天山天池、喀拉峻和巴音布鲁克旅游区开展访谈和问卷调研活动（表 1-1），针对游客、牧民、旅游企业、合作社和管理委员会及政府相关业务部门，围绕生态补偿、生态移民、生态旅游消费行为、牧民生计利用、生态系统服务消费等主题进行问卷和访谈调查，累计收集有效问卷 2 005 份。

表 1-1 前期在天山世界自然遗产保护地各研究区域开展的调研活动

调研区域	调研对象	调研主题	样本量	调研时间
天山天池	游客	天山世界自然遗产保护地天山天池景区旅游生态补偿的游客支付意愿调查	377	2018.7.10—7.13
	牧民	天山世界自然遗产保护地天山天池景区居民旅游生态补偿问题调查	210	2018.7.23—7.26
巴音布鲁克	游客	天山世界自然遗产保护地巴音布鲁克景区游客生态旅游行为与消费调查	275	2020.6.3—6.13
	牧民	天山世界自然遗产保护地巴音布鲁克景区牧民生产生活及城镇化适应调查	205	2020.6.3—6.13

（续）

调研区域	调研对象	调研主题	样本量	调研时间
喀拉峻	游客	天山世界自然遗产保护地喀拉峻景区游客生态旅游行为与消费调查	247	2017.6.29—7.4
	游客	天山世界自然遗产保护地喀拉峻景区游客生态旅游行为与消费调查	224	2021.7.3—7.5
	牧民	天山世界自然遗产保护地喀拉峻景区旅游开发和生态移民调查	190	2017.6.29—7.4
	牧民	天山世界自然遗产保护地喀拉峻景区牧民生计利用生态系统服务调查	180	2019.6.30—7.5
	合作社	天山世界自然遗产保护地喀拉峻景区马队旅游专业合作社特色化经营调查问卷	87	2018.7.1—7.4
	管委会和旅游企业	天山世界自然遗产保护地喀拉峻景区旅游企业生态系统服务消费访谈调查	10	2018.7.1—7.4

第 2 章

理论基础与研究进展

2.1 相关概念

关于生态移民问题，学者们已经开展了相关研究，对生态移民和生态移民工程 2 个概念进行了总结并分类，了解生态移民的安置模式及政策对于新疆天山世界自然遗产保护地各景区生态移民安置工程的研究具有重要意义。此外，我们还应关注国内外对于此问题研究的概况，这对于促进生态移民工程的顺利实施具有十分重要的作用。

2.1.1 生态移民的概念和分类

2.1.1.1 生态移民的概念

为了保护生态环境，美国科学家考尔斯最早提出了"生态移民"的概念，即将生活在原来地方的牧民进行转移。而在中国，1960 年前后开始提出这个概念。随着社会的发展和对环境保护的重视，越来越多的学者开展了生态移民的研究（姜冬梅，2012）。

我国在 2003 年第一次明确提出生态移民。由于研究方向不同，不同学者对生态移民的理解和定义不尽相同，如表 2-1 所示。

关于生态移民的概念，综合各位学者的观点，可将生态移民定义为那些生活在划为自然保护区的地区、生态特别脆弱不适合农业生产的地区以及生态环境遭到严重破坏的地区的人们，为了自身的发展自愿或非自愿地转移到其他地方生活的行为。这种变化使得生态环境得以保护，移民的生活水平得以提高，同时也对原有的人群分布、环境资源进行了重新整合，不但消除了贫困，也更有利于环境和人口的可持续发展。

2.1.1.2 生态移民的分类

有学者根据 4 类不同标准对我国生态移民进行分类（包智明，2006），如

图 2-1 所示。

图 2-1 中的分类包括了各个角度，非常全面。本书主要研究的是新疆的生态移民，由于新疆的生态系统复杂多样，既有戈壁荒漠又有草原牧区，所以本书认为新疆还可增加戈壁荒漠和草原牧区这 2 类生态移民。

表 2-1　不同学者对生态移民的定义

时间	学者	定义	来源出处
1993 年	任耀武、袁国宝、季凤湖	生态移民是"生态农业思想在移民中的应用"，也可以称为"可持续性移民"和"可承受开发性移民"	《试论三峡库区生态移民》
2002 年	刘学敏等	生态移民是将分散在环境脆弱地区的人口融入新城镇，促进人口、资源、环境和经济社会的协调发展，达到改善生态、发展经济的目的	《西北地区生态移民效果与问题探讨》
2002 年	方兵、彭志光	生态移民是为了保护生态脆弱地区的生态环境，同时兼顾移民脱贫致富、迁入地原居民利益保护、不破坏迁入地生态环境的多目标移民	《生态移民：西部脱贫与生态环境保护新思路》
2003 年	葛根高娃、乌云巴图	生态移民是一种经济行为，人们为了维护自身生态利益，在环境恶化的情况下被动迁移	《内蒙古牧区生态移民的概念、问题与对策》
2005 年	孟琳琳、包志明	生态移民是以保护环境、发展经济为目的，将生态脆弱区分散的农牧民集中迁居到新的城镇的社会行为	《生态移民研究综述》
2005 年	文冰等	生态移民是为了保护、修复迁出地生态环境而进行的移民，或因当地环境限制人们生存和发展的需求而整体迁出的移民	《生态移民的搬迁形式研究——云南永善县马楠乡案例分析》
2007 年	阿布力孜·玉苏甫	生态移民是将居住在生态脆弱地区或重要生态区的人们迁移到条件较好的地区	《生态移民反贫困的实证研究——以阿克苏柯坪县为例》
2010 年	吴正彪	生态移民是自然环境恶化使人们不能生存而迁移的一种经济行为	《试论生态移民与文化环境的适应性——以贵州省紫云自治县洞居人家搬迁为例》

资料来源：以上定义来源为 CNKI 图书馆文献资料。

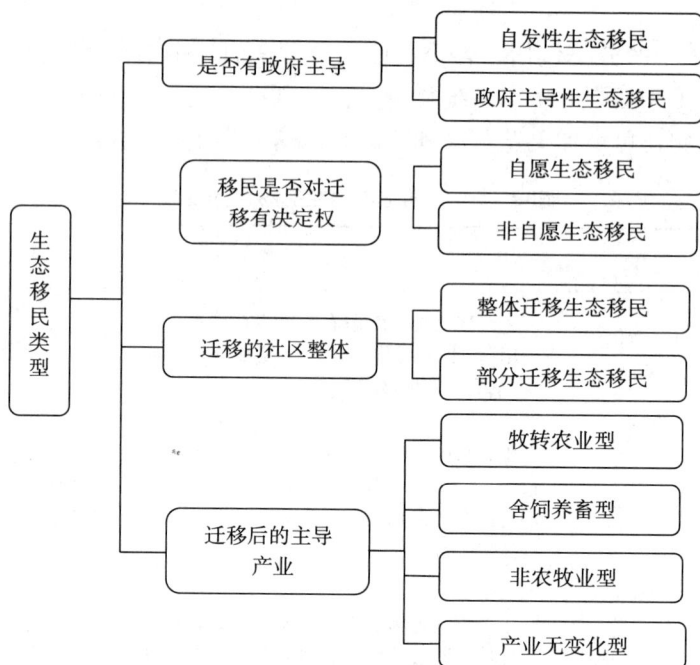

图 2-1　生态移民分类

资料来源：包智明（2006）。

2.1.2　生计

生计（livelihood）在英语词典中被解释为维持生活的手段和方式。生计概念最早是 20 世纪 80 年代中期由 Robert Chambers 提出的，后来又被他本人以及 Conway 等人所发展。Chambers 和 Conway 认为"生计是谋生的方式，该谋生方式建立在能力、资产（包括储备物、资源、要求权和享有权）和活动基础之上"（Chambers et al.，1992），此概念已被绝大多数学者所接受。另一个被广泛接受的生计概念是"生计由能力、资产（包括物质和社会资源）和生活行为组成"。

2.1.3　社区参与

张杜杰（2008）指出，社区参与旅游是指社区居民通过特定的方式参与到旅游业的开发与发展中来，在环境保护、文化传播等方面发挥积极作用，并从旅游业发展中获利。

2.1.4　世界自然遗产保护地

自然遗产是指具有特殊的地质、地貌类型，有较为稀有的物种或独特的美学价值的自然地带。而世界自然遗产是指符合《保护世界文化与自然遗产公约》规定，被世界遗产委员会列入《世界自然遗产名录》的自然遗产。

影响世界自然遗产突出普遍价值的威胁因素的标准清单包括 14 个主要因素，且每个主要因素包含一些次要因素。主要因素包括：建筑和开发、交通基础设施、公用设施或基础服务设施、污染、生物资源利用改变、物理资源开采、影响物理结构的当地条件、遗产的社会文化利用、其他人类活动、气候变化和恶劣天气事件、突发生态或地质事件、入侵外来物种或过于丰富的物种、管理和制度因素、其他因素。

2.2　理论基础

2.2.1　可持续生计理论

可持续生计（SL）方法是用来研究可持续发展的工具，最早来源于阿玛蒂亚·森等于 20 世纪 80—90 年代提出的深度阐释贫困属性的相关理论。它包括 7 个原则，即以人为本、整体性、动态性、参与性、利用现有优势、宏观与微观相结合以及可持续。

英国国际发展署（DFID）根据阿玛蒂亚·森等的贫困理论，提出了可持续生计分析框架（图 2-2）。这个框架把农户看作在一个脆弱性的背景中生存或谋生。农户可以使用一定的资产，而社会、机构和组织环境影响着农户的生计策略——配置与使用资产的方式，以求得有益的成果或状况，满足其生计目标。

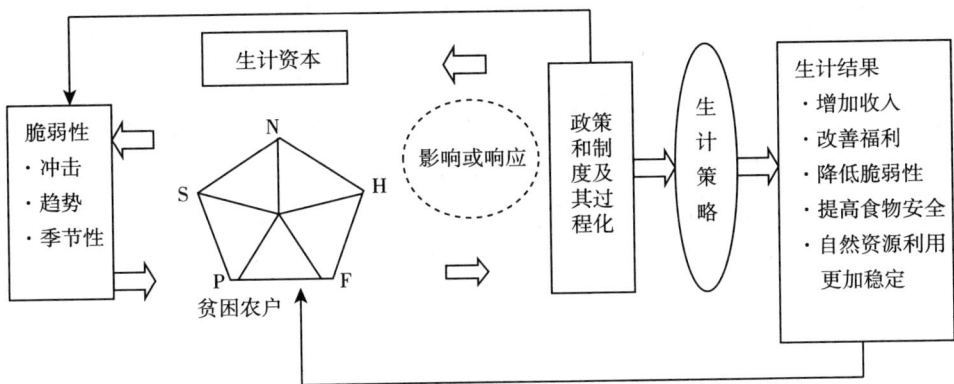

图 2-2　可持续生计（SL）框架

注：N 为自然资本　H 为人力资本　F 为金融资本　P 为物质资本　S 为社会资本

资料来源：李斌等（2004）。

在一定的脆弱性背景下，在生计资本与政策和制度的相互作用下，生计核心资本的性质和状况，决定了农牧民采用何种生计策略；农牧民在选用生计策略时也受到他们自身的偏好和所处的生存环境的影响，从而会形成某种生计结果；而所形成的生计结果又会对生计资本具有反作用，影响生计资本的性质和状况（李斌等，2004）。

SL框架涵盖5部分内容：

（1）脆弱性。家庭和个体在生计活动过程中，其在生计结构变化或面临外力冲击时所具备的不稳定、易遭受损失的状态即为生计脆弱性。作为分析框架的背景，其影响因素多是不可逆的。生计资本的有效利用受人口、资源环境的变化（包括冲突、矛盾）、技术、国内外市场和贸易、经济全球化等主要环境趋势的影响，同时也受季节条件的制约，家庭或个体的生计活动的经济收益和相应生计策略的选择，也会随环境趋势、季节条件的变化而变化。

（2）生计资本。生计资本是SL框架中的核心部分，它反映人们生计资本状况及这些资本之间的内在联系。五边形中各直线的交叉位置，表示五大资本都为零，外围为最大值。农牧民的生计资本可以通过某种或多种方式获取，不同的家庭对生计资本的获得能力并不相同；某项生计资本占核心主导地位时，必将导致某种对应的生计策略；生计资本中每种资本的状况是不断运动变化的，在不同的条件下，5种生计资本又是可以相互转化的。

（3）政策和制度及其过程化。各层次政府有不同的政策，而相关政策对生计资本会产生影响。机构的设立，也会对生计资本产生影响。而决策过程（如参与式计划）、社会习俗等也会影响到生计资本的结果，可能阻碍或支持生计。当然，生计资本状况也会对一些政策、机构等产生影响。同时，政策、机构和过程可能会增强农户抵御打击的能力，或使得趋势/变化向良性方向发展。

（4）生计策略。生计策略是人们综合考虑能够使用的资产，环境/背景的脆弱性，以及从政策、机构、过程可能得到的支持或受到的阻碍，为实现某种生计目标，而对某种生计活动的选择。在DFID的可持续生计框架中农户采用的生计策略主要有3种类型：农业集约化和粗放化经营（大量投入资本要素或者劳动力要素）、生计多样化（积累和再投资的投资多样化）、迁移（如迁入和迁出）。

（5）生计结果。生计结果即生计策略的成就或产出，它能够直接反映出农民的生计状况。它建立在脆弱或不平衡的生计资本组合基础上；受到变化和恶化的外部趋势打击（天灾人祸）的影响；同时受到政策、机构和变化过程的支持或阻碍，使得贫困农户不能有效地使用他们本来可能使用的资本；生计的选择（经营的构成）组成了一个"不好的"或不可持续的策略。同时，贫困群体的生计结果又对生计资本具有反作用，改变其生计资本的结构，从而又导致某种新的生计策略产生，进而形成新的生计结果。

生计的发展进程不是固定的，不是每种生计结果的形成，都是由脆弱性环境开始，通过它们对生计资本的影响，以及生计资本与政策、制度及其过程化的相互影响或响应，形成某种生计策略最终导致某种生计结果。农牧民的某种生计状况，是受很多因素影响而产生的结果，而这些影响因素又都是处在不断的运动、变化、发展的过程中。所以在分析他们的生计状况的时候，应该同时把握各方面的情况，包括资本状况、生计目标、现有生计策略等。

2.2.2　参与式发展理论

英文 participation 汉语译为"参与"，反映的是一种基层群众被赋权的过程，此概念的特点包括：①受益人在决策及选择过程中的介入；②目标群体在项目执行全过程的介入；③受益群体在发展过程中作出相应的贡献和努力；④受益群体对项目的成功具有相当的承诺并具有一定的实施项目的能力；⑤目标群体对实施项目的主动性和责任感；⑥重视乡土知识和创新；⑦确保目标群体对相关资源的利用和控制；⑧对目标群体的能力建设；⑨目标群体尤其是弱势群体真正能分享发展所带来的利益；⑩对目标群体自我发展能力的建设；⑪对权利及民主的再分配；⑫建立机制化的长效参与机制。这表明参与概念具有多层次性，可从意识形态、价值观、理念、范式、方法、工具、实践、经验到理论升华的多层次视角理解。

参与式发展通常指在影响人们生活状况的发展过程或发展计划项目的有关决策过程中，发展主体积极、全面介入的一种发展方式，是将参与的理念融入发展干预过程的发展战略和方法体系。发展实践也从单纯强调经济增长和技术进步转而更关注增长效率、分配公平和结构转型，强调发展本身回归到作为发展主体的人本身的发展上。总体上，参与式发展模式强调发展主体在影响其发展进程的发展干预过程中全面参与的重要性。

2.2.3　社会-生态系统恢复力理论

社会-生态系统是人（社会系统）与自然（生态系统）紧密联系的复杂适应系统，受内外部因素干扰和驱动，具有不可预期、自组织、非线性、多稳态、阈值效应、历史依赖和多种可能结果等特征。恢复力管理的目的是使系统面对干扰时保持可持续和稳定。恢复力不应该仅仅被视为系统对初始状态的恢复能力，也是复杂的社会-生态系统为响应扰动和压力、限制条件而产生的一系列变化（change）、适应（adapt）和改变（transform）的能力。研究的关注角度从过去生态系统的相对稳定状态对应的边界或临界问题，转向关注社会-生态复合系统可持续和稳定对应的适应和进化、学习等问题，这使得社会-生态系统研究的复杂性增强，更多社会-生态属性问题被纳入。

恢复力和脆弱性关系就如同一个双螺旋结构（图2-3），在不同的社会层面和时空尺度中交叉，既不能简单视为硬币的正反两面，也不能归纳为一个连续体的端点，应该强调两者之间直接且紧密地联系；恢复力和脆弱性可呈正相关性，也可呈负相关性，脆弱性与恢复力的关系并不确定，应考虑应对能力的强弱。社会-生态景观（social-ecological landscape，SEL）是一个基于空间，包含社会-生态成分以及它们之间相互作用的复杂自适应系统，具有空间异质性。对于生态脆弱区而言，在多源风险与多边扰动下，恢复力是维持系统状态和服务所必有的特性，提高社会-生态系统恢复力能有效应对不确定性和扰动所带来的挑战。

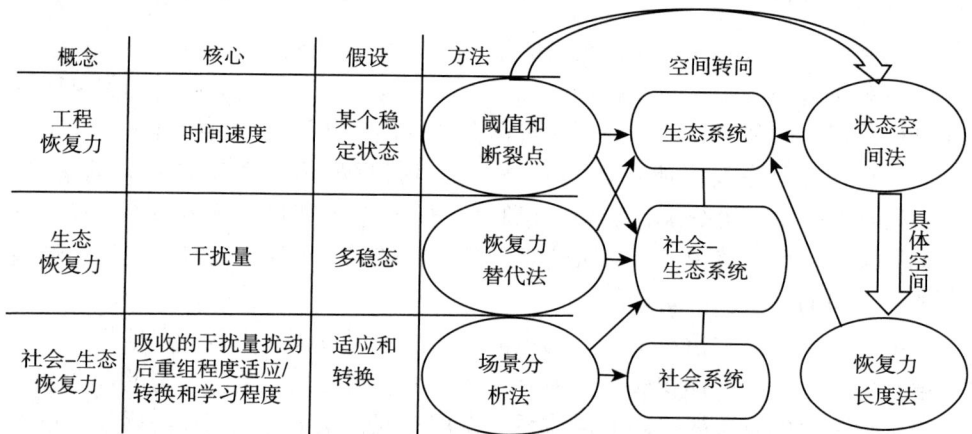

图2-3 恢复力理论及测量方法演变

资料来源：周晓芳（2017）。

恢复力测量方法方面，无论是基于系统某个稳定状态或多种稳定状态，还是基于系统恢复到某个稳定状态的时间、速度或是吸收的干扰量，恢复力测量的基础在于相对稳定的参照状态选取以及对应变量或指标的监测和测量。阈值和断裂点方法即是以此为基础，其前提是假设社会-生态系统以某个或多种稳定状态存在，这种稳定是相对的、变化的，如果某个系统变化过多或达到一定的程度，它就会跨越某个边界或范围并开始呈现不同的行为方式，直到进入另一个稳定状态。阈值（threshold）概念表达的即是系统的范围边界，是恢复力作用的范围。Folke等人将其定义为控制产生临界反馈的、经常缓慢改变的变量达到的某一水平或数量，使得系统自组织地朝着不同轨迹或不同的吸引子运行。断裂点（Tipping point）则是稳定系统被破坏将进入不稳定的临界点，是与阈值对应的、相关的存在，在扰沌模型（Panarchy）中得到充分体现，是不同尺度或状态的系统之间的连接点，在很大程度上可以认为阈值和断裂点所表达的系统边界或临界的实质是一样的。

2.2.4　生态系统服务及其价值理论

生态系统服务是人类从与自然界的生物物种、非生物环境互动作用过程及功能中获得的利益和福祉。人们分享这些福祉的过程中，又通过经济开发等活动改变生态系统的要素及结构而影响这些服务的数量和质量。生态系统服务从自然界提供人类生存必需品层面理解，是指自然生态系统及其组成物种产生的对人类生存和发展有支持作用的状况和过程；从人类所接受的自然服务形式层面来看，是指人类直接或间接从生态系统得到的利益，主要包括向社会经济系统输入有用物质和能量、接受和转化来自社会经济系统的废弃物，以及直接向人类社会成员提供的服务。生态系统服务的功能是多方面的，为了定量比较不同的生态系统服务的功能，产生了生态系统服务价值评价理论与方法。生态系统服务的价值可以定义为"用无差别的人类劳动衡量的生态系统在增加国民收入或者减免国民经济因自然灾害等原因遭受损失的能力"；生态系统服务的使用价值可以定义为"生态系统满足人们某种需求的具体的内容"。

自 1997 年 Costanza 等率先开展全球生态系统服务类型与价值评估研究以来，国内外不同学科领域的研究者相继从不同视角和不同尺度对生态系统服务的价值与评估、供给与消费及其管理策略、影响供需的机制等进行了深入探索与分析。总体上学界主要关注的内容可概括为生态系统服务概念及分类、价值评估及相互关系和生态系统服务消费等方面。

生态系统服务概念及分类方面，对其内涵在阐释"自然组分—生态过程—生态功能—生态服务—获得利益"的关系上呈现多种观点（陈能汪等，2009）。国内外研究者自早期提出大气调节等 17 种分类后，目前应用最为广泛的是千年生态系统评估提出的分类体系，近年来学者们依据生态系统服务之间驱动力和相互作用、生态系统的功能特征、生态系统服务簇、人类需求视角、终端生态系统服务所产生收益与不同层次人类福祉的关联、生态系统服务价值链、产生服务的方式等提出不同分类系统或概念框架（Costanza et al.，1997；Wallace，2007；Bennett，2007；Fisher，2008；Fisher，2009；De Bello，2010；Raudsepp-Hearne，2010；张彪等，2010；李琰等，2013；Rawlins et al.，2018；Notte et al.，2019）。总体上由于生态系统结构和功能的复杂多样，尚难以找到普适的生态系统服务分类方案。

在概念与分类研究基础上，学者们在生态系统服务价值与评估、不同类型生态系统服务的权衡与协同关系、生态系统服务形成与影响机制、生态系统服务流、水或土壤等生态系统类型及文化或供给等单项生态系统服务的价值评估及权衡分析、基于生态系统服务的生态补偿或生态承载力等方面进行了大量深入探索。

生态系统服务消费指人类生产和生活对生态系统所提供服务的消耗、利用和占用，包括生产的产品和提供的服务，不同主体生态系统服务消费行为和模式、可达性及消费认知与意愿，生态系统服务消费机制和效用等方面日益成为生态经济研究的重点（甄霖，2008、2010）；研究者根据不同对象或标准将生态系统服务消费分为不同类型，如直接消费与间接消费、原位性服务消费与流动性服务消费、生活型消费与生产型消费、居民消费与游客消费、竞争排他性与非竞争非排他性组合的消费分类等（甄霖，2008、2010；姚娟，2014；王大尚等，2013）。

2.2.5 环境伦理学理论

环境伦理学旨在系统地阐释有关人类和自然环境间的道德关系。在定义中，人类和自然环境分别是伦理主体和伦理客体，而"道德关系"是核心内容。这个"道德关系"包括了道德的、不道德的、反道德的和超道德的关系。这些关系实质是人类与自然环境的生态关系。它具体表现为两种倾向：①人类生存活动与自然环境良性循环相合，则人类与自然环境形成互利共生关系；②人类生存活动与自然环境良性循环背离，则人类与自然环境形成互相伤害关系。前一种倾向体现为人类与自然环境生态关系是和谐共生的；后一种倾向反映出人类与自然环境生态关系是分裂对立的。环境伦理学的诞生，让人们认识到：①所有人类的命运是联系在一起的；②人类与自然是一体共生的；③自然环境生态日趋恶化；④人类已陷入可持续生存困境。环境伦理学的首要任务，便是矫正人类对与自然环境生态关系的错误认知；其次，是正确定位自然环境与自身的生态关系，重构人类与自然环境"相互依存，共生互生"的伦理认知；最后，是重塑人类与自然环境的价值系统，建构生态化的伦理原则。由环境伦理学研究而生成的环境伦理，将在人性再塑、社会文化和国家制度上为构建"人类命运共同体"提供伦理认知导引。环境伦理引导人类约束自我行为，再塑自我本性，提升文明素养；引导人类发展一种新的生态文化，搭建起"人与天调，然后天地之美生"的文化纽带；还将引导人类创设国家的新职能，构建可持续发展的生态文明。

2.2.6　生态经济学理论

生态经济学是经济学和生态学交叉的一门学科，重点研究人类社会的经济活动与生态环境之间的关系。它是人类对经济增长与生态环境关系的反思，研究对象是包括生态系统、经济系统和社会系统的复杂巨系统，其目的是研究人类经济活动与生态环境关系及其规律。在"生态-经济-社会"系统中，生态系统是经济系统和社会系统存在的基础，它以能量流、信息流、物质流和服务流的形式向经济系统和社会系统传送、运输大气、水、土壤、生物及非生物环境等生态资源，服务于经济和社会发展的同时，也制约着它们的发展。经济系统是社会发展的驱动力，借助人类社会的技术和人才等支撑力量，将生态系统提供的资源转换为生产要素，通过市场流通到社会系统中变成可供消费的产品满足人类的需求，它是社会发展的条件。协调生态环境与经济活动关系是为了实现社会可持续发展的目的，社会系统作为产品和服务的最终消费者，人类经济活动是对生态系统服务影响最大的因素。本书研究的生态系统服务消费正是建立在该学科理论的基础之上，见图 2-4。

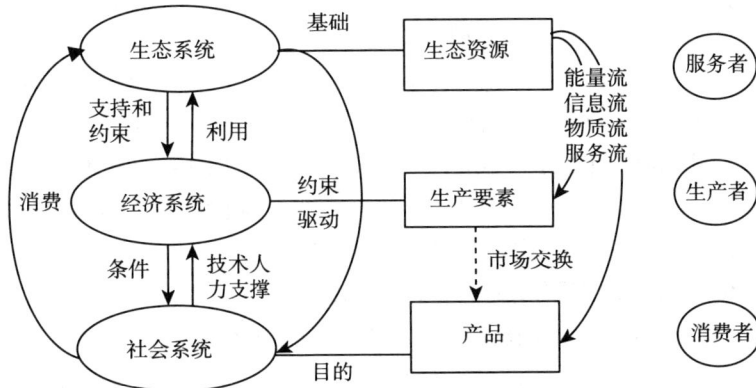

图 2-4　生态-经济-社会系统框架

2.3　国内外研究进展

2.3.1　生计

经济学家阿玛蒂亚·森提出可行能力理论来分析贫困和脆弱性问题后，英国国际发展署（DFID）应用此理论开发形成可持续生计分析框架用于评估欠发达地区人口的贫困水平。国内外学界基于可行能力理论和可持续生计分析框架，将研究拓展延伸至多个领域。总体上看，讨论的视角和方向脉络主要集中在生计资本评价及空间差异、生计多样化水平及生计弹性、生计的变迁和转型及其过程中农牧民的响应、生态移民的生计问题、自然与社会经济环境变化对生计的影响等几个方面。

2.3.1.1 生计资本评价及其地理学分析

生计资本评价方面，利用可持续生计分析框架开展农牧户生计资本评价是生计研究的一个重要内容，常用的研究方法有参与式农村评价法、熵权法等（陈祺琪等，2016；乔蕻强等，2017；陈相凝等，2017；斯琴朝克图等，2017；宁泽逵，2017；何仁伟等，2014）。生计资本与生计策略的关系是生计分析框架重要的研究内容，关注的人群聚焦于黄土高原、贫困山区、藏区、城市、干热河谷区等生态脆弱敏感区的农牧民或生态移民，多在评估当地农户生计资本现状的基础上，利用 Logistic 回归模型或结构方程模型分析生计资本与生计策略的关系（苏芳等，2009；阎建忠等，2009；赵雪雁等，2011；史俊宏等，2012；李聪等，2013；蒙吉军等，2013；汤青等，2013；史月兰等，2014；朱建军等，2016；高功敬，2016；赵烨誉，2017；邰秀军等，2017；安士伟等，2018）。生计资本空间差异方面，研究表明农户生计资本的配置结构及其空间分布特征决定着农户生计发展的资源优势和空间可能性，依据农户生计资本结构可以准确地识别其分化情景（王成等，2011；王利平等，2012；任国平等，2016；王彦星等，2014）。其中对生计资本与宅基地使用及农地流转的讨论引发关注，乡村区域各类性质土地的使用及质量问题关系到农牧民生计资本的基本水平，研究者们开展了生计资本与宅基地、农地之间的动态关系的研究（关江华等，2013、2014；李海燕等，2015；高阳，2017；翟黎明等，2017；王娅等，2017）。

2.3.1.2 生计多样化水平及生计多样化弹性

生计活动或策略的多样化选择是农牧民等各类贫困人口实现生计可持续的重要路径，研究者开发了弹性分析框架定量测度生计的多样化水平，并进一步深入探讨其变化的特征规律和影响因素。

生计多样化水平研究方面，流域农户的生计多样化程度和生计资本的比较分析、失地农户生计策略多样化特征等研究较多（杨怀德等，2016；马志雄等，2016）。生计多样化弹性研究方面，分析农户和社区两个尺度不同阶段上的弹性对农户生计脆弱性与适应性的作用过程，提出了通用的弹性测度分析研究框架，采用 Heckman-Probit 两阶段模型分析农地确权政策对不同生计类型农户的实施效果及影响因素（刘永茂等，2017；许恒周等，2018）。

2.3.1.3 生计的变迁和转型及其过程中农牧民的响应

生计变迁的阶段性及其影响方面，王成超等（2011）以中国经济体制变化的时间线为轴，从生态系统演化、社会经济发展、国家政策及民族文化等因素的影响方面展开实证研究分析；孙荣垆（2017）通过对近六十年来哈萨克牧民的生计方式变迁与当地自然、社会环境变迁的互动过程的探究，发现新疆天山和阿勒泰山区牧民的生计方式走向"多样化"和"去游牧化"；宋冰（2017）对贵州民族乡镇迤那镇的调查分析表明生计方式变迁与社会变迁、文化变迁紧密相关，生计方式变迁和生计方式之间存在着辩证关系；蔡为民等（2017）在沂蒙山区农户生计变迁与其住宅形态功能转型的关系剖析中发现，农村住宅形态和功能转型是与农户生计方式变迁相适应的，农村居民点整治中新村建设模式应充分考虑农户生计的实际需求。生计转型的方向、驱动因素及生态效应研究方面，学者们利用环境人类学理论研究生态环境问题中的权利、文化与历史等议题，关注对象多为生态环境敏感脆弱的草原、山区、库区等地的各民族农牧渔民、生态移民等主体，借助生计概念框架，运用参与式调查、生计资本评估、生态足迹及 Logistic 模型等工具讨论农牧户生计转型的方向、驱动因素及生态效应（郑欣，2017；刘自强等，2017；钟建兵等，2016；张芳芳等，2015；王娟等，2014；施国庆等，2014；贾国平等，2016；邢成举，2016）。

不同生计方式农户的环境感知和环境影响方面，利用参与式农村评估方法，研究甘南高原不同生计方式农户的环境感知；从生活用能与生态足迹出发，研究甘南高原或农牧交错带不同生计方式农户的环境影响（赵雪雁，2012、2013；卞莹莹等，2014）。学者们也开发了不同计量模型进行生计的环境影响研究，如利用自然资源依赖度研究生计的环境影响，是通过建立生计资本和自然资源依赖度评估指标，评估不同生计资本下农户的自然资源依赖度而展开的（段伟等，2015）；在生计方式对农户生活能源消费模式的影响研究中，采用 STIRPAT 模型与二元 Logistic 模型分析生计方式对农户的生活能源消费量及生活能源消费模式选择的影响（赵雪雁，2015）。

2.3.1.4　生态移民的生计问题

生态移民对农牧户生计的影响方面，张富富（2017）以贵州省民族地区为案例地，从移民搬迁点原住地类型、移民点主要的安置模式、移民搬迁的政策三个方面掌握移民搬迁的基本情况，分析外部环境变迁引起的移民生计方式的变化、遇到的生计困难及原因并探寻解决移民生计问题的对策。夏赞才等（2017）从生计资本、生计策略、生计结果的角度对比分析生态移民过程中的搬迁居民和暂未搬迁的原住居民的生计状况，实证分析世界遗产保护地生态移民对农户的影响。王凯等（2016）以世界自然遗产武陵源为例研究了生态移民户与非移民户的生计影响；汪磊等（2016）分析了易地扶贫搬迁前后农户生计资本演化及其对增收的贡献度；宋连久等（2015）对藏北草原牧业户和兼业户的生计进行了比较分析和回归分析；王湛晨（2017）通过微观与宏观相结合的方法，分析移民政策对政府与移民家庭带来的具体问题，探讨"移民政策"对于移民家庭五类生计资本的改变并阐释移民政策影响移民家庭收入的机制。搬迁农牧户生计选择方面，江进德等（2012）对农区、半农半牧区、纯牧区农户替代生计选择的结果及特征进行了调查分析；史俊宏（2015）对生计转型背景下蒙古族生态移民非农生计策略选择及困境进行了研究；李文辉（2016）以迁移农户生计模式选择为研究目标，建构了"生计模式-收入水平""生计资源-生计模式""相同生计模型下生计资源-收入水平"的概念模型并开展研究。生态移民的生计适应研究方面，黎洁（2016）构建了移民搬迁农户的生计适应性分析框架，分析安康移民搬迁农户的生计适应策略、适应力感知及其影响因素。

2.3.1.5 自然环境变化与社会经济政策对生计的影响

自然生态环境和气候变化等对生计的影响方面，生态环境及气候变化与农牧户的生计之间形成复杂的相互作用。气候变化对农户生计的影响研究主要集中在过去或当前气候变化对水资源、土地、农作物、病虫害、人类健康等农户生计资本的宏观影响，以及局地或区域尺度上气候变化对农户生计策略选择的影响等方面（张钦等，2016b）。学界采用气候变化影响感知指数、多元线性回归模型等方法开展了农牧渔户的生计与气候或环境变化的关系研究（吴小影等，2017）。张钦等（2016a）通过构建气候变化对高寒生态脆弱区农户生计脆弱性影响指标体系，评价气候变化对农户生计的影响，分析影响农户生计脆弱性的关键因素。张钦等（2017）研究了气候变化对农户生计的影响以及农户适应气候变化的策略及其需求。吴孔森等（2016）采用参与性农户评估方法对环境变化背景下农户生计的变革和可持续性进行了分析。田素研等（2014）采用多元 Probit 回归模型和养殖利润方程，通过农户当期的养殖利润、生计资本和生计策略的相互影响关系分析，讨论农户气候变化适应能力。陈伟娜等（2013）探讨了气候变化压力下锡林郭勒草原牧民生计与可持续能力问题。谭灵芝等（2012）在气候变化条件下，借助空间回归模型对新疆于田绿洲多时段社会经济结构、地理位置差异、族群及相邻效应等因素，对干旱区家庭生计脆弱性空间变化可能造成的影响进行了研究。不同地貌条件的生计脆弱性研究方面，韩文文等（2016）实证分析了农户生计脆弱性及其胁迫因子；赵雪雁等（2016）分析了石羊河中下游不同类型农户对生态退化的暴露度、敏感性及适应能力，评估了农户生计对生态退化的脆弱性，探索了影响农户生计对生态退化脆弱性的关键因素。

生态补偿对生计的影响方面，研究者们通过对受偿居民的生计资本及生计策略变化的分析，讨论了生态补偿的影响。丁金梅等（2017）定量分析了农户生计资本及生计策略现状，并探讨了不同生态补偿方式对农户生计的影响作用，客观评价了生态补偿效果。谢晋等（2016）采用典型相关模型分析了生计禀赋对创新实践地区农户参与补偿政策成效的影响。苏芳（2014）研究了多种生态补偿方案下流域农户生计的响应机制。李海燕等（2014）利用结构方程模型分析了生计多样性对发达地区农户参与补偿政策的支持意愿、政策实施效果响应的影响。赵雪雁等（2013）通过调查退牧还草工程前后甘南黄河水源补给区农户生计资本及生计方式的变化，分析了生态补偿项目对农户生计的影响。苏芳等（2012、2013）量化了实施生态补偿对农户生计资本的影响，评估了生态补偿实施的有效性，揭示了农户生计策略对于实施生态补偿的响应机制。张丽等（2012）采用均值比较分析和协方差分析评估了生态补偿对农户生计资本的影响，提出应建立多样化、差别化的补偿方式，来提高不同地区农户的生计资本。

土地利用变化与生计的关系方面，土地利用变化与社区居民生计的耦合是认识人类社会-陆地自然系统相互作用的一种新视角。王新歌等（2017）研究了大连金石滩旅游度假区土地利用变化与当地社区居民生计之间的动态耦合关系。刘志飞（2016）从"自然、政治、经济等背景差异—生计资本差异—生计策略差异—土地利用差异"的动态过程，综合分析了农户生计资本对土地利用的作用机制。胡业翠等（2016）研究了移民安置区农户的土地利用与生计变化。李翠珍等（2012）研究了大都市郊区农户生计多样化及对土地利用的影响。

土地政策与生计的研究方面，一类是生计可持续的征地补偿、失地或征地中生计策略研究。黄建伟（2011）对与失地农民可持续生计问题相关性强的文献进行了梳理，张银银等（2017）分析了失地农户的生计活动特征、生计活动影响因素及其效果。丁士军等（2016）在被征地农户生计能力变化研究中，提出了一套基于生计资本测量农户生计能力的方法，并利用该方法评价失地前后农户生计资本变化。杜本峰等（2014）比较了农村计划生育家庭和非计划生育家庭生计状况与发展能力，评价了农村计划生育家庭的发展能力。另一类是土地流转与生计研究。对于转出户而言，农地流转后农户失去全部或部分耕地资源，农户将会面临生计多样性选择问题（胡特，2017）。李树苗等（2010）在可持续生计分析框架下引入农户的家庭结构，利用农户模型具体分析了退耕还林政策对农户生计的影响。谢旭轩等（2010）构建了退耕还林可持续生计分析框架，采用匹配倍差法等计量经济模型，识别退耕还林工程实施对农户可持续生计的净影响。张佰林等（2013）将农户划为纯农户、农业主导户、非农主导户和弃农农户，基于生计视角对农户转户退耕决策进行了解释。王成等（2013）剖析了不同后顾生计来源农户在耕地租赁、生产资料、生产技术、生产劳动力4方面的耕地生产投资行为及投资方向。李广东等（2012）构建了农户生计资本六边形计量分析框架，运用灰色关联分析模型和 Probit 回归分析法，对农户生计资本差异与补偿模式选择意愿间耦合关系的存在性和影响度进行了分析，并设计了差别化耕地保护经济补偿模式。张丽萍等（2008）研究了青藏高原东部山地农牧区金川县克尔马村的生计多样化与耕地利用模式。王成超等（2011）针对农户生计非农化对耕地流转的影响，采用 Logistic 回归分析方法，对农户生计非农化对耕地流转的影响进行了实证分析。苏飞等（2013）研究了杭州市农民工生计脆弱性特征与对策。赵立娟（2014）构建农户生计脆弱性定量评估指标体系，对灌溉管理改革地区和非改革地区农户的生计脆弱性进行了评估。郭圣乾等（2013）对农户生计资本的脆弱性作出了评价。阎建忠等（2011）开展了不同地带生计脆弱性评估。唐丽霞等（2010）构建了可持续生计-脆弱性-社会排斥三维贫困分析框架，更有效和系统地对贫困问题进行了分析。赵雪雁等（2015）分析了石羊河下游民勤绿洲区农户面临的主要生计风险及应对策略，并采用多元 Logistic 模型分析了影响风险应对策略选择的因素。许汉石等（2012）以生计资本为视角，对农户在生计过程中的风险状况、生计资本对生计风险的影响作用等问题进行实证分析。苏芳等（2012）运用多元 Logit 模型对农户风险应对策略的影响因素进行了实证分析。第三类是生计资本对耕地保护意愿研究。邝佛缘等（2017）运用 Ordered Probit 回归模型开展实证研究，探究生计资本对农户耕地保护意愿影响的规律，从失地农民生计发展的层次性需求出发，构建了包含风险抵抗、环境保障、社会适应3方面的可持续生计评价指标体系。周洁等（2013）运用模糊物元模型对南京市的失地农民可持续生计状况进行了实证评价。

劳动力转移和子女迁移对生计的影响方面，苏芳等（2017）探讨甘肃省农村居民可行的生计策略选择，并以农村非农劳动力流动与城镇流动为对象，定量描述农村劳动力转移、城镇化率、教育水平、人均耕地面积对不同生计策略的影响。宋璐等（2017）基于可持续生计框架生计资本理论，研究劳动力外流背景下子女迁移对农村老年家庭户生计资本的影响。张会萍等（2016）利用双重差分模型分析土地流转对老年人生计结果及生计能力的影响。殷瑾等（2012）基于可持续生计框架开展了农民培训模式和对策研究。

旅游开发对生计的影响方面，张灿强等（2017）通过生计资本指标体系构建和量化，对比分析了不同生计选择农户的生计状况。李伟娜（2017）讨论了乡村旅游精准扶贫对贫困农户生计资本带来的变化。崔晓明等（2017）

基于山区乡村旅游发展特征建立了农户可持续生计水平综合评价模型，实地调查并分析乡村旅游影响下的秦巴山区农户生计状况，以及不同地理单元农户生计结果差异。席建超等（2016）研究了旅游影响下乡村聚落农户生计问题。左冰等（2016）对比分析村民搬迁前后的生计资本、生计策略、生计结果的变化情况，研究了生计资本、生计策略、生计结果三者的相互作用关系，分析了旅游度假区开发对拆迁村民生计状况影响。王新歌等（2015）研究了大连金石滩旅游度假区 1992—2012 年当地居民生计转型问题。李鑫等（2015）构建能源消费-生计多样性模型对农户进行分类，并开展乡村旅游发展对农户生计转型及能源消费模式产生的影响研究。贺爱琳等（2014）基于农户分类，对乡村旅游影响下 6 种不同生计类型农户的家庭特征、生计策略和生计资本进行了对比分析。王瑾等（2014）针对已将旅游作为生计策略的社区农户进行了生计结果的评估。农村可持续生计和乡村旅游多功能发展之间具有较高的契合度，可持续生计的目标群和乡村旅游的多功能之间可融合构建以自然生态保护、文化资源传承、物质环境优化、乡村金融弥补、社会网络扩充和劳动力吸引为内容的功能群，进而形成乡村旅游发展的逻辑框架（史玉丁等，2018）。

　　基于生计的精准扶贫方面，李雪萍等（2014）在多维贫困"行动-结构"分析框架下对生计脆弱性进行了研究。张灿强等（2017）以云南红河哈尼稻作梯田为案例区域，通过生计资本指标体系的构建和量化，对比分析了不同生计选择农户的生计状况。何仁伟等（2017）构建了基于可持续生计的精准扶贫分析框架，并从影响农户生计的内因和外因视角，讨论了精准扶贫的多维贫困识别指数的基本构成。翟彬等（2015）运用多元 Logit 模型实证分析了农户非农生计策略的影响因素，并结合生计水平对农户的扶贫需求作出对比分析，开展基于可持续生计的农村反贫困研究。付少平等（2015）通过对陕南扶贫移民生计空间变化的考察，分析了移民搬迁后移民生计空间的扩展、优化和由于经济空间流失、社会空间断裂、制度空间社会排斥导致的移民生计空间被挤压的状况。仲俊涛等（2015）基于参与式农村评估和数理统计方法，分民族、地形、农户类型对宁夏限制开发生态区农户生计资本与农户收支状况进行了定量评估。

2.3.2　社区参与旅游研究

2.3.2.1　国外研究现状

　　Peter E. Murphy 最先在《旅游：社区方法》中提出社区参与旅游，认为旅游有着巨大的经济效益和社会效益，如果将旅游作为一种社区的活动来进行管理，那么一定能够获得更佳的效果。也有其他观点认为，社区参与旅游开发的形式主要是雇员和决策者，不同的参与形式会导致不同的结果（Stronza，2000）；或认为居民参与旅游的方式主要为雇员和自主经营，不同的参与方式对其旅游收入影响不大，但自主经营更利于环境的保护（Wunder，2000）。根据经济发展水平的高低、旅游业发展程度的不同，不同地区适宜的社区参与旅游的形式也不同。国外学者从不同的研究角度，探讨了适应不同参与阶段的社区参与旅游的形式（表 2-2）。

表 2-2　社区参与旅游的形式

社区参与旅游的形式	研究角度	研究者
象征式参与旅游、被动式参与旅游和伪参与旅游	可持续发展的方法	Inskeep（1993）
构建了欠发达国家社区参与梯度模型	欠发达国家	Marisa（1996）
被动式、象征式、咨询式、功能性、交互式参与，因物质激励而参与，自我激励式参与	关于旅游的多种解释	Pretty（1995）
强迫式参与、诱导式参与、自发式参与	社区参与旅游业发展过程	Tosun（1999）
构建社区旅游参与谱	社区参与生态旅游的发展为出发点	Pratiwi（2000）

有观点认为旅游带来的各项利益是不可能全民都均等享受到的，利益分配是不均等的（Brougham，1981）；且由于每个人所处的政治、经济地位不同，其利益分配也不可能均等，处于优势地位的群体，能更加轻易地获取大部分的经济利益（Farve，1984）；而从获取就业机会的角度来看，在社区参与旅游中男性比女性更容易获得就业机会（Silori，2004）。

总体上以社区为基础发展的旅游业，可以给社区居民带来更多的经济及其他方面的利益。社区参与旅游对生计活动的影响研究随之出现，如一些社区通过参与旅游管理，改善自身的生计状况，社区参与旅游会对传统的生计活动和生活方式造成影响，旅游规划应该考虑现代化传统经济系统的敏感性和农村生计可持续发展的需要（Sebele，2010）；世界各地的许多社区寻求旅游业的发展，以改善他们的生计，居民和旅游业的利益相关者应加大沟通、广泛参与、宽容和共融（Matarrita-Cascante，2010）。

2.3.2.2　国内研究现状

国内多以社区为研究对象开展社区参与旅游的研究，认为社区参与旅游是指社区居民通过特定的方式参与到旅游业的开发与发展中来，在环境保护、文化传播等方面起到积极作用，并从旅游业发展中获利（张杜杰等，2008）。学者们对社区参与旅游的研究成果多集中社区居民参与旅游的愿意、主体、功能模块、存在的问题及其原因、解决对策和其他相关问题等。

参与旅游意愿方面，有学者认为尊重当地居民的知识、技术、能力以及主人翁地位是社区参与旅游发展的一项重要原则（黎平，2005）；而居民普遍对旅游发展表现出积极的态度，对旅游培训和就业表现出很强的参与意愿（杨兆萍等，2011）；社区的民族、年龄、受教育程度、职业、收入状况等对参与旅游的意愿具有显著的影响（姚娟等，2010a；杨曦，2011）；旅游地居民主观幸福感与参与旅游程度存在显著相关（高倩，2011）。

参与旅游主体方面，既包括提供旅游产品的生产者、经营者，也包括旅游产品的消费者（吴若飞，2011）；农户参与决策行为受农户参与态度和参与能力的影响，农户参与的经济利益驱动性强（杨兴柱等，2005）；应该在农民为主体的多方参与下，发现、确认社区发展的机遇（陈巧岚，2010）；牧区居民参与旅游发展，有利于牧区旅游业、地区经济社会发展、提高少数民族生活水平、消除贫困等（乌云花，2007）；牧民参与旅游可分为被动参与、自发参与、大规模无序参与和规范化参与 4 个阶段（沙黑拉，2009）；旅游业发展中社区和牧民由游离转向参与、由被动转向主动、由对立转向合作，进而达到草原旅游业及社区共同持续发展的目标（吕君等，2006）。有限型政府主导旅游业发展模式，既符合市场经济社会的普遍性特征，也满足旅游产业本身特殊性特征的要求（岳明珠，2008）；少数民族妇女是旅游从业人员中的主力军（叶志英等，2010）；女性通过参与民族旅游业发生角色转变的过程及角色转变，对其家庭关系和家庭地位产生影响（陶成琼，2011）。

参与旅游的功能及方式方面，研究认为社区参与式乡村旅游，不仅是农民参与旅游开发与经营的一种重要形式，也是建设社会主义新农村的有效途径（阎友兵等，2007）；社区参与旅游开发主要有 2 种形式，即参与决策的制定和参与收益的分配（张灵波，2010）；也有学者从社区参与旅游发展的内容、主导模式、利益等方面进行研究。民族生态博物馆能够产生良好的经济、社会、文化和生态效应，是民族文化旅游开发与保护的一种可持续旅游发展模式（余青等，2001；张瑞梅，2011）；参与程度可以划分为静态展示式（如民族博物馆或民俗博物馆）和互动体验式（如实地村落和模拟村落及生态博物馆）2 种（王世超，2011）。社区参与旅游中利益分配不均及解决对策的研究方面，多从主要利益相关者（社区居民、政府、开发商）参与社区旅游开发的现状分析入手（宋章海，2008）；缺乏社区参与机制，造成旅游区的牧民在旅游开发中没有获得公平的利益分配，居民从旅游开发中获得的利益无法补偿他们所付出的环境、资源或文化方面的代价（哈斯巴根等，2009）；参与人数少、参与程度低、参与方式单一等是严重阻碍社区居民对旅游业贡献的重要原因（马泓芸，2009）；需要建立合理有效的发展机制，实现资源公平、合理的管理与配置，进而促使社区的可持续发展（林志斌，1999）；健全参与机制，能使当地村民的参与能力增强（陈巧岚，2010）；"政府＋互助小组＋农户"的经营模式，能使居民更有效地参与旅游（帅军霞，2009）；要召开社区旅游公共会议，引导社区居民形成主人翁意识，为社区发展出谋划策（向明，2010）。

第 3 章

新疆天山世界自然遗产保护地
及周边重点旅游景区概况

3.1 天山山脉及新疆天山世界自然遗产保护地概况

3.1.1 天山山脉和天山生态系统

3.1.1.1 天山山脉

天山是世界温带干旱地区最大的山脉链，也是全球最大的东西走向的独立山脉。天山生态系统是我国西部乃至亚洲最重要的生物多样性和景观多样性保护地。天山山系位于欧亚大陆腹地，平均海拔约4 000米，东起中国新疆哈密星星峡戈壁，西至乌兹别克斯坦的克孜勒库姆沙漠，近东西向延伸，横跨中国、哈萨克斯坦、吉尔吉斯斯坦和乌兹别克斯坦4国，在中国新疆境内绵延约1 760千米。新疆天山占天山山系总长度的2/3以上，拥有天山最高峰托木尔峰（海拔7 443米），平均宽度300千米，是中温带准噶尔盆地和暖温带塔里木盆地的天然地理分界，南北被塔克拉玛干沙漠和古尔班通古特两大沙漠环抱。

（1）山系区段划分。新疆境内的天山根据所处的地理位置、地质构造和走向，可简单地分为北天山、南天山、中天山和东天山4部分。此外在托木尔峰西南向，沿中吉国界线蜿蜒至克孜河一段，叫作天山南脉。

①北天山。北天山包括阿拉套山、科古琴山、婆罗科努山、依连哈比尔尕山，一直延向乌鲁木齐西边的天格尔山止，东西长600千米，南北宽35～60千米。山势一般比南天山低，大部分海拔在2 000～3 500米，唯依连哈比尔尕山略高，平均海拔在3 600米以上，乌苏市境内最高峰达5 500米。北天山的特征是连脉衔接，没有被广阔平缓的低山群所间隔。北天山北麓有大逆断层，正逐渐北移中，是一条继承性活动的新断裂线。

②南天山及天山南脉。南天山为天山山系之南支，峻拔的山脉屏峙在塔里

木盆地边缘的西—西北—北向。北面的汗腾格里峰及稍南的温宿县境内的托木尔峰是隆起的山脉中的巨大山汇，向东蜿蜒为哈尔克山（拜城—库车）、霍拉山（轮台—库尔勒）及库鲁克塔格山（和硕—尉犁），向西及西南方向蜿蜒的是天山南脉。山势越向东越低，汗腾格里峰为6 995米，而库鲁克塔格山的最高点则仅有2 804米，大部分均面向塔里木盆地，受干旱气候的影响甚烈。

③中天山。介于北天山和南天山之间的是中天山，北天山的科古琴山和婆罗科努山与南天山的哈尔克山遥遥相对，形成一个喇叭口，中间有两层套山：北面是阿吾拉勒山，位于科古琴山南侧；南面是比依克山（那拉提山），位于哈尔克山的北侧。这两层套山向东楔入，会合于和静县境，成为开都河及巩乃斯河的分水岭。此外，在喇叭口前端开阔处，由哈萨克斯坦共和国境内蜿蜒而来的乌孙山（恰布恰拉山）插入伊犁谷地的西部，纳入中天山范围之内，把谷地分为南北两部分。中天山所包围的谷地，是有名的伊犁三角洲，其东向楔入处又形成了若干小盆地。中天山高度一般不超过4 000米，宽度也只有50～60千米。

④东天山。乌鲁木齐以东的天山山脉是东天山，其与中天山隔一个达坂城山隘，是南北疆通道，乌鲁木齐恰好位于中天山与东天山的交界处。东天山全长670千米，宽度只有70～80千米，包括博格达山、巴里坤山（巴尔库山）及哈密的喀尔力克山。博格达山海拔一般在4 000米左右，博格达峰为5 445米，是东天山的最高峰。巴里坤山主峰4 308米，一般平均海拔在3 300米左右，但东侧有低矮的山岗，在七角井一带与哈密的喀尔力克山分离开来。喀尔力克山主峰4 925米，是天山最东端高峰，所以东天山山脉不是高山连绵无间，而是在各个主峰间有低矮的陷落山隘间隔。

（2）地质地貌。天山山系横贯新疆中部，位于准噶尔盆地和塔里木盆地之间，呈东西走向，是亚洲最大的山系之一。中、哈国界把天山分成两段，东部天山在我国境内，西部天山在哈萨克斯坦境内。在新疆境内的天山，由若干平行山脉组成，一般较高的山峰海拔达3 500～4 500米，山结处高达海拔5 000米以上，最高峰在海拔7 000米以上。天山很多山峰终年积雪，雪线位于海拔4 500～5 000米。辽阔而复杂的天山山系，夹着许多山间盆地和纵向构造谷地，把整个山系分隔成数十条山脉和山块。天山是在古代地槽褶皱基础上经历了复杂的地质演变过程而形成的。

天山山脉是东西走向，横贯新疆中部，把全疆分成南北疆。西端伸入哈萨克斯坦。长约2 500千米，宽250～300千米。在地形上为南高北低，西高东低。平均海拔在1 400～4 500米，多呈陡坡。在地质构造上是典型的古生代地槽褶皱带，内部高山大部属加里车构造带，是天山山系中古老的骨架。天山山系为古生代二叠纪造山运动所形成，由于断裂作用和相关的错动，山地之间具有许多断块陷落盆地和垂直上升的悬崖，形成天山构造和地貌的主要特征。新疆天山地质地貌的形成演化是地球内动力与外动力相互作用的结果。天山共经历了3个发育时期，包括褶皱隆起、剥蚀夷平和断块隆升。现代天山山地地貌则是在断块山体的基础之上形成的。由于第四纪以来的冰川作用、流水作用、干燥剥蚀作用等各种外营力作用，在新疆天山世界自然遗产保护地内形成了群峰林立、沟壑纵横的断块山脉与山间断陷盆地，雄伟壮观的山地夷平面与阶梯层状地貌，以及典型的现代冰川地貌、古冰川地貌、峡谷地貌、红层地貌等地貌类型。

整个天山山脉共有15 953条冰川，冰川面积为15 416千米^2，冰储量1 048千米^3。从全球范围来看，新疆天山是世界山地冰川分布比较集中的山地。遗产保护地拥有冰川9 081条，面积达9 236千米^2，分别占整个天山冰川总条数、面积和冰储量的56.9％、59.9％和90％。

（3）气候条件。从纬度上讲，天山处于暖温带（南疆）和温带（北疆）之间。从海陆关系上来说，天山正处于欧亚大陆腹地干旱区域的地理中心，很少受到海洋湿气流的影响，气候的大陆度和干旱度极强，基本上属于干旱荒漠地带，但是由于准噶尔盆地西部有较大的缺口，能略微受到北冰洋气流的影响，因而北部地区稍微湿润些。同时天山本身复杂的地形对气候的影响也是很深刻的。天山山地与平原的相对高差均达数百米甚至上千米的状况，导致巨大而明显的垂直气候分化，加之山脉对盆地的环绕与阻隔，更形成一系列地形上的气候分水岭和许多特征明显的局地气候，如天山东段极端干旱炎热的哈密、吐鲁番盆地和天山西段温暖、湿润的伊犁谷地就是鲜明的对比。天山山地所处的内陆地理位置、大气环流因子和复杂多样的地形优势，形成了丰富的气候资源和多样的气候条件（刘贵峰等，2012）。

（4）天山北坡。天山山脊线以北各山岭总称天山北坡。空间上主要是指准噶尔盆地南面东起天山山系的喀尔力克山，西至边界的阿拉套山，包括北天山和中天山的广大地区。天山北坡是新疆最大的林区。按自然条件和森林分布生长状况，习惯上把天山北坡林区分成东部（哈密-巴里坤林区）、中部（乌苏-木垒林区）和西部林区（伊犁林区）（刘贵峰，2012）。

3.1.1.2　天山生态系统

新疆天山是全球唯一由巨大沙漠夹持的大型山脉，以深居内陆的地理区位、温带大陆性干旱气候、山盆相间的地貌格局、众多的冰川河流、绝妙的自然景色、特殊的生物区系和生态过程等诸多自然特征，成为全球温带干旱区大型山地生态系统的最典型代表。新疆天山拥有全球温带干旱区最为典型完整的山地垂直自然带谱，反映了温带干旱区山地生物多样性和生物生态过程受海拔、坡向与坡度的水热空间变化影响的分布特征和变化规律。

（1）生态系统类型及生物多样性。新疆天山的重要生态类型有山地常绿针叶林生态系统、山地落叶针叶林生态系统、山地落叶阔叶林生态系统、草原生态系统（由草甸草原生态系统、干草原生态系统、高山草原生态系统、荒漠草原生态系统和高寒草原生态系统组成）、草甸生态系统（由高山草甸生态系统、亚高山草甸生态系统和山地草甸生态系统组成）、常绿针叶灌丛生态系统、落叶阔叶灌丛生态系统、沙漠生态系统和湿地生态系统。新疆天山世界自然遗产保护地具有显著的生物多样性，是中亚山地残遗物种、众多珍稀濒危物种、特有种的重要栖息地。天山世界自然遗产保护地内共有维管束植物 2 622 种，脊椎动物 550 种，第四纪冰期之前的残遗物种 94 种，各类珍稀濒危植物 110 种，各类珍稀濒危野生动物 367 种，新疆特有植物物种 118 种，新疆特有动物物种 22 种。

新疆天山突出代表了帕米尔-天山山地生物地理省生物群落演替和进化的过程。新疆天山延伸至亚欧森林植被亚区和亚洲沙漠植被亚区。它在植被垂直分布带谱、南北坡和植被多样性方面，都体现了帕米尔-天山山地的生物和生态演进过程。由于深居内陆、气候特殊，喀拉峻-库尔德宁遗产保护地成了许多古生代遗留物种的避难所，拥有野生果树种质资源 52 种。

在动物地理区划上，新疆天山世界自然遗产保护地区域属于古北界中亚亚界蒙新界天山山地亚区。遗产保护地内有哺乳动物 102 种，鸟类 370 种，爬行动物 32 种，两栖动物 6 种，鱼类 40 种。新疆天山对野生物种在北部的阿勒泰山和南部的昆仑-阿尔金山地理分布既起着阻碍作用，又对新疆南北部某些种类的交流起着桥梁作用。遗产保护地内属于古北区的鸟兽动物区系占绝对优势，有哺乳动物马鹿、狍和棕熊等。

（2）天山北坡草地生态系统植被及土壤。山地草地垂直带发育较完整，从低到高呈现荒漠—草原化荒漠—荒漠草原—典型草原—草甸草原—山地草甸—高寒草甸的垂直地带性分布，区域的局部发育有高寒草原和低地盐化草甸；自西向东大致呈温性荒漠—温性草原化荒漠—温性荒漠草原的水平地带性分布。

天山北坡草地生态系统的草地植被及土壤概况如下：①草甸类草地包括低地盐化草甸、温性山地草甸、高寒草甸 3 类，土壤类型主要有草甸土、黑毡土。②草原类草地包括温性草甸草原、温性草原、温性荒漠草原 3 类，土壤类型主要有棕钙土、栗钙土。③荒漠类草地包括温性草原化荒漠、温性荒漠 2 类草地，土壤类型主要是棕钙土、风沙土、棕漠土和灰棕漠土。

3.1.2　天山世界自然遗产保护地

2013 年 6 月 21 日经世界遗产大会组委会表决通过，中国新疆天山列入联合国教科文组织《世界遗产名录》。天山世界自然遗产保护地是新疆第一处也是目前唯一一处世界自然遗产，由托木尔、喀拉峻-库尔德宁、巴音布鲁克和博格达 4 处组成，是地球演化进程中形成的具有突出科学和保护价值的自然精华区域，也是新疆绿洲-荒漠-干旱地区的生态脆弱敏感区。

3.1.2.1　组成地分布及面积

新疆天山为一东西向延伸的巨大山脉，所选择的 4 个组成地（托木尔、喀拉峻-库尔德宁、巴音布鲁克、博格达）在空间分布上分别位于新疆天山的西部、中部和东部，在纬向上反映了天山不同区段的自然特征。在经向方面，4 个组成地包括了南天山和北天山的主峰区域、中天山生物多样性最丰富的谷地及天山内部最典型的大型山间盆地，反映了新疆天山显著的地理多样性、生物多样性和景观多样性，是新疆天山从南到北、由西向东最具代表性的区域。各组成地相互补充，共同构成了新疆天山的完整图画。

托木尔遗产保护地是天山主峰区和最大的冰川作用中心，是南天山的代表，具有天山南坡最典型的垂直自然带谱，是新疆天山雪峰冰川和红层峡谷自然美景的突出代表，是全球 200 生态区（Global 200 Ecoregions）"中亚山地草原与林地生态区"中的天山山麓干旱草原生态区的最典型代表，是雪豹的中亚分布中心。

喀拉峻-库尔德宁遗产保护地位于新疆天山中部伊犁河谷地带，是中天山的代表。具有新疆天山最丰富的生物多样性，是全球雪岭云杉和中亚野果林的最佳生境区与起源地，是温带干旱区山地综合自然景观美的最突出代表，是全球 200 生态区"中亚山地草原与林地生态区"中的天山针叶林和天山山地草原草甸最典型代表。

巴音布鲁克遗产保护地是天山大型山间盆地的典型代表，是温带干旱区高寒湿地生态系统的典型代表，是天山河曲沼泽景观美的最典型代表。

博格达遗产保护地是东天山主峰区，是东天山的代表，具有天山北坡最典型的垂直自然带谱，是全球温带干旱区山地垂直自然带的最典型代表，是新疆天山高山湖泊景观美的典型代表。

新疆天山世界自然遗产保护地由位于中国境内天山山脉的 4 块地区构成，4 块组成地沿 1 760 千米长的新疆天山山脉分布镶嵌于中亚沙漠所包围的温带干旱区内，遗产保护地核心区总面积 606 833 公顷，缓冲区面积 491 103 公顷。各个组成部分核心区和缓冲区的面积情况如表 3-1 所示。

表 3-1　遗产保护地各组成部分的核心区和缓冲区面积

单位：公顷

组成部分名称	核心区面积	缓冲区面积
托木尔	344 828	280 120
喀拉峻-库尔德宁	113 818	89 346
巴音布鲁克	109 448	80 090
博格达	38 739	41 547
总计	606 833	491 103

3.1.2.2　各组成地主要景观特征

天山世界自然遗产保护地迥异于国内其他类型世界自然遗产保护地，如图 3-1 所示，它将反差巨大的炎热与寒冷、干旱与湿润、荒凉与秀美、壮观与精致奇妙地汇集在一起，展现了独特的自然美；它是全球温带干旱区正在进行的生物生态演化过程的范例；典型的山地垂直自然带谱、南北坡景观差异和植物多样性体现了帕米尔-天山山地生物生态演进过程；它也是中亚山地众多珍稀濒危物种、特有种的最重要的栖息地，突出代表了这一区域由暖湿植物区系逐步被现代旱生的地中海植物区系所替代的生物进化过程（世界自然保护联盟，2013）。这一地球演化过程中形成的具有突出科学和保护价值的自然精华区域，由光、热、水、土等因素综合塑造形成了典型的中亚荒漠干旱区生态系统类型及结构，其脆弱性和敏感性对人类生态旅游开发利用方式和利用强度提出了更高要求。适度利用、有序开发的世界遗产保护地生态系统服务管理策略，对维护区域生态安全、促进环境与社会经济可持续发展有重要意义。

天山世界自然遗产保护地包括了一系列具有突出景观美的区域，包括壮观的雪山冰峰、优美的森林和草甸、清澈的河流湖泊、宏伟的红层峡谷，还有高山和沙景的奇妙组合和强烈对比，展示了非同寻常的自然美。遗产保护地中托木尔汗腾格里山汇是世界三大山岳冰川集中分布区之一，托木尔拥有天山南坡最完整的垂直自然带谱，一直延伸到低海拔区域和塔克拉玛干沙漠边缘。喀拉峻-库尔德宁是天山特有植被雪岭云杉最集中的分布区，并且包含了大面积的野果林和山地草甸草原。巴音布鲁克是天山高位山间盆地的突出代表，具有典型的高山草甸和高寒湿地生态系统。博格达展示了东部天山的自然特征，拥有天山北坡最典型的垂直自然带谱，并且在短距离内浓缩了雪山、冰川、湖泊、河流、森林、草甸等自然景观。

图 3-1　新疆天山世界自然遗产四大组成地典型景观类型

a. 喀拉峻景区天山草原景观　b. 库尔德宁景区天山云杉林景观　c. 新疆天山荒漠干旱区垂直景观带　d. 天山天池湖泊冬季景观　e. 巴音布鲁克景区湿地景观　f. 喀拉峻景区阔克苏峡谷景观

目前遗产保护地及周边已开发形成的天山天池、喀拉峻、巴音布鲁克 3 个国家 AAAAA 级旅游景区，在新疆旅游发展中的地位举足轻重。从开发时间和旅游发展水平来看，天山世界自然遗产保护地各旅游区中天山天池开发最早、成熟度最高，巴音布鲁克次之，喀拉峻开发最晚、成熟度最低。3 处旅游景区均为我国西部少数民族传统游牧区和综合型山岳生态旅游区，生态系统结构、地理环境要素、景观资源价值、旅游景区知名度及旅游开发经营模式等在新疆具有很强的典型性和代表性。

3.2　天山天池景区概况

3.2.1　景区管理与运营体制

天山天池景区形成了管理委员会与公司共同运营管理的体制。新疆天山天池风景名胜区管理委员会（简称天池管委会）于 1979 年 8 月 1 日在昌吉回族自治州阜康市乌奇东路 41 号注册成立，主要经营天池风景区建设、规划等行政管理，注册员工人数为 122 人。西域旅游股份有限公司于 2015 年 5 月 18 日正式在新三板以协议转让的方式挂牌。其主营业务主要围绕新疆天山天池 AAAAA 级风景名胜区和新疆五彩湾古海温泉 AAA 级旅游度假区，通过为游客提供旅游客运、索道观光、观光车等旅游服务获得收益。

3.2.2　景区建设

按照布局及结构，新疆天山天池风景名胜区分为 5 个游览区，每区 8 景，共 40 景。天池旅游区主要游览区域及景点名称如下：

大天池北坡游览区：石门一线、五十盘天、王母脚盆、冰潭银帘、醴泉隐乳、仙女泳池、悬泉飞瀑、鳄鱼吐珠。

大天池游览区：天镜浮空、镇海古榆、东岸靓女、西岸鳄鱼、南湖黄龙、大湾倒影、瑶池风帆、南山望雪。

娘娘庙游览区：达摩险径、西王母庙、居仙故洞、达摩禅洞、观音阁址、会仙平台、老子故洞、观佛光亭。

十万罗汉涅槃山游览区：夜观天灯、顶天三石、马牙石林、铁瓦寺遗址、会仙瑶台、东岳庙址、太虚八卦、白石头山。

博格达峰北坡游览区：峡谷森林、孜沿毡沟、草甸草原、将军岩画、登山大营、高山砾漠、冰石插花、冰川雪海。

为了更好地服务广大游客，天山天池景区推进智慧景区建设，树立全疆旅游信息工程新标杆。以指挥中心为中枢，地理信息系统（GIS）平台为基础，建立旅游基础数据库，为游客提供需求主动感知、信息智能推送等多位一体的便捷服务，实现"一个平台服务游客，一部手机畅游景区"的目标。对景区标识标牌导向系统进行全面提升改造，落实"服务质量年"行动，促进服务新提升。把标准化工作作为各部门、企业的"一把手"工程，推进标准持续改进。这些景区软硬件的提升让游客享受到了良好的服务，也得到了游客的认可。

3.2.3　接待设施

天池景区与游览活动相关的基本配套设施包括景区标示系统、游客中心、餐馆、商店、停车场、卫生间、垃圾处理点和果皮箱等，且均按 AAAAA 景区标准配置管理。天池景区的住宿设施和综合性接待基地一般位于市区或县城，住宿设施齐全，但其标准化程度有待提高。

3.2.4　游客量与旅游收入

1980—2012 年天池景区旅游人次呈不断增长趋势，2009 年突破百万人次（表 3-2），是新疆旅游的名片和龙头。2016 年上半年天池景区接待游客 54 万人次，同比增长 4.69%，旅游经济收入 3.34 亿元，同比增长 5.15%，实现门票收入 3 034 万元，同比增长 40.14%；其中 6 月接待旅游人次 19.96 万人次，同比增长 5.32%。

表 3-2　天池景区旅游人次及游客增长率变化

年份	旅游人次/人	游客增长率/%	年份	旅游人次/人	游客增长率/%
1980	107 372	—	1997	341 000	3.96
1981	105 324	−1.91	1998	355 120	4.14
1982	132 061	25.39	1999	372 300	4.84
1983	116 700	−11.63	2000	408 000	9.59
1984	132 444	13.49	2001	518 460	27.07
1985	205 000	54.78	2002	425 810	−17.87
1986	285 000	39.02	2003	433 650	1.84
1987	221 952	−22.12	2004	420 654	−3.00
1988	230 000	3.63	2005	621 390	47.72
1989	200 500	−12.83	2006	660 508	6.30
1990	224 200	11.82	2007	841 678	27.43
1991	237 409	5.89	2008	870 030	3.37
1992	245 321	3.33	2009	1 003 000	15.28
1993	262 000	6.80	2010	1 378 000	37.39
1994	317 000	20.99	2011	1 610 060	16.84
1995	320 000	0.95	2012	1 780 000	10.55
1996	328 000	2.50			

资料来源：昌吉门户网站、天池管委会。

3.3　喀拉峻景区概况

3.3.1　景区管理和运营体制

喀拉峻景区实行管委会和公司协同管理模式。根据世界遗产保护地属地管理原则，当地成立了特克斯县八卦城景区管理委员会，作为特克斯县人民政府派出机构，对喀拉峻景区实施管理、规划、监督、环境保护、牧民协调等职能，坚持统一规划、统一管理、统一开发、统一经营，确保永续利用。

新疆喀拉峻投资股份有限公司于 2012 年通过公开招标方式取得了新疆喀拉峻国际生态旅游区的观光车、索道、游船、漂流、滑雪、高尔夫等项目的投资开发专属经营权和喀拉峻景区的物业管理权，并接受特克斯县人民政府委托，代为收取喀拉峻景区的门票。公司主要从事喀拉峻国际生态旅游区的整体开发与管理，以及对旅游项目的投资。拥有 2 个全资子公司，分别是新疆喀拉峻旅游客运有限公司、新疆喀拉峻国际旅行社有限公司；1个控股子公司新疆喀拉峻天籁旅游有限公司。目前主要经营项目有喀拉峻景区的观光车、游船、观光索道、漂流、毡房酒店，并均按照行业主管部门相关要求取得了项目运营的行政许可资质。

3.3.2 景区建设

（1）东喀拉峻景区。该景区是喀拉峻景区的核心景区。东喀拉峻景区作为新疆天山世界自然遗产保护地的重要组成部分，是新疆天山生物多样性最丰富、美学价值最高的区域。

（2）西喀拉峻景区。景区内草原壮阔无垠，远方巍峨雪峰林立，五色花海如潮般涌动，草甸如海浪般层层漫卷。这里有着悠久的军马驯养历史，每到转场时节，万马奔腾如闪电疾风。

（3）阔克苏峡谷。景区景观特色主要以峡谷地貌、水体景观、高山草原为主，集高峡平湖、雪山群峰、原始植被、峰峦绝壁、溪流奇石于一体，生态和人文相互呼应，给人以壮丽、秀美之感。在这里，可以游船览胜、漂流探险，还可品尝美食，感受独特的哈萨克民俗和兵团戍垦文化。

3.3.3 接待设施

自2012年开发建设以来，喀拉峻景区不断完善基础设施建设，提升景区工作人员综合素质和服务水平，加强景区消费接待能力。

喀拉峻景区自2013年启动创建国家AAAAA级旅游景区工作以来，累计完成投资6.2亿元，开发建设了旅游公路、游客服务中心、门禁系统、生态停车场、综合服务区、索道、公共厕所、标识系统、智慧景区以及水上娱乐等19个项目。同时，为不断提升景区管理水平，喀拉峻景区建立了组织机构和规章制度，健全各类预案，加大投诉查处力度，加强食品卫生监管及景区管理和从业人员培训；发掘文化内涵，通过媒体宣传、旅游节庆、影视歌剧等不断扩大景区知名度；强化全民参与，实现旅游富民，以专业合作社加强对牧民的组织带动，鼓励旅游企业吸纳本地农村富余劳动力，实现人均年收入4万元。喀拉峻景区游客服务中心建在缓冲区之外。景区内的库尔代河风情园是游客餐饮、住宿、休闲及服务中心。

3.3.4 游客量与旅游收入

喀拉峻-库尔德宁遗产保护地喀拉峻景区2007年游客接待量为2.5万人次，2010年游客接待量为3.5万人次，年平均增长率为9%。喀拉峻-库尔德宁遗产保护地库尔德宁景区年游客接待量从 2001 年的 3.1 万人次增加到 2010 年的 6.5 万人次，年平均增长率为 8％。2012 年至今，随着营销与景区建设的不断推进，景区游客量以年均 20％的增长率不断递增。

3.4　库尔德宁景区概况

3.4.1　景区管理体制

根据实地走访和调查了解，库尔德宁景区管理的矛盾尚未理顺，属地和行业双头管理，其中行业部门为林业部门的西天山国家级自然保护区管理局，行政属地巩留县成立库尔德宁管委会，负责区内牧家乐接待户等经营管理。2 家单位在核心区开发、征占林地、资源管护、门票分成等方面矛盾较突出，协同发展动力不足。

3.4.2　景区建设

库尔德宁景区受道路及管理体制等现实制约，旅游开发进程缓慢，景区进入性及接待能力有待进一步提升。

3.4.3　接待设施

库尔德宁景区的旅游业还处于初级发展阶段，旅游配套设施尚未形成规模。景区内仅有管委会经营接待酒店 1 座、哈萨克风情园经营牧家乐的牧民约 50 户，整体接待经营水平仍处于初级阶段。景区内建有非物质文化遗产资源与管理的展示中心 1 处。

3.5　巴音布鲁克景区概况

巴音布鲁克景区位于巴音郭楞蒙古自治州（以下简称巴州）和静县境内，地处天山山脉中部的尤尔都斯盆地，艾尔宾山把盆地分为大、小尤尔都斯盆地 2 部分；景区北隔小尤尔都斯盆地与巩乃斯毗邻，西隔那拉提山与伊犁河谷相邻，东经开都河峡谷与焉耆盆地相连，南经独库公路与阿克苏地区相通。新疆天山的湖泊主要分布于河流尾间、山间盆地和凹地中，随山间盆地海拔的变化，分布于几个不同高度的层次上。尤尔都斯盆地为高位山间盆地，盆底海拔 2 400～2 600 千米，开都河蜿蜒其中，形成了优美的曲流景观。盆地中心沿河岸形成了面积大约 1 370 千米^2 的沼泽湿地和湖泊，为天鹅等鸟类的生存和繁育提供了理想的湿地环境，被称为"中国天鹅湖"。巴音布鲁克是"天山廊道世界遗产旅游产业带"的核心景区，地处天山世界遗产廊道、独库公路风景道、开都河峡谷风景道的汇集之地，位于 217 国道和 218 国道两大旅游流的交汇区域，地处巴音郭楞蒙古自治州、伊犁地区、阿克苏地区等三大旅游区的叠加辐射范围内，西距那拉提机场 140 千米，东距库尔勒机场 370 千米，南距库车机场 260 千米，随着巴音布鲁克机场的新建通航、低空旅游的蓬勃发展、旅游公路的提升改造，巴音布鲁克作为"天山廊道世界遗产旅游产业带"重要目的地和集散节点的区位优势将日益凸显。

2005 年，巴音布鲁克被评为"中国最美六大沼泽湿地之一"。2006 年，新疆巴音布鲁克国家级自然保护区被命名为全国示范保护区。2010 年 10 月，巴音布鲁克景区通过国家 AAAA 级旅游景区验收。2013 年 6 月，巴音布鲁克作为新疆天山世界自然遗产组成部分之一，被批准列入《世界遗产名录》；2013 年 10 月 31 日，在中央电视台主办的"美丽中国·湿地行"活动中，巴音布鲁克湿地入选"2013 中国最美十大魅力湿地"。2015 年，巴音布鲁克被评为自治区级生态旅游示范区，并积极创建国家生态旅游示范区。2016 年，巴音布鲁克获批国家 AAAAA 级旅游景区。

3.5.1　景区管理体制

巴音布鲁克景区自 2010 年始，根据《和静县人民政府关于组建巴州天鹅湖旅游开发有限责任公司的批复》（和政发〔2010〕91 号）文件精神，由和静县人民政府出资 500 万元注册成立巴州天鹅湖旅游开发有限责任公司，负责巴音布鲁克景区日常经营和景区项目开发等工作，代行使景区管理机构权责。根据《关于设立和静县巴音布鲁克景区管理委员会的通知》（和党编办字〔2012〕47 号）文件精神，设置和静县巴音布鲁克景区管理委员会，为和静县人民政府的派出机构，行使巴音布鲁克景区旅游规划和管理工作。

随着巴音布鲁克景区接待设施不断完善，旅游业的发展为当地牧民实现脱贫致富、带动就业作出了积极贡献。从事牧家乐、马匹租赁、旅游纪念品销售等服务经营项目的直接从业人员达 2 000 余人，其中 90% 为当地牧民；客运、物流、餐饮、住宿、娱乐、旅游纪念品销售等间接从业人员已突破 2 万人。

3.5.2　景区建设

巴音布鲁克遗产保护地是天山大型山间盆地的典型代表，是温带干旱区高寒湿地生态系统的典型代表，是天山河曲沼泽景观美的最典型代表，是中国最大的天鹅繁殖地，也是全球野生天鹅繁殖的最南限。景区位于保护区实验区的大尤尔都斯北块区域。保护区经过多年的发展，形成了 3 处最佳的自然景观观察点和 2 处生态科普及管护设施，依托现有的 5 个片区，开发草原之恋、天鹅家园、伊克扎尕斯台、巴润库热、巴西里克 5 个游览区（表 3-3）。

表 3-3　巴音布鲁克景区各游览区功能定位

游览区名称	生态旅游功能定位
草原之恋	花卉观赏、植物科普、草原文化体验
天鹅家园	野生天鹅救护、天鹅生态科普
伊克扎尕斯台	鸟类监测、野生天鹅观察、鸟类科普、湿地科普
巴润库热	蒙古族风情和东归文化体验
巴西里克	河曲湿地观光摄影、草原观光摄影、植物科普

根据巴音布鲁克景区开发现状、旅游资源空间分布特征、可建设用地及道路交通的空间分布格局，构建生态旅游区的发展格局为"一环、两核、三带、六节点"。

"一环"：天鹅湖环游线，游客中心—科普宣教中心—草原之恋—天鹅家园—伊克扎尕斯台—巴润库热—巴西里克—巴音贝—开都河峡谷—花海—夏牧场—洗胃泉—巴音郭楞乡—土尔扈特民俗文化村。

"两核"：巴西里克、巴音贝两大核心游览区。

"三带"：草原生态景观带、开都河峡谷景观带、游牧风情景观带。

"六节点"：在游客中心、景区北入口、巴西里克、巴音贝、景区东入口、景区西入口设置 6 个服务节点。

3.5.3　接待设施

巴音布鲁克景区加大投入，完成各类设施等八大工程建设。①续建了巴音布鲁克景区新游客中心；②建设了巴音布鲁克景区天鹅湖景点游客休息庇护设施；③建设了巴音布鲁克景区伊克扎尕斯台观鸟台、巴西里克供电及供排水系统工程；④完成了天鹅湖景点大门游客集散广场草坪绿化和植被恢复等环境整治工作；⑤完成了巴西里克供水设施及管道工程、天鹅湖景点大门停车场改扩建、购物中心及四星级厕所装修；⑥配备了刷卡门禁系统、游客中心室内 LED 显示屏、便携式语音导讲机、邮电及医疗卫生设备；⑦健全完善了星级厕所配套设施，对巴西里克木栈道、巴润库热及办公生活区生态厕所等服务设施进行了全面维修；⑧完成了天鹅湖景点内 6 组观光车停靠站、50 个休息凳、10 座风雨亭、6 座小卖部工程项目，增设景区垃圾箱，汉、英、韩、日、蒙 5 种语言的各类标识导览牌安装基本到位。

景区已逐步形成吃、住、行、游、购、娱等相配套的旅游要素服务体系。巴音布鲁克景区目前拥有国内旅行社 1 家；星级旅游宾馆 4 家，其中 3 星级宾馆 2 家，2 星级宾馆 2 家，各类宾馆酒店共计拥有 2 500 张床位，在建五星级酒店 1 家、4 星级酒店 2 家；拥有旅游牧家乐 30 余家，其中 3 星级牧家乐 3 家，2 星级 4 家，1 星级牧家乐 15 家。

3.5.4 游客量与旅游收入

巴音布鲁克景区 2001 年游客接待量为 5.5 万人次，2010 年游客接待量为 9.5 万人次，年平均增长率为 6.4%；2016 年，巴音布鲁克景区截至 10 月 20 日，共接待游客 88.3 万人次，旅游总营业收入 1.9 亿元，较 2015 年同期分别增长 14.33%、13.14%。巴音布鲁克位于巴州和伊犁河谷两大旅游区的叠加辐射范围内，巴音布鲁克镇是独库公路风景道的必经之地，那拉提支线机场通航提升了巴音布鲁克区域的可进入性。根据百度指数分析和客源市场问卷调查，国内客源主要来自北京、广东、江苏、上海、浙江、四川等地，自治区内客源主要来自乌鲁木齐市、伊犁地区、巴州等地。

3.5.5 巴音布鲁克镇社会经济状况

巴音布鲁克镇距离和静县城 288 千米、距离库尔勒市 363 千米，行政区总面积 23 868 千米^2，其中草场面积占总面积的 27%。巴音布鲁克镇下辖 8 个村、2 个社区，由汉、蒙、维、回、藏、哈萨克等民族构成，总人口 9 873 人。2010 年，巴音布鲁克镇被住房和城乡建设部、国家旅游局评定为首批"全国特色景观旅游名镇"。2013 年，巴音布鲁克镇荣获"中国最美村镇"荣誉称号。2014 年，巴音布鲁克镇荣获"国家级生态乡镇"。近年来，巴音布鲁克镇党委、政府围绕"环境优美、生态良好、布局合理、设施完善、特色鲜明，适于旅游产业、生态牧业发展，宜于生活的现代化小镇"的发展思路，重点抓生态保护和旅游产业发展，以建设高山草原生态旅游特色小镇为抓手，发挥特色产业在乡村振兴中的引领和支撑作用，推进巴音布鲁克生态建设和生态旅游业持续快速发展。

第 4 章

研究区生态移民的搬迁安置现状调查

4.1 天山天池景区生态移民搬迁安置现状

4.1.1 天山天池生态移民

天山天池景区内居住着隶属于三工河哈萨克族乡与水磨沟乡的 1 322 户少数民族牧民，在遗产保护地生态环境目标及牧民定居政策的推动下，牧民陆续以宜牧则牧（中心村定居）、宜农则农（农区插花安置定居）、宜工则工（进城定居）、宜商则商（进城定居经商）、宜游则游（进城或在旅游点定居，从事旅游服务业）的思路搬迁安置于水磨新村、拜斯胡木村和阿克木纳拉村 3 个牧民定居点，并逐步改变生产生活方式。根据世界遗产保护地管理要求，天山天池遗产保护地与缓冲区逐步实施退牧还草、生态移民与生态恢复政策，在 2015 年前实现遗产保护地核心区全面禁牧、缓冲区限牧的目标。

4.1.2 生态移民政策

生态移民政策内容主要有以下 4 个方面：

（1）妥善安置移民。妥善解决遗产保护地移民异地安置问题，对愿意从事农业的农牧民给予耕地和生产补助，对定居点农牧民每户投入资金建设高标准的抗震安居房，解决定居点水、电、道路、绿化、农田水利等基础设施建设。

（2）核定载畜量放牧。天池遗产保护地县级以上地方人民政府林业草原主管部门按照国务院林业草原主管部门制定的草原载畜量标准，结合遗产保护地缓冲区实际情况，定期核定草原载畜量，以草定畜，调整畜群，实行轮牧、限牧，合理安排季节牧场，实行统一转场。

（3）改良草场。遗产保护地核心区和缓冲区居住的多为牧民，生态移民工程实施后，牧民的草场面积有所减少。因此，积极推广先进技术，帮助牧民恢复改良草场、种植喷灌围栏草场，对需要改良的草场人工补播紫苜蓿、老芒麦、披碱草、中华羊茅等牧草种子，改善草场结构，提高产草量和单位面积草场载畜量。

（4）建设饲料基地。春季牧草返青初期对天然草场进行全封闭，建立一定面积的人工饲料基地，给牲畜补充一定数量的精饲料，为冬季牲畜越冬储藏大量饲草饲料。

4.1.3　移民政策的主要成果

天山天池生态移民政策取得了突出成果，村民的居住环境得到了改善，并通过参与旅游服务获得收入，牧民实现了增收。

阜康市褚家湾村和山坡村 146 户村民从天池保护区内搬到山下新建的移民新村，实现了人畜分离、垃圾集中处理，并建有文化娱乐健身中心，人居环境得到改善，生态移民和集体居住为每户村民增加了 2～3 亩[①]的生产用地，村民还更多地参与到天池旅游服务当中，丰富了农民的致富途径。

阜康市实施生态移民工程，三工河哈萨克族乡的 98 户哈萨克族牧民从天池景区搬迁到平原地区五疙瘩村定居，并从事小麦种植工作，牧民人均增收 1 750 元。

但生态移民政策的实施也存在弊端。天池景区牧民禁牧后收入较低，难以维持正常生活。2011 年禁牧时首次签订了禁牧合同，并且此次合同的签订属于强制性行为。退牧还草后，以每亩 50 元的价格对牧民草原生态保护行为进行补贴，每年发放一次补助金，发放时间为每年的 8、9 月。在禁牧之前，牧民靠饲养牛羊和放牧每年可以有 10 万元左右的收入；禁牧后，牧民多以经营餐厅和哈萨克族毡房勉强维持生计，每年都是入不敷出。牧民在旺季时经营餐厅，但淡季时只能在家中待业，并无任何收入。参与哈萨克族毡房公司投资的牧民目前大多在天池景区内从事餐饮行业，而未参与投资的牧民则仍留在三工河哈萨克族乡，这部分人大多以外出打工为生，他们的生计维持更为艰难。

世界自然遗产保护地旅游生态移民必定会对当地居民产生影响，而这种影响会涉及经济、社会文化、资源环境及心理等多方面，且正面和负面影响相伴相生。

异地生态移民政策的影响是一把双刃剑。积极影响包括：①牧民从牧区移

---

①　亩为非法定计量单位，1 亩＝1/15 公顷，下同。——编者注

住到移民开发区，移民开发区内水、电、煤气、暖气、无线电视等基础设施一应俱全，生活条件得到了很大的改善，而且交通出行和就医也变得更为方便；②生态移民政策采取了禁牧措施，禁牧地区的生态环境有了一定的改善。

消极影响包括：搬迁前，牧民以放牧为生；而搬迁后，牧民只能转产从事第二、三产业，对于缺乏第二、三产业的劳动技能和经验积累的牧民来说，产业的转变会使得牧民"手足无措"。另外，牧民传统生产生活方式的改变会造成当地传统文化资源缺失民族的原真性。

4.2　喀拉峻景区生态移民搬迁安置现状

4.2.1　喀拉峻景区乡镇村分布等基本情况

新疆喀拉峻国际生态旅游区范围内有 6 个乡镇及团场等，居民主要以牧业为主，有少数小型的牧家乐和商店，具体如下：

①特克斯县喀拉达拉镇 3 个牧业村，分别是喀拉峻村、喀布萨朗村、琼库什台村。

②特克斯县阔克苏乡的库尔代牧业队。

③特克斯县乔拉克铁热克镇的克孜勒阔拉村。

④特克斯马场 3 个牧业连队，分别是马场一连、马场二连、马场三连。

⑤新疆生产建设兵团第四师七十八团 1 个营、2 个连，分别是畜牧营、牧业四连、牧业五连。

⑥天西林业分局林场。

区内人口分布、草场面积和经营牧家乐情况见表 4-1。

4.2.2　景区生态移民情况

据初步调查，喀拉峻景区内牧民在草场禁牧限牧后多减少了小畜的饲养数量，但大畜作为其家庭主要生计和交通工具并未减少很多，仍多以夏季上山扎毡房游牧、冬季在冬窝子或定居点居住为主要生活方式。旅游就业安置方面，东喀拉峻景区内鲜花台、猎鹰台等区间车站点安置喀布萨朗村部分村民的售卖杂货冷餐摊点，喀拉峻村加查干片区通往琼库什台村徒步线周边、军马场牧业连草场乌孙夏都景点附近、阔克苏景区九曲十八弯观景台附近有零星牧家乐牧户经营点，数量和规模及经营能力均十分有限。景区内有特克斯县喀拉峻景区马纳提旅游农民专业合作社、琼库什台村白马合作社的 2 支马队分别在猎鹰台和琼库什台村经营向游客租马，共计有马约 200 匹，以牧民旅游专业合作社形式经营管理。

表 4-1　喀拉峻景区人口、草场面积及牧家乐情况

地　区	户数/户	分户/户	人口/人	夏草场/亩	春秋草场/亩	牧家乐/家
特克斯县喀拉达拉镇（五乡）						
喀拉峻村	230	150	2 250	4 300	2 300	9
喀布萨朗村	150	130	1 180	4 150	6 410	4
琼库什台村	210	270	1 256	8 600	3 900	12
乔拉克铁热克镇（四乡）						
克孜勒阔拉村	220		898	55 911	35 504	3
阔克苏乡（一乡）						
库尔代牧业队	7		45	2 000	6 104	1
特克斯马场						
马场一连	258		738	37 000	130 000	12
马场二连	245		830	12 600		2
马场三连	216		680	6 000		7
兵团第四师七十八团						
库尔代河、畜牧营（春秋）草场	403		1 490	460 000		5
总计	1 939	550	9 367	590 561	184 218	55

4.3　巴音布鲁克景区生态移民搬迁安置现状

巴音布鲁克草原是新疆重要水系的源头，有"新疆的水塔"之称。近年来，草原面临严重的生态威胁，草原退化和沙化现象十分严重。据统计，草原退化面积高达 457.20 万亩，占牧区总面积的 47.3%，沙化面积达 32.93 万亩。在这种情况下，新疆启动万人生态移民工程，将大量的牧民从草原上迁出，让草原得以休养生息。和静县额勒再特乌鲁乡察汗乌苏村，是和静县扶贫开发整村推进工程的试点村。察汗乌苏村一组现有村民 76 户，村民大部分是从巴音布鲁克牧区搬迁下来的生态移民，下山后牧民住进了国家为他们统一建设的安居富民房，并通过和静县实施的扶贫开发项目，过上了安居乐业的幸福生活。

4.3.1　巴音布鲁克镇域地理及经济概况

巴音布鲁克镇位于艾尔宾山之西、大小尤尔都斯盆地交界和开都河转折

处，镇行政区总面积 23 868 千米²，其中草场面积占总面积的 27%。距离和静县城 288 千米、距离库尔勒市 363 千米，距天鹅湖风景区仅 60 千米。镇区内机构和商业等生活服务设施基本齐全、217 国道自东向西经过本镇，交通方便，是全镇的政治、经济、文化中心。2010 年，巴音布鲁克镇被住房和城乡建设部、国家旅游局评定为首批"全国特色景观旅游名镇"。2013 年，巴音布鲁克镇荣获"中国最美村镇"荣誉称号。2014 年，巴音布鲁克镇荣获"国家级生态乡镇"称号。

巴音布鲁克镇辖区面积 23 868 千米²，下辖 8 个村、2 个社区。2016 年末镇域人口总计 9 873 人，共 3 571 户。由蒙古、维吾尔、汉等民族构成，蒙古族占总人口的 95%。镇建成区划分为 2 个社区 20 个居民小组。2020 年末镇区常住人口为 3 422 人。巴音布鲁克镇有草场 966 万多亩，可利用鲜草储藏量 20.04 亿千克，理论载畜量 137.28 万羊单位。总的说来，镇域范围经济结构单一，基本为纯牧业地区。旅游业近几年开始兴起，逐渐形成新的支柱产业。

巴音布鲁克镇是镇政治、经济、文化中心和镇政府所在地，有一定的公共服务、交通、教育和基础设施。近年来，旅游业发展很快，外来经商、务工人员迅速增加，在原有行政管理机构、派出所、镇医院、兽医站、文化站、电视台等服务机构外，新增加很多主要为旅客服务的商店、超市、餐馆和旅馆（15 家约 400 张床位）、蒙古包站点（9 处 62 个）。新建了寄宿七年制学校，在校生 1 473 人，建筑面积 14 861 米²，占地 128.33 亩（8.5 万米²）。

4.3.2　巴音布鲁克镇域退牧还草工作

根据《关于印发〈和静县草原生态保护补助奖励政策实施方案（2016—2020 年）〉的通知》（静政发〔2017〕12 号），和静县实施了草畜平衡、禁牧工作，涉及巴音布鲁克镇 39.82 万亩、伊克扎尔斯台牧场 14.71 万亩、德尔比勒金牧场 8.01 万亩以及巴音郭楞乡 2.766 万亩。水源涵养区禁牧实施后，草原生态环境趋于优化，草原植被覆盖度明显提高，优良牧草种类和数量明显增加，同时改善了土壤状况，土壤中有机质含量增加，在防风固沙、保持水土、涵养水分、减少自然灾害等方面都起到了重要的作用。

4.3.3　巴音布鲁克镇域牧民安置与参与旅游情况

近年来，巴音布鲁克镇党委、政府围绕建设"环境优美、生态良好、布局合理、设施完善、特色鲜明，适于旅游产业、生态牧业发展，宜于生活的现代化小镇"的发展思路，重点抓生态保护和旅游产业发展，以建设高山草原生态旅游特色小镇为抓手，发挥特色产业在脱贫攻坚中的引领和支持作用，推进巴音布鲁克镇生态建设和生态旅游业持续快速发展。

旅游发展带动了巴音布鲁克镇大量当地牧民就业,从事区间车、牧家乐、马匹租赁、旅游演艺、旅游纪念品销售、客运、物流、餐饮、住宿、娱乐、特产销售、商品零售等服务经营项目,越来越多的牧民从传统的畜牧业转移到旅游服务等第二、三产业。巴西里克村成立了蒙古族特色手工艺品制作加工合作社、特色奶制品生产加工合作社、旅游服务合作社等8家合作社,全村所有贫困户全部加入了不同的合作社,吸纳牧民66户,安排劳动就业340人,人均收入年增长5 000元,实现了共享旅游发展收益。

第 5 章

生态移民搬迁安置意愿及影响因素研究

天山天池、喀拉峻、那拉提等旅游景区受所处区位、属地社会经济发展水平、旅游开发先后次序等因素影响，开展生态移民问题研究的侧重点各不相同。自 2013 年新疆天山申报世界自然遗产成功后，喀拉峻景区旅游发展进入快车道，生态移民搬迁安置问题矛盾凸显，急需开展安置意愿及影响因素研究。本章基于 2016 年实地抽样调查数据对在喀拉峻景区放牧生活的牧民搬迁安置意愿进行分析研究。

5.1 研究概述

生态移民也称环境移民，指将定居于自然保护区、自然环境恶劣区、生境脆弱区及人类生存条件困难区的居民搬移至另一处重建家园的人口迁移。它是我国最大的环境保护工程项目之一，其作为保护生态环境措施中成本较小而收益较大的一种方式，被广泛应用于保护自然资源、恢复生态环境以及提高山区人民生活水平等方面，其主要目的是实现人口、资源、环境与经济协调发展。

我国生态移民政策实施始于 20 世纪 80 年代初期，依据成因可分为自然灾害、水库建设、水电站建设、退耕还林及禁牧还草等类型的生态移民；依据迁移区域可分为村庄、乡镇、县城以及省际等类型搬迁。该政策的实施转变了搬迁农牧民的生产生活方式，降低了搬迁农牧民对原住地资源的依赖程度，达到了保护生态环境的目的。生态移民安置方式包括转移就业安置与住房安置，其内涵是重新调整人与自然的关系，实现人口、资源、环境与经济的协调发展（孟向京，2011；赛汉，2010；贾耀锋，2016）。移民意愿指移民是否愿意向外迁移的想法。近年来关于移民意愿的研究大多从环境风险、生计禀赋、个体特征等方面入手，探究影响生态移民意愿的因素，研究结果显示农民的生态移民意愿与年龄的分布呈倒"U"形，与家庭人均收入的分布呈先下降后上升趋势（王艳等，2017；YANG et al.，2015；王凯等，2016；闫丽娟等，2013）。学者还研究了移民返迁意愿，发现牧区年轻人受就业与社交影响，其返迁意愿较年老者强；但通过对宁夏中部移民的研究又发现，年轻移民比年老移民愿望、文化及心理适应更强，这说明影响移民意愿的因素并不是在所有条件下都适用，须根据不同研究区域具体分析。已有研究还侧重于移民安置后农牧民的生活期望、发展能力以及心理、文化、社会适应等方面。移民愿意搬迁后其对可供选择的安置方式的主观看法和想法就形成了生态移民安置意愿，但学者对生态移民选择的搬迁安置方式类型及其影响因素研究相对较少。

喀拉峻作为新开发的遗产保护地型旅游景区，其景牧、林牧矛盾较为突出，生态移民安置工作面临巨大挑战。以喀拉峻世界自然遗产保护地牧民为研究样本，从移民主体视角出发，讨论家庭特征、能力禀赋、收入结构这3类家庭属性对牧民安置意愿的影响，可为景区及当地政府实施生态移民安置政策提供参考。

5.2 数据来源与研究方法

5.2.1 数据来源

5.2.1.1 调研过程

本研究于2016年10月在研究区进行了预调研，并结合实际情况整理出调查问卷；2017年7月初，调查组前往喀拉峻景区展开实地调研活动。问卷内容主要由3部分组成：第一部分是牧民家庭基本情况；第二部分是移民方式选择与生产收入情况，其中包括就业培训需求、经营类型等；第三部分是对安置政策和制度的了解和满意度，满意度部分问卷采用了李克特5分量表的形式，由移民对17个陈述句的满意度进行打分，5分为非常满意，4分为满意，3分为一般，2分为不满意，1分为非常不满意。

调研地点涉及喀拉峻村、加萨干、斯坦布拉克、乌孙夏都、猎鹰台、喀布萨朗村、马场一连、军马场、喀拉峻村委会安居房、阔克苏村及琼库什台村等，并通过入户访谈与问卷抽样的方式对牧户生态移民安置情况进行调查。鉴于大多数调研对象为哈萨克族牧民，为提高问卷的准确性与真实性，在汉语题项下方附注了哈萨克语译文；为减少沟通障碍，提高问卷的发放效率与准确率，项目组邀请了两位哈萨克族大学生担任翻译。2017年7月调研组采用随机抽样方式，分别在喀拉达拉镇、特克斯马场、乔拉克铁热克镇和阔克苏乡依次抽取了85、40、39和36户，共发放200份问卷，实际收回192份，其中有效问卷190份，问卷有效率为98.96%。

5.2.1.2　变量结构

安置意愿的影响因素可分为内因与外因，内因包括个人特征、家庭特征、收入情况等，外因包括就业环境、社会经济情况等。本书以移民安置意愿作为因变量（Y_j），选取家庭特征（X_2）、能力禀赋（X_3）、收入结构（X_4）与个人特征（X_1）为自变量（X_r），其中个人特征为控制变量；各个自变量的分变量（X_{rs}）及其观测指标的赋值（X_{rsj}）如表 5-1 所示。

表 5-1　变量选择及赋值

变量类型	符号	分变量	符号	变量赋值				
				$j=1$	$j=2$	$j=3$	$j=4$	$j=5$
移民安置意愿	Y_j			放牧	去县城务工	参与旅游	旅游畜牧兼业	
个人特征	X_{11}	年龄	X_{11j}	小于 25 岁	25～35 岁	36～45 岁	46～55 岁	大于 55 岁
	X_{12}	性别	X_{12j}	男	女			
	X_{13}	村民代表	X_{13j}	是	否			
	X_{14}	受教育水平	X_{14j}	小学及以下	初中	高中或中专	大学或大专	
家庭特征	X_{21}	牧户类型	X_{21j}	贫困	中等	富裕		
	X_{22}	劳动力人数	X_{22j}	1 人	2 人	3 人	4 人及以上	
	X_{23}	家庭年收入	X_{23j}	≤2 万元	2 万＜～4 万元	4 万＜～6 万元	6 万＜～10 万元	＞10 万元
	X_{24}	民族	X_{24j}	哈萨克族	汉族	回族		
	X_{25}	家庭人口数	X_{25j}	≤2 人	3～5 人	6～8 人	9～11 人	
能力禀赋	X_{31}	种植业技能	X_{31j}	有	无			
	X_{32}	汉语能力	X_{32j}	强	弱			
	X_{33}	经营旅游业技能	X_{33j}	非常高	比较高	一般	比较低	非常低
收入结构	X_{41}	牲畜养殖	X_{41j}	是	否			
	X_{42}	外出务工	X_{42j}	是	否			
	X_{43}	参与旅游项目	X_{43j}	是	否			
	X_{44}	社会救助	X_{44j}	是	否			

5.2.2　研究方法

5.2.2.1　描述性统计分析

利用 Excel 软件对牧民生态移民安置意愿与需求数据进行整理和分类。将牧民安置意愿分为5类，并对选择该意愿的人数进行统计，计算出占总人数的比例。将牧户安置需求分为3类，根据不同需求条件进行统计并计算。

5.2.2.2　多分类多元 Logistic 回归分析

多分类多元 Logistic 回归是指因变量为3个及以上的分类变量、自变量为多个的回归分析。研究区内可供生态移民选择的安置方式可概括为放牧、去县城务工、参与旅游、旅游畜牧兼业4种类型，因此这4个相对独立的选项可采用离散模型中的多分类多元 Logistic 模型进行回归分析。在模型中将"放牧"意愿（Y_1）作为基准对照组。

$$\ln\left[\frac{P_j(y=j\mid x)}{P_j(y=J\mid x)}\right] = \alpha_i + \sum_{k=1}^{K}\beta_{ik}x_k \qquad (5-1)$$

$$\ln[P_j(Y_j\mid X)P_1(Y_1\mid X)] = \alpha_j + \sum r = \ln\sum s = \ln\beta_{rsj}X_{rs}$$

式中：P_j 表示牧民选择生态移民安置意愿 Y_j 的概率；x_k 表示影响牧民选择生态移民安置意愿的第 k 个潜变量的观测值；X_{rs} 表示影响牧民移民安置意愿选择的第 r 个潜变量第 s 个分变量的观测值；α_i 表示第 i 个模型的常数项；α_j 表示第 j 个模型的常数项；β_{ik} 表示第 i 个模型中第 k 个潜变量的偏回归系数 β_{rsj} 表示第 j 个模型中第 r 个潜变量第 s 个分变量的偏回归系数；$j=2,3,4$；$r=1,2,\cdots,m$；$s=1,2,\cdots,n$。

为避免自变量之间存在多重共线性而造成分析结果出现误差、失真，采用方差膨胀因子（VIF）衡量自变量的共线性。

5.3　喀拉峻景区牧民生态移民安置意愿与需求研究

政府实施喀拉峻景区生态移民政策的目的在于有效保护当地的自然生态环境的同时，为发展旅游业奠定基础。目前，喀拉峻景区采取的移民安置方式主要为去县城、参与旅游经营、继续放牧、外迁种地及旅游畜牧兼业。

由于当前喀拉峻景区处于旅游开发初级阶段，移民和安置工作尚未全面完成，部分牧民仍在草原上居住生活。移民安置包括就业安置与住房安置，其中就业安置指经营牧家乐、加入马队合作社、经营冷餐摊点、外出务工等模式；住房安置指给予牧户部分补贴在安置区建造安居房。景区内已有的旅游食宿经营点存在基础设施不完善、管理程度较低及经营者缺乏就业培训指导等问题。马队经营管理程度相对较高，管理者通过开展业务技能培训，提升了马队合作社成员的业务水平，但从马队经营总体情况看存在缺乏系统性规划，利益分配模式不完善等问题。

5.3.1　喀拉峻景区牧民生态移民安置意愿分析

喀拉峻景区主要居民为哈萨克族牧民，样本数据来源于对特克斯县喀拉达拉镇（五乡）、特克斯马场、乔拉克铁热克镇（四乡）牧民的调研，由表5-2可以看出，有87.4%的牧民不愿意搬迁而更愿意留在原住地；63.2%的牧民希望继续从事原有的放牧生计活动，因为长期以放牧为生的牧民不愿意改变原有的生产生活方式；17.4%的牧民希望转变原有放牧生计而从事旅游业经营；10.5%的牧民希望搬迁安置去县城务工；2.1%的牧民希望外迁种地；6.8%的牧民希望从事旅游畜牧兼业活动。

表5-2　调查对象移民方式选择及所占比例

项目	生态移民方式				
	去县城	参与旅游经营	放牧	外迁种地	旅游畜牧兼业
选择人数/人	20	33	120	4	13
所占比例/%	10.5	17.4	63.2	2.1	6.8

数据来源：问卷调查。

5.3.1.1　去县城

由表5-2可以看出，只有10.5%的牧民希望到县城安置，所占比例较小；有89.5%的牧民不愿意去县城。其原因在于，世代在草原上生活的牧民一旦搬迁至县城，生产生活方式将发生巨大变化，牧民面临着重新适应问题。少部分同意去县城的牧民积极响应政府政策，支持喀拉峻景区进行旅游开发建设，保护草原生态。他们希望通过搬迁去县城，改变贫困落后的交通、住房、通信、医疗、子女教育状态，在政府提供就业培训和住房补助的条件下，获得稳定的经济收入和住房，使子女在县城能够接受更为优质的教育。

政府通过实施生态移民政策保护景区的自然生态环境，加快景区的旅游开发建设，同时推进特克斯县的城镇化建设，减少贫困人口数量，提高城镇化率。通过城镇化的建设和相关产业的发展为迁移的牧民提供更多就业机会，减少生态环境的压力。政府应向牧民明确生态移民迁入地的生产生活条件优于迁出地区，让牧民切身感受到政府搬迁安置政策的优越性，并鼓励其他牧民积极参与，享受生态移民政策带来的福利。政府要通过宣传、引导、政策讲解、思想沟通等方式激发牧民们的迁移意愿，激起他们摆脱贫困、追求美好生活、寻求自我发展的内在动力，让他们感受到只有走出去，才有可能从根本上改变家庭贫困落后的面貌。

5.3.1.2　参与旅游经营

由表 5-2 可以看出，有 17.4％的牧民希望参与景区的旅游经营。由于喀拉峻景区为世界自然遗产保护地、国家 AAAAA 级景区，每年能吸引大量的游客来此旅游，当地的牧民为游客提供独具哈萨克民族特色的毡房住宿和美食，既解决了游客在景区的住宿和餐饮的问题，也增加了牧民的经济收入。当前牧民参与旅游经营的项目主要包括向游客提供餐饮、住宿、民俗表演、出售小商品以及租马服务。喀拉峻景区的旅游开发仍处于发展的初级阶段，参与旅游经营的牧民人数还较少，牧家乐基础接待设施还有待完善，经营项目有待增加。关于景区内旅游经营"乱象"问题，旅游管理部门应及时整治，制定并完善牧民参与旅游经营的规章制度，开通游客监督通道，实行统一定价，规范旅游市场竞争行为。

5.3.1.3　放牧

由表 5-2 可以知，63.2％的牧民希望继续放牧。喀拉峻景区的哈萨克牧民早已习惯了游牧生活，不愿意离开世代生存的地方，而且移民搬迁不仅面临着住房、草地等看得见摸得着的硬条件的改变，还面临着搬迁后导致的文化适应及社会关系问题，这些因素无一不阻碍牧民改变放牧生计的意愿。喀拉峻景区的牧民有 9 300 多人，当地的牧民文化水平相对较低，草原生态较为脆弱，较多牧民为了提高经济收入而增加牲畜的放养量，并且想在政府实施移民政策迁移一部分牧民之后提高自身的草场拥有量，而忽视对草原生态的保护。选择继续放牧的牧民对于政府搬迁政策的了解程度低，政府的宣传工作还未到位，牧民没有完全理解搬迁安置政策，对政府的搬迁安置政策仍然存在疑问，对搬迁之后的收入、住房、就业、子女教育、医疗条件等问题存在较大顾虑。除此之外，牧民的文化程度、家庭收入、家庭人口数、人均草场量和畜牧量都在一定程度上影响牧民的搬迁意愿。

5.3.1.4　外迁种地

由表 5-2 可以看出，仅有 2.1％的牧民希望外迁种地，这表明牧民对外迁种地移民模式缺乏信心。但基于对政府政策的支持与自身参与旅游经营能力不足的考虑，少数牧民选择了外迁种地。在对其采访中了解到，牧民希望政府能够保障土地的分配，并为他们提供农业种植的技术培训活动，若需求无法满足其将重新选择能获得更多收入的移民模式。

5.3.1.5　旅游畜牧兼业

由表 5-2 可以看出，有 6.8％的牧民希望在景区内从事旅游畜牧兼业生计活动。在每年 5—10 月的旅游旺季时参与旅游，为游客提供餐饮和住宿服务，在其他时间继续从事畜牧业，该模式对于牧民来说不但不会改变其原有的生活方式，同时还能增加经济收入。采用旅游畜牧兼业的安置模式，在一定程度上可以减轻草原的生态压力，促进就业，增加牧民收入，同时也可以减轻政府移民搬迁政策的压力。

5.3.2　牧民生态移民安置需求分析

5.3.2.1　住房条件需求

由表 5-3 可以看出，对于住房条件，选择 80 米² 以下的牧民占 65.8%，选择 80～110 米² 的牧民占 26.3%，选择 110 米² 以上的牧民仅占 7.9%。另外样本数据还显示：移民中贫困类型的牧民占 32.1%，中等类型牧民有 66.3%，而富裕类型牧民仅占 1.6%。总体来看，牧民的收入水平较低，支付能力差，因此政府向牧民提供住房的条件应根据牧民的实际支付能力而定，避免给牧民增加过重的经济负担。

表 5-3　调查对象住房条件选择及所占比例

项目	住房面积		
	<80 米²	80～<110 米²	≥110 米²
选择人数/人	125	50	15
所占比例/%	65.8	26.3	7.9

数据来源：问卷调查。

5.3.2.2　住房补贴需求

从表 5-4 可以看出，住房补贴需求在 5 万元以下的牧民占总人数 82.9%，其中 3 万元以下的占 63.8%。牧民对于政府的补贴政策并不抱有乐观的态度，政府应该把补贴政策落到实处，让牧民能够真正感受到搬迁政策带来的益处。

表 5-4　调查对象住房补贴需求及所占比例

项目	住房补贴				
	<3 万元以下	3 万～<5 万元	5 万～<8 万元	8 万～<10 万元	≥10 万元
选择人数/人	60	18	8	3	5
所占比例/%	63.8	19.1	8.5	3.2	5.4

数据来源：问卷调查。

5.3.2.3　就业培训需求

从表 5-5 可以看出，牧民对就业培训的需求各不相同。其中牧民对现代养殖技术的需求较大，所占比重为 36.9%。政府应为牧民提供更为多样的就业培训活动，让牧民可以从新的就业方式中获得经济收入，多为继续放牧的牧民提供现代养殖技术培训，为参与旅游的牧民提供旅游服务技能培训。另外，政府还应加大对景区牧民的汉语能力的培训力度，提升牧民接待游客服务质量，提高景区知名度。

表5-5　调查对象就业培训需求所占比例

项目	就业培训项目			
	生产技术	汉语能力	旅游服务技能	现代养殖技术
选择人数/人	22	49	52	72
所占比例/%	11.3	25.1	26.7	36.9

数据来源：问卷调查。

5.4　家庭属性对牧民生态移民安置意愿的影响研究

在生态移民安置意愿的研究中，由于外迁种地意愿的牧民占比仅为2.1%，缺乏代表性，加之当地并未落实有关外迁种地政策，为使得本研究更具有意义，便结合牧户主要收入来源，将外迁种地的牧户归到去县城意愿的行列中。

根据调查数据对生态移民安置方式的选择意愿进行描述性统计的结果："放牧"意愿所占比例较大，"旅游畜牧兼业"意愿占比较小（表5-6）。样本特征方面，哈萨克族牧民占绝大多数；男性牧民偏多；牧户的家庭人数以3～5人最为普遍，家庭结构多为"父母＋子女"型；经济条件普遍较差；牧民文化程度处于小学及初中水平。由此可见，牧民难于转变赖以生存的放牧生计方式，牧民特征对其接受并适应新型生计方式具有重要作用。多重共线性检验结果表明 VIF 均小于10（表5-7），说明自变量之间不存在多重共线性，可作回归分析。多元 Logistic 模型回归结果可知：Cox & Snell R^2 和 Nagelkerke R^2 检验结果分别为0.511和0.584；－2倍对数似然值和 Pearson 值分别为257.423和600.482。拟合的其他结果如表5-8所示，说明模型拟合度较高。

表5-6　生态移民安置意愿分布与样本特征

选项	比例/%	选项	比例/%	选项	比例/%	选项	比例/%	选项	比例/%	选项	比例/%
Y_1	63.2	X_{113}	22.6	X_{132}	81.1	X_{212}	66.3	X_{231}	80.0	X_{242}	0.5
Y_2	12.6	X_{114}	14.7	X_{141}	36.3	X_{213}	1.6	X_{232}	16.3	X_{243}	0.5
Y_3	17.4	X_{115}	8.9	X_{142}	33.2	X_{221}	48.9	X_{233}	2.6	X_{251}	5.3
Y_4	6.8	X_{121}	71.1	X_{143}	24.2	X_{222}	45.3	X_{234}	0.5	X_{252}	66.8
X_{111}	26.8	X_{122}	28.9	X_{144}	6.3	X_{223}	5.3	X_{235}	0.5	X_{253}	24.2
X_{112}	26.8	X_{131}	18.9	X_{211}	32.1	X_{224}	0.5	X_{241}	98.9	X_{254}	3.7

表 5-7　自变量多重共线性诊断

自变量	VIF	自变量	VIF	自变量	VIF	自变量	VIF	自变量	VIF	自变量	VIF	自变量	VIF
X_{11}	1.461	X_{13}	1.152	X_{21}	1.192	X_{23}	1.184	X_{32}	1.131	X_{41}	1.299	X_{43}	1.442
X_{12}	1.134	X_{14}	1.560	X_{22}	1.174	X_{31}	1.178	X_{32}	1.265	X_{42}	1.213	X_{44}	1.234

5.4.1　家庭经济水平、劳动力人数的影响较为显著

以"富裕（X_{213}）"为参照，"贫困（X_{211}）"对去县城务工与旅游畜牧兼业的意愿在 1% 的显著性水平上显著并呈现正向效应（表 5-8）。这说明在其他条件不变的情况下，家庭经济条件越差，牧民选择去县城务工与旅游畜牧兼业的意愿越强烈。原因在于牧民选择去县城务工可改变现有的生计方式，有望获得较高收入。此外，旅游畜牧兼业拓宽了牧民的收入渠道，并能有效规避风险。

劳动力人数（X_{22}）对去县城务工意愿的影响在 5% 显著性水平上显著并呈现负向效应。这说明在其他条件不变的情况下，家庭劳动力人数越多，牧户去县城务工的意愿越弱，且家庭劳动力人数每增加 1 人，牧户去县城务工的意愿就下降 0.341 倍。这是由于牧民进城后面临的住房、就业等问题导致牧户举家搬迁的风险较大，而且家中劳动力较多更适合在景区内从事旅游经营活动。

5.4.2　汉语能力及生产经营技能的影响差异较大

汉语能力（X_{32}）对牧户去县城务工意愿的影响在 5% 的显著性水平上显著并呈现负向效应（表 5-8）。这说明在其他条件不变的情况下，汉语能力较强的牧民选择去县城务工的意愿较弱。基于景区的游客结构，汉语能力强的牧民参与旅游经营获利能力亦强，因此不愿意去县城务工。

种植业技能（X_{31}）对参与旅游意愿的影响在 5% 的显著性水平上显著并呈现负向效应。这说明在其他条件不变的情况下，掌握种植业技能的牧民选择参与旅游的意愿较弱，比起参与旅游牧民更倾向于从事相对稳定的种植业活动。

经营旅游业技能（X_{33}）对参与旅游意愿与旅游畜牧兼业意愿的影响分别在 1% 与 5% 的显著性水平上显著并呈现负向效应。这说明在其他条件不变的情况下，旅游经营技能较低的牧户参与旅游意愿与旅游畜牧兼业意愿较强。这是因为牧民加入旅游经营行列的时间较短或还未参与过旅游经营活动，尚未熟练掌握经营技能，仍对旅游业经营保持热忱，因此牧民希望通过参与旅游或旅游畜牧兼业来提升自身的经营能力。

表5-8 生态移民安置意愿 Logistic 模型回归结果

变量	去县城务工意愿			参与旅游意愿			旅游畜牧业兼业意愿		
	B	Wald	Exp (B)	B	Wald	Exp (B)	B	Wald	Exp (B)
α_i	-13.508***	7.668	—	7.062	1.547	—	-13.744**	5.685	—
X_{11}	0.036	0.020	1.037	0.141	0.241	1.151	0.397	1.332	1.488
X_{12}	0.161	0.069	1.175	0.695	0.958	2.004	0.244	0.083	1.276
X_{13}	1.798	2.568	6.036	-0.351	0.251	0.704	1.178	1.018	3.248
X_{14}	0.392	1.194	1.480	0.011	0.001	1.011	-0.208	0.177	0.813
X_{211}	15.371***	489.495	4.730×10^6	0.841	0.072	2.318	17.432***	454.532	3.710×10^7
X_{212}	16.159	—	10.400×10^6	0.895	0.085	2.449	17.320	—	3.320×10^7
X_{22}	-1.075**	3.977	0.341	-0.115	0.050	0.891	0.769	1.453	2.157
X_{23}	0.112	0.083	1.119	-0.317	0.354	0.729	0.038	0.004	1.039
X_{31}	-0.073	0.007	0.930	-1.685**	4.201	0.186	-1.429	1.653	0.240
X_{32}	-1.189**	4.394	0.304	-0.105	0.029	0.901	0.094	0.015	1.099
X_{33}	0.257	0.685	1.293	-1.034***	11.419	0.356	-0.752***	4.604	0.471
X_{41}	1.713**	4.457	5.546	3.025***	16.626	20.593	2.170**	5.958	8.762
X_{42}	-1.661*	3.578	0.190	0.038	0.001	1.039	-1.391	1.367	0.249
X_{43}	-2.115***	0.704	0.121	-3.019***	18.787	0.049	-2.661***	10.102	0.070
X_{44}	-0.577	0.190	0.562	-0.837	0.462	0.433	-0.340	0.044	0.711

注：***、**和*分别表示在1%、5%和10%水平上显著；B表示各解释变量的回归系数（β_{nj}）；Wald是检验统计量的观测值（X_n）；Exp (B)表示当其他解释变量保持不变时，X_n每增加1个单位将引起发生比扩大或缩小的倍数。

5.4.3　牲畜养殖和参与旅游的不同收入来源分别产生正向和负向影响

牲畜养殖（X_{41}）对去县城务工、参与旅游、旅游畜牧兼业意愿的影响分别在 5%、1% 和 5% 的显著性水平上显著并呈现正向效应。这表明在其他条件不变的情况下：①依靠牲畜养殖获取收入的牧户去县城务工的意愿较强，原因在于实施"禁牧还草"政策限制了牧户的放牧面积与牲畜数量，导致牧户陷入生计困境；②主要收入来源于牲畜养殖的牧户，其参与旅游的意愿也更强，并且当牲畜养殖获取的收入每增加 1 个单位，牧民参与旅游的意愿将增加 20.593 倍，这主要是因为受禀赋效应的影响，牧民的家园情结比较强烈，长期的游牧生活使牧民难以割舍对草原的情谊，因而选择继续在景区内生活并从事旅游经营活动；③牲畜养殖牧户选择旅游畜牧兼业的意愿较强，并且牲畜养殖获取收入每增加 1 个单位，牧民选择旅游畜牧兼业的意愿将增加 8.762 倍，这是因为心理账户的影响，牧民把自己的财富划归为不同的账户，并且有自己的运算法则。

参与旅游项目（X_{43}）对去县城务工、参与旅游、旅游畜牧兼业意愿的影响均在 1% 的显著性水平上显著并呈现负向效应。这说明在其他条件不变的情况下，主要收入来源于参与旅游项目的牧户去县城务工、参与旅游与旅游畜牧兼业的意愿均较弱。原因在于：①牧民在景区参与旅游项目比起去县城务工显得更切合实际；②牧民深知经营旅游的艰辛，其继续参与旅游经营的积极性逐渐减弱，且由于锚定效应的影响，牧民对旅游业经营风险大、门槛高等因素较为敏感；③旅游畜牧兼业对牧民个人能力的要求较高、资金投入较多、面临风险较大，并且景区内已有大型旅游企业入驻经营，这也使得牧民自主经营的牧家乐、马队面临着威胁。

外出务工获取收入（X_{42}）对去县城务工意愿的影响在 10% 的显著性水平上显著并呈现负向效应。这说明在其他条件不变的情况下，外出务工获取收入的牧民去县城务工的意愿较弱。这主要是因为外出打工经历让牧民懂得了在外奔波的辛劳，长期远离草原也唤起了牧民的思乡之情。

综上所述，喀拉峻景区生态移民安置以转移就业为核心，就业安置方式包括去县城务工、放牧、参与旅游与旅游畜牧兼业 4 种，安置意愿是由牧民的家庭特征、能力禀赋、收入结构所决定。

5.5　结论与讨论

5.5.1　结论

家庭特征、能力禀赋、收入结构是影响牧民安置意愿的主要影响因素。家庭经济条件差、劳动力少的牧户更愿意选择去县城务工，汉语水平高、种植业技能低的牧户更愿意参与旅游项目经营，牲畜养殖与参与旅游项目获取收入分别对牧户安置意愿具有正向和负向影响，外出务工获取收入牧民继续去县城务工的意愿弱。

5.5.2 讨论

喀拉峻景区内大部分牧户选择留在原地继续放牧，不愿选择其他移民安置方式，这与禁牧限牧的目标冲突，意味着生态移民安置工作将可能遭遇阻碍。牧民搬迁安置是一个复杂的系统工程，牧民、政府、旅游公司之间形成了复杂的利益博弈关系，实现牧区富民安居工程目标需要协商和调适各类矛盾关系。减小推行生态移民安置工作的阻力，要从牧民自身需求出发。牧民作为移民安置风险的承担者，拥有较低的生计转型适应能力与生计潜力，在生态移民中处于弱势地位，面临着健康、教育、养老、环境等生计风险。牧民拥有的生计资本量决定着其应对风险的能力，结合实际调研情况发现，在乌孙夏都、鲜花台、猎鹰台等景点较早参与旅游经营的牧民面对生态移民安置表现较为稳定。相比放牧而言，参与旅游有望获得较高收益，但同时面临较高风险。汉语水平高、常外出务工人员、多劳动力家庭更不愿意去县城务工，家庭贫困、依靠牲畜养殖为生的牧民更愿意去县城务工，这类安置意愿选择可能会增加生计风险，但这也从侧面反映出牧民的真实愿望与需求。政府应从宏观层面统领生态移民安置工作，积极制定实施牧民应对生计风险的策略，为牧民移民安置工作顺利完成保驾护航。因此，针对生态移民安置中可能存在的问题，以"能力建设"推进喀拉峻景区生态移民安置工作，提出解决生态保护、旅游开发与牧民放牧之间矛盾的建议：

第一，创新牧区扶贫模式，提升政府精准帮扶能力。在生态移民安置过程中，政府需要关注并了解贫困牧户的困难所在，通过开展劳务输出、加强技能培训等方式提升牧民创收能力。

第二，推进牧区双语培训工程，增强牧民汉语沟通能力。积极开展牧民汉语培训工作，配备牧区汉语教师，成立汉语夜校，设立汉语培训班，解决牧民对外沟通难题，提升牧民自身素质，增强牧民再就业本领。

第三，实施牧民就业技能培训工程，增强牧民生计能力。结合牧民当前就业难的现状，积极为牧民开展旅游服务技能、种植业技能等多种形式的技能培训活动，推进开展"牧民课堂""知识讲堂"等活动，进一步拓展牧民收入渠道，促进牧民增收，并适度加大政府对牧民创业、就业的资金、技术支持力度，降低牧家乐、马队等合作社准入门槛，发挥合作社帮扶作用，减少牧民的后顾之忧。

第四，推进牧区人才培养工程，提升"带头人"能力。成立村民代表培训班，培养优秀村民代表并发挥其号召力与带头作用。在生态移民安置工作中，村民代表须加强对生态移民政策的认知与宣传力度，做好政府与牧户之间的沟通工作，增强彼此间的信任感。

5.6　本章小结

本章以 2017 年喀拉峻景区 190 份实地调研数据为基础，对牧民生态移民安置意愿、安置需求，以及影响生态移民安置意愿的因素进行研究。主要研究结论包括以下几个方面：

（1）喀拉峻景区牧民生态移民安置意愿调查分析。调研结果显示，牧民选择的生态移民方式包括 5 种类型，按照牧民生态移民意愿选择的结果由大到小排序，依次为放牧、参与旅游经营、去县城、旅游畜牧兼业、外迁种地。其中，选择放牧的牧民最多占比 63.2%，选择外迁种地的牧民最少占比 2.1%。这表明放牧作为牧民赖以生存的传统生计方式对牧民的影响根深蒂固，短时间内牧民的想法难以改变；另外，当地耕地条件不足，难以保障大规模牧户向农户的角色转变。

（2）喀拉峻景区牧民生态移民安置需求调查分析。调研结果显示，牧户的主要安置需求包括住房条件、住房补贴以及就业培训。关于住房条件需求，65.8% 的牧民选择 80 米^2 以下的住房，可见牧民的支付能力有限；牧民对住房补贴的需求在 5 万元以下的人数占 82.9%，表明牧民对于政府的补贴政策的期望不高；关于就业培训需求，牧民们的需求相差不大，其中牧民对现代养殖技术的需求较多，占 36.9%，正好与生态移民方式选择相一致，牧民希望通过学习现代养殖技术，更好地从事畜牧业养殖活动。

（3）家庭属性对生态移民安置意愿的影响分析。通过构建包括家庭特征、能力禀赋、收入结构等变量在内的多分类多元 Logistic 模型，分析了牧民的安置意愿及影响意愿选择的因素。牧户的家庭经济状况、劳动力人数、汉语能力等因素对选择 4 种安置方式具有显著的正向或负向影响，而年龄、性别和受教育水平对其影响并不显著。

第 6 章

生态移民对定居工程的态度及满意度研究

为改善新疆、内蒙古、西藏等各大牧区的经济、社会、环境状况，各地各级政府制定实施了传统游牧居民的定居安置政策，将牧区内少数民族牧民的游牧生活转变为定居生活，以实现牧民居有其所、病有所医、老有所养、增收致富的目标，这被称为"牧民定居工程"。近年来，新疆在部分牧区进行生态旅游开发建设，如天山天池、伊犁那拉提等。一方面，牧区转变成为生态旅游区，为实现自然资源和生态环境保护的目标，要求少数民族牧民停止游牧活动，减小畜牧业规模，区内牧民搬迁安置问题随之而来；另一方面，生态旅游开发也为牧民带来了新的发展机会，部分牧民逐步参与到生态旅游的经营服务中，在旅游区开办牧家乐，售卖土特产品，并逐步转变为定居居民。在此过程中牧民对定居工程及参与旅游的态度如何、影响他们态度的因素有哪些，都是值得探讨的问题。

6.1 研究概述

态度是"社会对象或社会群体概念与评价性属性概念之间的联结"，可分为内隐态度和外显态度（吴明证等，2004）；态度结构具有可及性、矛盾性、情感/认知基础，以及作为态度基础的价值与态度功能。牧民对定居工程的态度，是指牧民个体在搬迁定居过程中形成的对定居工程相关政策实施效果综合表现的一种评价和行为倾向。文献资料显示牧民定居存在的问题主要有与牧民生活息息相关的住房、子女上学、生活便利等问题，对政府定居政策中就业培训、务工、经商、贷款等优惠政策的了解和认识，合作医疗、交通等社会福利问题及定居后新的生产方式适应问题等。牧民参与旅游的态度，是指因生态政策等因素搬迁定居后从事第三产业的牧民对参与旅游的评价和行为倾向。满意度是个体对某件事物及环境等产生的主观态度。有学者对满意度进行深层次的描述，即满意度的高低，由个体所获得的收益与其心理预期之间的差距所决定，这一差距越大，则满意度越低，反之则越高。

本研究通过多次深入牧区的实践调查与思考，在对相关文献进行分析的基础上，提炼牧民对于定居政策及参与旅游态度的理论框架，筛选出代表性因子进行问卷调查和社会统计学分析，根据牧民个体态度差异对参与旅游的利益和限制 2 类因子进行分析。通过定量研究牧民对于定居政策和参与旅游的认知和态度，对该项政策的实施效果进行评价，并提出建设性建议，以完善定居的政策和实施方案，为实现定居牧民"搬得出、稳得住、能致富"的长远目标提供政策依据。

6.2　牧民对定居工程及参与旅游的态度研究

以天山天池、那拉提为案例地，通过实地调查开展牧民对定居工程及参与旅游的态度研究。

6.2.1　问卷设计与数据来源

6.2.1.1　问卷设计

为了探讨研究区牧民对定居工程及参与旅游的态度，根据态度的测度结构设计调查问卷，问卷主要由 2 部分共 27 个题项构成。第一部分内容是牧民的认知和态度的调查，内容涉及对定居政策实施与参与旅游态度、牧民参与旅游的内容和水平、定居参与旅游后牧民对变迁生产生活方式的适应等多个层面。由 20 个陈述句的题项组成，选项采用李克特 5 分量表形式，1 分代表非常不同意，3 分代表既不同意也不反对，5 分代表非常同意。第二部分是关于调查样本的社会人口特征，由 7 个题项组成。

6.2.1.2　数据来源

本研究选择天山天池和伊犁那拉提两处生态旅游区为实证点，它们是新疆天山重要的草原牧区，是哈萨克族牧民世代游牧的居住区。本研究数据来自实地访谈与问卷调查，于 2008 年 5—8 月开展了生态旅游区牧民定居与参与旅游问题的综合性社会调查，本次调查分 2 个阶段进行。

第一阶段为政府相关部门访谈与文献资料收集、整理、分析阶段。通过与当地旅游相关部门及乡政府的电话访谈，结合国内牧民定居和参与旅游相关研究文献，整理提炼出定居后牧民生产生活等方面的变化及参与旅游问题的态度指标，初步编制调查问卷并进行专家征询，剔除表述重复、含混不清或与研究无关的题项，调整陈述句表达方式，经过 3 次修改后形成最终调查问卷汉语版。鉴于调查对象多为哈萨克族牧民，在问卷汉语版完成后又请哈萨克族大学生翻译成哈萨克文版。

第二阶段为现场问卷调查与牧民访谈阶段。对居住在天山天池和那拉提旅游区内从事旅游接待的少数民族牧民，采用整群抽样方式展开调查；同时，根据牧民和乡政府提供的信息，对调查区内参与旅游牧民的协会负责人、村干部、重点旅游接待户等进行了访谈。此过程分为 2 个时段进行。2008 年 8 月 1—4 日，对天池旅游区三工河哈萨克民族乡政府相关负责干部以及骏马村、阔克胡拉村和毡房公司等参与旅游接待的少数民族牧民进行现场访谈和问卷调查。2008 年 8 月 21—26 日在那拉提生态旅游区，对相关政府干部、居住在空中草原以放牧为主旅游接待为辅的 10 户哈萨克牧民，及加入阿拉善村雄鹰哈萨克族庄园毡房公司以旅游接待为主的 68 户牧民进行访谈和问卷调查。

6.2.2　研究方法

本研究采用 SPSS 11.5 和 Excel 2003 软件对调查所得数据资料进行统计分析。统计方法包括：①信度检验，采用 Cronbach's α 系数检验其内部一致性；②KMO 测度及巴特利特球检验，用于量表因子的效度分析；③因子分析，用于量表的变量结构和分类分析。在 SPSS 11.5 中对调查统计量表中牧民定居工程及参与旅游态度的 2 类问题分别进行因子分析，利用主成分法进行因子提取，其中旋转方法为方差最大正交旋转法，共旋转了 25 次（软件系统默认设置），这样既不改变模型对数据的拟合程度，又可使因子具有最大的可解释性。根据旋转后的因子负荷矩阵，以特征根大于 1、变量载荷值大于 0.5 为标准对因子进行提取和变量选择。

6.2.3　实证研究结果分析

完成数据的整理与统计后，首先对本次调查的牧民基本特征进行描述，对问卷量表的信度和效度进行检验；其次进行牧民定居工程及参与旅游态度分析，主要从态度的总体水平和单项态度维度 2 个层面展开；最后比较分析牧民不同属性特征对态度水平的影响。

6.2.3.1　调查样本统计特征

调查共发放问卷 230 份，收回问卷 210 份，其中有效问卷 184 份，回收有效率 87.6%。统计发现，调查样本中男女比例基本均衡；家庭人口多为 4~5 人，说明大部分居民的家庭负担较重；受教育程度多为初中、高中水平；家庭年平均收入在 4 000<~15 000 元，主要收入来源为旅游经营。具体统计结果

见表 6-1。

表 6-1　调查样本社会人口统计特征

属性	特征	频数	百分比/%	属性	特征	频数	百分比/%
性别	男	91	49.5	家庭人口	2 人	4	2.2
	女	93	50.5		3 人	34	18.5
年龄	≤24 岁	37	20.1		4 人	57	31.0
	25～44 岁	116	63.1		5 人	60	32.6
	45～54 岁	21	11.4		6 人	28	15.2
	>54 岁	10	5.4		>6 人	1	0.5
家庭劳动力	1 人	12	6.5	家庭年收入	≤4 000 元	36	19.6
	2 人	86	46.7		4 000<～8 000 元	65	35.3
	3 人	39	21.2		8 000<～15 000 元	55	29.9
	4 人	28	15.2		15 000<～25 000 元	16	8.7
	5 人	19	10.3		>25 000 元	12	6.5
收入来源	放牧	14	7.6	受教育程度	小学	32	17.4
	经营旅游	157	85.3		初中	73	39.7
	种地	7	3.8		高中	59	32.1
	打工	4	2.2		大学	20	10.9
	其他	2	1.1				

6.2.3.2　信度与效度检验

利用 SPSS 11.5 对量表进行信度和效度检验。结果显示态度项的 Cronbach's α 系数为 0.638 6，表示量表的可靠性可接受；KMO 为 0.615，巴特利特球检验显著，说明研究可用于因子分析。

6.2.3.3　态度结果与分析

6.2.3.3.1　总体分析

（1）对定居工程的支持水平。问卷题项中"我对国家的牧民定居工程很支持"的调查结果是牧民对定居工程态度的总体反映。调查结果显示（图 6-1），牧民对此题项的总体态度均值为 3.78，其中持同意、非常同意态度的比例和为66%，表明牧民对定居工程的支持水平为良好。

（2）总体态度分析。由结果可知，定居工程的 11 个态度题项总体均值为3.52（表 6-2），其中"我现在住的房子有电有水，到县城的公路也修通了"的认同均值最大，表明政府在牧民定居的生活环境和交通改善方面政策落实较

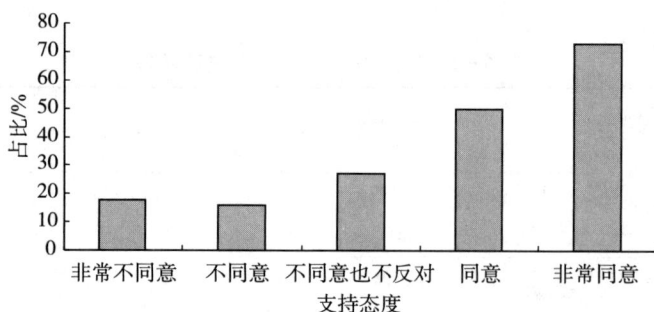

图 6-1　少数民族牧民对定居工程支持态度

好；而在"我经营旅游的房子是政府盖的还让我们免费用"问题上认同水平均值最低，这与调查区域牧民定居住房采取"牧民自建，政府补贴"的政策相关。参与旅游的 6 个态度题项总体均值为 3.57，其中"我准备学一些汉语，然后去旅游区工作"的认同态度均值最高，反映了景区定居牧民参与旅游的积极性和期望较高；对开发旅游不能接受的态度均值最低，说明景区旅游开发基本得到牧民的理解和支持。

表 6-2　牧民定居工程及参与旅游态度因子分析结果

维度名称及题项	总体均值	均值	特征值（方差贡献率/%）	因子载荷	共同度
牧民对定居工程的态度	3.52				
政府定居扶持因子	3.59		2.024 (18.396)		
政府开办的技术培训班老师上的课我能听懂		3.67		0.731	0.540
我知道国家对我们经商和务工有优惠政策		3.79		0.730	0.548
我能方便快速地申请到小额贷款		3.30		0.628	0.490
定居后的生活便利因子	3.74		1.366 (12.417)		
我觉得游牧生活比定居生活更自在舒服		3.54		−0.705	0.732
在山下定居后我家的孩子都在上学		4.04		0.619	0.498
定居后在村里我能够买到日常用品		3.63		0.603	0.465
新生产方式态度因子	2.52		1.254 (11.397)		
我定居后还养了一些牛羊马（还种了一些地）		2.91		0.812	0.695
我经营旅游的房子是政府盖的还让我们免费用		2.13		0.668	0.559

（续）

维度名称及题项	总体均值	均值	特征值（方差贡献率/%）	因子载荷	共同度
社会福利因子	3.89		1.498（13.620）		
我现在住的房子有电有水，到县城的公路也修通了		4.10		0.732	0.584
我参加了新农村合作医疗，有病了还能方便地找到医生		4.08		0.613	0.578
我们村有人没有找到合适的工作还想上山放牧		3.50		−0.557	0.450
定居牧民对参与生态旅游的态度	3.57				
参与旅游利益因子	3.71		1.672（27.869）		
我会劝阻那些想上山放牧的人并鼓励他们从事旅游业		3.56		0.685	0.504
我准备学一些汉语，然后去旅游区工作		4.17		0.622	0.397
在经营旅游业遇到困难时我会找村干部来帮我解决		3.85		0.613	0.425
定居后我经营旅游家庭收入比以前增加了		3.27		0.563	0.319
参与旅游限制因子	3.28		1.210（20.167）		
我不能接受山上开发旅游不能放牧了		3.06		0.842	0.717
我定居几年了想经营旅游业但没有资金和技术		3.49		0.690	0.520

6.2.3.3.2 态度的因子分析

本研究利用 SPSS 11.5 软件，采用因子分析法进行方差最大正交旋转，根据 Kaiser 对特征值大于 1 原则，提取公因子。根据研究方法，第一轮因子分析后去除了不符合因子归类标准的 3 个题项，对余下的 17 个题项进行了第二轮因子分析，分别得到降维后的 2 类问题的 6 个公因子：牧民对定居工程的态度提取了 4 个公因子，将 4 个公因子分别命名为政府定居扶持因子、定居后的生活便利因子、新生产方式态度因子和社会福利因子；牧民参与旅游态度提取参与旅游利益因子和参与旅游限制因子 2 个公因子。政府定居扶持因子包含"政府开办的技术培训班老师上的课我能听懂""我知道国家对我们经商和务工有优惠政策"和"我能方便快速地申请到小额贷"，累计方差贡献率

18.396%；定居后的生活便利因子包含"我觉得游牧生活比定居生活更自在舒服""在山下定居后我家的孩子都在上学""定居后在村里我能够买到日常用品"，累计方差贡献率12.417%；新生产方式态度因子包含"我定居后还养了一些牛羊马（还种了一些地）"和"我经营旅游的房子是政府盖的还让我们免费用"，累计方差贡献率11.397%；社会福利因子包含"我现在住的房子有电有水，到县城的公路也修通了""我参加了新农村合作医疗，有病了还能方便地找到医生"和"我们村有人没有找到合适的工作还想上山放牧"，累计方差贡献率13.620%；参与旅游利益因子包含"我会劝阻那些想上山放牧的人并鼓励他们从事旅游业""我准备学一些汉语，然后去旅游区工作""在经营旅游业遇到困难时我会找村干部来帮我解决"和"定居后我经营旅游家庭收入比以前增加了"，累计方差贡献率27.869%；参与旅游限制因子包含"我不能接受山上开发旅游不能放牧了"和"我定居几年了想经营旅游业但没有资金和技术"，累计方差贡献率20.167%。各变量的共同度水平多较高，说明所提取的因子能反映原变量较多信息，因子分析效果较好，具体结果见表6-2。

（1）对定居工程的态度。牧民对定居工程中社会福利水平变化的认可程度最高，均值达3.89（表6-2），结合实地访谈调查发现，自治区政府在牧民定居点的基础设施、社会福利等方面投入较多，水、电、医疗等条件在牧区已有较大改善；牧民对定居后生产方式的态度水平均值最低，仅为2.52，说明牧民面对定居后生产方式的变化存在不适应性。样本在政府定居扶持和定居后生活便利2个因子上态度水平均值较高，是在牧民定居方面政府实施的扶持政策和生活安置水平较好的量化反映。

（2）参与旅游的态度。从利益因子与限制因子结果来看，牧民参与旅游的态度呈现出矛盾性的特征。从参与旅游的主观能动性上来看2类因子是积极与消极的对立矛盾面；从统计结果来看，利益因子均值水平高于限制因子均值水平，牧民积极投身于旅游行业、愿意克服旅游经营中的问题，并认可旅游带来的收入贡献，但旅游经营中的技术和资金问题，及对旧的生产方式的依赖等障碍，影响了对参与旅游的态度。总体上表现为愿意参与旅游又畏惧眼前困难态势下的矛盾心理，这种矛盾心理可理解为牧民从游牧生产到旅游经营的变迁过程中，其自身农业生产价值观与旅游服务价值观的碰撞与调适过程中正常的反应。

6.2.3.3.3 牧民特征对态度的影响

心理学认为社会个体对事物的态度水平因性别、年龄等客观属性而有差异。以下选取牧民社会属性中性别、年龄、家庭收入水平及教育程度4个特征进行分析，以测定这些社会属性对牧民态度水平的影响。

（1）年龄和性别对态度的影响。统计发现，年龄对定居工程各态度因子的影响呈现出不同的规律（表6-3）。具体表现为：年龄在15～24岁的牧民对政府定居扶持因子认知态度最高，这与此年龄段牧民相对受教育程度高、信息来源广、接受外界环境变化的能力强等因素有关；年龄在45岁以上的牧民普遍对新生产方式认可度低，此年龄段牧民因多年游牧所形成的乡土情感比较强烈，适应变化能力相对弱化，新技能、新事务接受能力亦迟缓，接受定居并转而从事旅游经营的适应过程较长，难度较大；定居工程态度的其他2个因子的年龄差异不大，说明定居后社会福利和生活环境改善的态度水平较为均衡。牧民对参与旅游的态度调查中，年龄在55岁以上的牧民对参与旅游利益感知度最高，同时他们也对参与旅游限制因子感知最高，此年龄段的牧民承担着赡养老人、培养子女等家庭重任，是处在经济重压下渴求更多的增收途径，又怕失败、畏惧困难的矛盾心理阶段的典型群体。

表6-3 态度水平的牧民性别与年龄差异比较

态度因子	性别		年龄/岁				
	男	女	15～24	25～34	35～44	45～54	≥55
政府定居扶持	3.51	3.66	3.84	3.67	3.41	3.40	3.47
定居生活便利	3.65	3.82	3.71	3.80	3.76	3.75	3.60
新生产方式	2.66	2.34	2.82	2.60	2.41	2.24	2.30
社会福利	3.84	3.94	3.88	3.86	3.94	3.97	3.63
参与旅游利益	3.59	3.83	3.66	3.74	3.66	3.62	3.95
参与旅游限制	3.45	3.11	3.19	3.30	3.21	3.34	3.75

牧民性别差异对定居工程态度水平的影响中，值得关注的是女性对定居后新生产方式的态度认知水平比男性偏低，对参与旅游的态度中利益因子态度水平高于男性，而对限制因子态度水平低于男性。结合文献及访谈资料分析，定居后牧民生产和生活中女性的地位和作用发生变化，特别是在参与旅游的接待工作中，女性掌管着招徕、接待、服务等工作，她们有积极主动性、有韧性、能吃苦耐劳，对参与旅游的利益及限制感受更加深切。

（2）家庭收入水平和受教育程度对态度的影响。家庭收入水平对定居工程态度的影响，表现为收入水平越高的家庭，对定居生活便利度越满意；对新生产方式和社会福利因子的态度呈现衰减的态势（表6-4）。由于这部分人群已经享受定居工程带来的宜居设施和良好环境，对收入现状也比较满意，因此对新生产方式和社会福利兴趣不大。值得一提的是，家庭年收入在2.5万元以上的牧民对参与旅游带来的利益认同感较高，表明家庭收入越高的牧民越希望通过参与旅游获得更高的经济效益。

牧民受教育程度对态度的影响，主要表现为受教育程度高的牧民，在定居工程的政策扶持、社会福利等方面的认同感更高，对定居后生活的适应力更强；他们对参与旅游的态度表现得更趋冷静客观，愿意定居参与旅游，但对收入的预期也更高。主要原因在于牧民受教育水平提高后其综合素质改善，政策适用主体的素质越高，对政策的理解力越强，面对政策所透出的权威往往能作出趋利避害的判断，因而服从政策安排的理性趋势就越明显，政策也就比较容易被执行（刘伟忠，2007）。

表 6-4　态度水平的家庭收入与受教育程度差异

态度因子	家庭收入水平					受教育程度			
	≤0.4 万元	0.4 万＜～ 0.8 万元	0.8 万＜～ 1.5 万元	1.5 万＜～ 2.5 万元	≥2.5 万元	小学	初中	高中	大学
政府定居扶持	3.76	3.53	3.51	3.88	3.36	3.37	3.60	3.65	3.68
定居生活便利	3.59	3.76	3.71	3.86	4.06	3.95	3.74	3.67	3.58
新生产方式	2.72	2.66	2.44	2.44	1.67	2.85	2.60	2.20	2.68
社会福利	4.03	3.91	3.82	3.87	3.78	3.96	3.88	3.84	3.77
参与旅游利益	3.63	3.62	3.71	3.88	4.25	3.80	3.76	3.71	3.43
参与旅游限制	3.46	3.29	3.26	2.79	3.42	3.71	3.25	3.11	3.18

6.3　牧民对生态移民安置工程的满意度分析

本研究进一步以喀拉峻景区为案例地，分别从总体满意度、不同指标的满意度和不同特征牧民的满意度 3 方面进行更详细的满意度差异分析。

6.3.1　问卷设计与数据来源

6.3.1.1　问卷设计

本研究于 2016 年在研究区进行了预调研，结合实际情况整理出调查问卷。问卷由 3 部分组成：第一部分是家庭基本情况；第二部分是移民方式选择与生产收入情况，其中包括就业培训需求、经营类型及其他帮助需求；第三部分是对安置政策和制度的了解和满意程度，第三部分题项包括 17 个陈述句，选项采用李克特 5 分量表的形式，5 分为非常满意，4 分为满意，3 分为一般，2 分为不满意，1 分为非常不满意。

6.3.1.2　数据来源

为了解喀拉峻景区生态移民安置情况，本研究通过实地访谈和问卷调查获取一手数据。数据获取分为 3 个阶段：第一阶段，调查组于 2016 年 6 月在研究区进行了预调研，结合实际情况整理出预调研提纲与调查问卷，内容涉及家庭基本情况、移民方式选择、畜牧业生产情况、生产和生活资料情况以及对安置工程的满意度。第二阶段，调查组于 2017 年 6 月 30 日前往喀拉峻景区开展实地调查。调查主要采用入户访谈和问卷调查相结合的方式，并将问卷翻译为哈萨克文，在当地村民委员会和哈萨克族同学的协助下进行访谈及填写问卷。调查组分别在东喀拉峻景区、西喀拉峻景区、阔克苏大峡谷景区和天籁之林景区 4 个景区入户发放问卷 210 份，回收有效问卷 190 份，问卷有效率为 90.48%。第三阶段，利用 Excel 软件对回收问卷进行数据筛选和统计整理，分析牧民对搬迁安置的民生改善、政府政策、收入保障、社会关系和环境适应 5 个指标的满意度。利用均值分析牧民不同特征（性别、年龄、受教育水平和农户类型）的满意度差异。

6.3.2　调查对象样本特征

本研究调查对象均是哈萨克族，男女比例大致为 7∶3；年龄在 16～45 岁（71%）的样本比较集中；受访牧民的受教育水平大部分在高中及以下（93%）；农户类型超半数属于中等水平（66%），32% 为贫困家庭，富裕家庭仅占 2%；家庭人数多为 3～5 人，占 71%；劳动力人数 1～2 人的家庭占 89%；居民年均家庭年总收入不足 2 万元的占 80%，仅有 4% 的家庭年总收入超过 4 万元，这在一定程度上说明喀拉峻景区牧民收入水平较低。在就业培训需求方面，38% 的牧民需要学习现代养殖技术，34% 的牧民希望提高旅游服务技能，26% 的牧民需要提升汉语水平的培训。现代养殖技术培训与草原牧区生产方式息息相关。值得一提的是随着喀拉峻景区开发，牧民参与旅游的积极性大幅提升，因此愿意参加旅游服务技能培训和汉语水平培训的牧民也越来越多。牧民在旅游经营意愿选择方面，更加偏向牧家乐餐饮服务接待，占比25%，17% 的牧民愿意以出租房屋、租马、参加马队的形式参与旅游，6% 的移民选择开商店和出售土特产。提供住宿与餐饮能够满足大多数游客的需求，相比其他单一的旅游经营，牧家乐经营的优势更加突出。有 65% 的牧民表示在旅游经营中需要资金扶持，有 59% 的牧民需要经营技术和技术指导的帮助。其基本情况如表 6-5 所示。

表 6 - 5   调查对象的基本特征

属性	特征	频数	百分比/%	属性	特征	频数	百分比/%
性别	男	135	71		15 岁及以下	9	5
	女	55	29		16～25 岁	42	22
家庭人口数	2 人及以下	10	5	年龄	26～35 岁	51	27
	3～5 人	135	71		36～45 岁	43	22
	6～8 人	42	22		46～55 岁	28	15
	9～11 人	3	2		56 岁及以上	17	9
受教育水平	小学及以下	69	36		贫困	61	32
	初中	63	33	农户类型	中等	126	66
	高中/中专	46	24				
	大学/大专	12	7		富裕	3	2

6.3.3   满意度分析

6.3.3.1   总体满意度分析

通过对生态移民安置工程满意度问卷中题项的整理,将牧民搬迁安置问题分为民生改善、政府政策、收入保障、社会关系和环境适应五大维度(表 6 - 6)。其中,民生改善维度的总体满意度均值为 3.90,满意度较高,说明政府对牧民的生活方面关注度较高,住房和教育投入较多,得到了大多数牧民的肯定,并对喀拉峻景区的旅游发展前景非常看好。政府政策维度的总体满意度均值为 3.26,满意度相对较低,牧民对政府的移民政策和补贴的执行效果比较满意,但是对政府提供的技术培训效果满意度较低。收入保障维度的总体满意度最低,均值为 3.20。目前移民的主要收入来自新安置的工作和旅游经营,牧民对现在收入水平并不满意,从调查结果来看,新安置就业的岗位收入勉强够生活开支,而个人经营旅游业成本投入比较大,因此总体收入不高。社会关系维度的总体满意度均值为 3.74,满意度水平较高。牧民表示虽然移民安置后的工作内容和工作环境改变,但是社会关系重构后的移民群体在生活生产中仍然保留着哈萨克族传统的互帮互助的习俗,相处融洽和谐,互相尊重和理解。环境适应维度的总体满意度均值为 3.43,满意度水平一般,表现为与游客打交道能力不足,以及对新工作内容的不适应。

表 6-6　牧民满意度均值

维度	题项	均值	总体均值
民生改善	住房状况的变化	3.87	
	孩子学校的教学条件	4.00	
	孩子上学的方便性	3.86	3.90
	对景区旅游发展前景的看法	3.87	
政府政策	政府提供技术培训的效果	2.91	
	移民政策和补贴的执行效果	3.80	
	干部在移民和旅游政策实施中的作风和态度	3.27	3.26
	对村代表参与旅游和移民项目管理的看法	3.04	
收入保障	对新安置就业的岗位赚够生活开支的看法	3.22	3.20
	对个人经营旅游业成本投入大小的看法	3.17	
社会关系	就业安置点的安排保留原有邻里宗族关系	3.67	3.74
	新工作方式有保护民族文化传统的作用	3.81	
环境适应	移民前后的居住环境变化	3.63	
	村民清理居住点周边垃圾情况	2.93	
	自己和游客打交道的能力水平	3.37	3.43
	安置就业新工作场所及与同事关系	3.93	
	安置就业的新工作内容	3.30	

6.3.3.2　各维度满意度分析

在民生改善维度中，牧民对"孩子学校的教学条件"的满意度均值为4.00，说明政府在牧民安置中教育投入效果显著。在对"住房状况的变化""孩子上学的方便性"及"对景区旅游发展前景的看法"的满意度较高，均值分别为3.87、3.86、3.87，牧民对政府在住房政策扶持和公共设施建设方面的工作比较肯定。

在政府政策维度中，牧民对"政府提供技术培训的效果"和"对村代表参与旅游和移民项目管理的看法"的满意度偏低，均值分别为2.91和3.04，说明牧民对政府的政策执行力还不太认可，牧民更希望得到见效快及高效高质量的培训。走访中了解到，牧民希望村务公开、民主管理，保障移民群众的知情权，在一些重要决定上，能够参与到管理当中来，积极有效地为移民切身解决实际困难和现实问题。

在收入保障维度中，对"新安置就业的岗位赚够生活开支"和"个人经营旅游业成本投入大小"的满意度不高，经营旅游业成本投入的大小直接影响牧民的经营规模和收入，牧民对现在旅游收入水平并不满意。

在社会关系维度中，牧民对"就业安置点的安排保留原有邻里宗族关系"和"新工作方式有保护民族文化传统的作用"的满意度较高，满意度均值分别为3.67和3.81，说明搬迁安置就业内容建立在哈萨克族传统文化的基础上，有助于搬迁安置牧民更快地适应新的环境和新生产方式。

在环境适应维度中，牧民对"安置就业新工作场所及与同事关系"和"移民前后的居住环境变化"满意度较高，满意度均值分别为3.93和3.63，说明牧民能够较好处理新工作中和同事的关系，适应能力强。值得注意的是，牧民在环境感知中对"村民清理居住点周边垃圾情况"的满意度最低，满意度均值为2.93。调查走访中确实发现存在居住点垃圾乱堆乱倒的情况，尤其是在琼库什台村，垃圾随处可见，村民和游客反响强烈，如果不引起重视，环境问题将会给整个旅游景区造成不良的影响。对"安置就业的新工作内容"和"自己和游客打交道的能力水平"满意度也相对较低，满意度均值为3.30和3.37，在普通话交流和旅游服务专业技能方面还需要加强培训力度，角色转变也需要一定时间适应。

6.3.3.3 不同特征牧民的满意度分析

为进一步分析牧民对移民安置工程的满意度和存在问题，从牧民不同特征（性别、年龄、受教育水平和农户类型）分析对移民安置的满意度差异。

（1）按性别分类。从不同性别来看（表6-7），在"政府政策"和"收入保障"2个维度中男性的满意度均值与女性的满意度均值有显著差异，男性的满意度低于女性的满意度，说明男性对政府政策和家庭增收方面要求更高，在哈萨克族男主外女主内的环境下，男性对政策和收入对家庭的影响感受更加敏锐。而在"社会关系"和"环境适应"2个维度中男性的满意度均值明显高于女性的满意度均值，说明男性更快适应社会关系和新环境的变化。

表6-7 不同性别牧民满意度均值

指标	男	女
民生改善	3.72	4.08
政府政策	2.62	3.90
收入保障	2.95	3.45
社会关系	3.94	3.54
环境适应	3.62	3.24

（2）按年龄分类。从不同年龄段来看（表6-8），随着年龄的增加，牧民对"政府政策""社会关系"和"环境适应"的满意度逐渐降低，说明年龄大的人相较于年轻人更难接受和适应政策、社会关系和环境的变化。26～45岁的牧民对"收入保障"和"民生改善"的满意度较低，该年龄段牧民是家庭的支柱，担负着养家的重任，他们对家庭收入水平和民生改善也会有更高的要求。

表6-8 不同年龄段的牧民满意度均值

指标	25岁及以下	26～45岁	46岁及以上
民生改善	3.95	3.80	3.95
政府政策	3.46	3.29	3.03
收入保障	3.33	2.85	3.42
社会关系	3.92	3.69	3.61
环境适应	3.67	3.40	3.22

（3）按受教育水平分类。从不同受教育水平来看（表6-9），随着学历越来越高，牧民对"收入保障"和"环境适应"的满意度也越来越高，高学历的人更能认识到移民安置工程对牧民增收的积极作用。

表6-9 不同受教育水平的牧民满意度均值

指标	小学及以下	初中和高中	大学及以上
民生改善	3.87	3.96	3.87
政府政策	3.41	3.09	3.28
收入保障	2.87	3.21	3.52
社会关系	3.63	3.79	3.80
环境适应	3.23	3.46	3.60

（4）按牧户类型分类。从不同牧户类型来看（表6-10），随着家庭经济水平的提高，牧户对"政府政策""收入保障"和"环境适应"的满意度也越高，中等户和富裕户的满意度明显高于贫困户，贫困户家庭对民生改善、政府政策、收入保障和环境适应的满意度相对较低。但贫困家庭和富裕家庭对社会关系都比较满意。

表 6 - 10　不同类型的牧户满意度均值

指标	贫困户	中等户	富裕户
民生改善	3.82	3.96	3.92
政府政策	2.81	3.24	3.73
收入保障	2.93	3.10	3.57
社会关系	3.73	3.79	3.70
环境适应	3.19	3.46	3.64

6.4　结论与讨论

6.4.1　研究结论

通过对新疆天山天池旅游区、那拉提旅游区和喀拉峻旅游区搬迁安置定居牧民参与旅游的态度和满意度的调查，利用 SPSS 软件和 Excel 对数据进行整理和分析，得出以下主要结论：

在牧民对定居工程和参与旅游态度方面，表现为：①牧民对定居工程的态度总体上表现为顺从和支持，其中对生活便利和社会福利的认可度较高；对新生产方式认可度较低。②牧民对参与旅游的态度呈现出矛盾的心理特征，表现为利益吸引与问题限制两方面。③牧民的性别、年龄、家庭收入水平和教育程度的差异对态度水平有一定的影响，年龄在 45 岁以上的牧民对新的生产方式接受度较低，年轻人对新的生产方式接受度较高，55 岁以上的牧民对参与旅游表现出矛盾的一面；女性对定居后新生产方式的认可度低于男性，对参与旅游利益的感知度高于男性；收入水平越高的家庭，对定居生活便利度越满意，对参与旅游利益感知也更高；受教育程度高的牧民，对定居工程的政策扶持、社会福利等的态度感知略高，但对参与旅游更懂得趋避利害。

牧民对定居工程和参与旅游满意度方面，得出以下结论：①牧民对定居后民生改善方面满意度最高，其次是社会关系，满意度最低的是收入保障。②从牧民性别、年龄、受教育水平和农户类型来看，对定居工程和参与旅游的满意度存在差异。男性对"政府政策"和"收入保障"的满意度低于女性，男性对政府政策和家庭增收方面上要求更高；男性对"社会关系"和"环境适应"的满意度明显高于女性，表明男性更快适应社会关系和新环境的变化。年龄大的牧民对"政府政策""社会关系"和"环境适应"的满意度更低，年轻人更容易接受和适应政策、社会关系和环境的变化。随着学历越来越高，牧民对"收入保障"和"环境适应"的满意度也越来越高。随着家庭经济水平的提高，牧户对"政府政策""收入保障"和"环境适应"的满意度也逐渐提高。

6.4.2　讨论

根据牧民对定居工程和参与旅游的态度和满意度水平，为更好地发挥定居工程的帮扶作用和旅游开发的经济效用、调动牧民参与旅游的积极性主动性、提高牧民的经济收入，针对政府扶持问题和牧民自身素质问题两方面提出以下建议：

（1）发挥政府职能引导作用。扶持政策不能仅停留在给予牧民财政优惠和补贴的初级阶段，应在牧民专业技能培训、旅游市场开拓、营销策略、与相关旅游企业合作等各方面发挥引导作用。牧民参与旅游过程中，单靠牧民个体或居民群众自发的参与是远远不够的，更需要政府决策者、专家学者及其他组织和群体的共同参与引导、综合决策，以健全和完善的长效机制，来推动少数民族牧民定居及参与旅游的协调发展。

（2）有效提升牧民自身素质。拥有参与旅游主体与社区发展客体双重身份的牧民，其参与旅游获利和有效参与的程度，与自身素质能力的提高、适应新生产方式的思想观念的转变、响应定居工程的积极性与主观能动性等方面紧密相关。牧民的文化程度决定投身旅游工作的思想观念，牧民的旅游服务水平决定是否能够长久立足旅游行业。因此，想要在旅游业中屹立不倒，培养可持续的生计能力，还需加强汉语水平训练、提升服务流程素质化水平和服务技能专业化水平，提高自身专业素养，才能从参与旅游中获得稳定均衡的、长期持续的、满意的收入。

第 7 章

定居牧民变迁环境适应：
从落地生根到开花结果？

7.1 研究概述

牧民安居乐业，有后续生存空间和可持续发展能力是牧区经济和社会和谐发展的基础。新疆是全国第二大牧区，牧区人口占自治区总人口的 24%，牧民定居已经成为转变传统畜牧业生产方式、改善牧民生计状况的重大举措。从新疆牧民定居工程建设的实际来看，积极参与旅游业发展是定居后牧民的一个现实选择。增强定居牧民适应能力，促进其旅游业参与和获益水平已成为新疆产业转型中的一项迫切任务和重大课题。国内牧民定居适应问题在 1991 年引起学者关注（崔延虎，2002；风笑天，2004；朱秀红，2005；马玲玲，2008；张灵俐，2008；张继涛，2009；王欣，2009），主要从生理、心理、社会 3 个层面来适应环境，其中社会适应是个体在与社会、经济、文化和环境的交互作用中，适应不断发展变化的社会生活环境，掌握各种社会规范，形成适应社会的行为模式的过程；也是个体协调自我行为、观念与外在环境要求的过程（杨甫旺，2008）。移民适应性在国内以三峡等水库移民或以进城农民工为研究对象，发现三峡近距离搬迁集中安置移民的适应主要体现在经济生产与劳动、日常活动、居住环境、人文环境、人际关系等方面，三峡移民社会适应的影响因素方面，随着安置时间的推移，政府的关心、生产劳动差异、社区安全等因素呈动态依序对移民社会适应产生影响；具体适应评价可采用接纳、住房、土地、语言、习俗 5 个因子来测定他们的适应水平（崔延虎，2002；风笑天，2004；郝玉章等，2005；杨飏，2005）。牧区生态移民的社会适应研究地域主要集中在西藏、内蒙古、新疆等牧区，学者们多以民族学、人类学的文化视角，或以现状观察方法对牧民定居后的生产、生活、文化的适应状况进行定性的分析研究，或以纵向探索方式对移民适应的阶段特征与影响因素开展研究（习涓等，2001；罗凌云等，2001；郑丹丹等，2002；马德峰，2005；陶格斯，2007）。国内学者在移民适应问题研究中，针对生态旅游开发中少数民族定居环境变迁的适应问题研究不多，本研究以旅游学、人类学及社会学为理论基础，以新疆天山天池和那拉提生态旅游区内定居牧民为调查样本，研究参与旅游的定居牧民在环境变迁和生计变化后，对社会文化、生产生活、政策与制度等方面的适应状况，探索影响环境适应性的因素以及影响因素的重要度。这些问题的研究对促进牧民定居稳定、保障旅游业有序发展、改善民生等有重要意义。

7.2　问卷设计与调查过程

7.2.1　问卷设计

本研究以新疆天山天池和那拉提生态旅游区内参与旅游的定居牧民为研究对象，就定居牧民参与旅游及环境适应性的问题展开综合性社会调查，目的是通过对参与旅游的定居牧民变迁环境各层面感知以及调适后的行为特征的调查，定量评价生态旅游区定居牧民的适应水平。问卷由两大部分共计 27 个题项构成：第一部分是对牧民变迁环境的感知和行为的调查，共 20 个题项，选项采用李克特 5 分量表形式，请被调查牧民填写对 20 个陈述句的同意程度，1 分代表非常不同意，3 分代表既不同意也不反对，5 分代表非常同意；第二部分为调查样本的社会统计特征，由 7 个题项组成。调查内容涉及定居政策实施及参与旅游感知与态度、牧民参与旅游的内容和水平、定居参与旅游后牧民的适应水平等多个层面，指标设计紧紧围绕牧民定居后的环境变迁和定居牧民适应状况 2 个部分。

7.2.1.1　牧民定居后的环境变迁

通过田野调查和文献资料分析，新疆生态旅游区参与旅游牧民定居后的环境变迁主要体现在以下 4 个方面：

（1）生存环境的变化。生存环境的变化一方面体现在空间性质变化上，由牧区到生态旅游区的变化，实际上意味着牧区经济形态由自然经济向生态经济、市场经济的转变；对牧民而言，也要求其从自然人向经济人转变；同时牧民也面临着生存空间变小、生活环境嘈杂、生活节奏紧张、生活成本上升等变化。另一方面体现在生存的自然地理环境方面的变化，由逐水草而居的山地草场转到平原河谷聚居区，生活条件好转，自然灾害损失减少，由低成本生活转入高成本生活。

（2）社会关系环境的变化。新疆少数民族牧民长期以部落为基础形成的社会关系，以游牧为主的生产生活方式，形成了牧区相对独立封闭的社会环境。随着牧区的旅游开发，大量的人流、物流、信息流迅速涌入，发展形成开放、复杂的社会关系环境，牧民之间的社会互动由过去的血缘、地缘关系，又增加了业缘关系（张继涛，2009）。这一变化本质上是族群式社会关系向市场型社会关系的转变，进一步说明了定居牧民适应过程的复杂性和曲折性。

（3）利用资源方式的变化。牧民游牧主要以利用草地资源为主，生产技能以骑马放牧、牲畜养殖等为主，多年传继，技能娴熟；生态旅游区定居牧民以参与旅游经营和现代畜牧业为生，需要学习现代化的经营方式和运用大量社会资源。新疆牧区社会经济发展水平长期滞后的状况，导致大部分牧民在"有文化、懂技术、会经营"3个层面上落后。因此，政府为帮助牧民适应生产生活转型，采取加大教育和技术培训力度的措施，定居牧民的培训效果是评价适应水平的重要指标。

（4）社会组织形式和社会结构的改变。定居后牧民们由游牧的亲缘关系组成的部落社会转变为传统部落基础上的行政村，由于旅游开发及定居所涉及的知识和资源隶属结构复杂，村级机构管理者存在经验、知识和能力欠缺的现象，其组织功能不能完全发挥。由此，成立定居牧民旅游经营合作行业协会，在旅游经营价格制定、管理规范、产品营销、景区管理委员会沟通等方面承担着重要的管理职能。协会负责人是由参与旅游经营的全体村民民主选举产生的旅游经营"能人"，有广泛的社会关系，头脑灵活，经营管理能力较强。牧民家庭内部也出现了新的劳动分工，其中妇女和孩子在旅游经营中承担着更多招徕、接待等服务性的工作，由畜牧生产的幕后转到了旅游经营的前台（崔延虎，2005）。当定居牧民在市场冲击中清醒后，在骨干示范和政府引导下，村落、家庭中构建形成新的社会组织和分工体系，是他们面对新环境主动适应的表现。

7.2.1.2 定居牧民适应的测度结构

通过牧民个体对各变迁环境要素的感知与行为特征来度量适应水平。根据上述变迁因素分析，结合前期调研资料，在较宽泛的范围内设计了牧民适应的测度项，主要集中在培训、政策制度、生产和生活方式、社会交往和民族文化等层面。

7.2.2 调查过程

本次调查采用访谈与问卷调查相结合的方式，分两个阶段进行。第一阶段为走访政府相关部门，收集、整理、分析文献资料进行问卷设计阶段。2008

年5月，通过与当地旅游相关部门及乡政府的电话访谈，了解当地实际情况，并结合国内牧民定居和参与旅游相关文献，整理提炼出参与旅游的定居牧民适应性指标。初步编制调查问卷并征询专家意见，剔除了表述重复、含混不清和与研究无关的题项，经过3次修改后形成最终调查问卷，并在此基础上翻译形成哈萨克文版。第二阶段为实地问卷调查与牧民访谈阶段，调查实施过程在第6章有具体描述，在此不作重复。

7.3 生态旅游区定居牧民变迁环境适应实证研究

7.3.1 研究方法

本文采用SPSS 11.5和Excel 2003软件对调查所得数据资料进行统计和分析。统计方法包括：①信度检验，采用克朗巴哈（Cronbach）α系数检验其内部一致性；②KMO测度及巴特利特球检验，用于量表因子的效度分析；③因子分析，用于量表的变量结构和分类分析。在SPSS 11.5中对调查统计量表中定居牧民适应数据进行因子分析，利用主成分法进行因子提取，采取方差最大正交旋转法，旋转了25次（软件系统默认设置），这样既不改变模型对数据的拟合程度，又可使因子具有最大的可解释性。根据旋转后的因子负荷矩阵，以特征根大于1、变量载荷值大于0.4为标准对因子进行提取和变量选择。

本研究假设：①调查对象变迁环境感知是均衡可测量的；②定居牧民变迁环境各因子的适应是相互独立的；③牧民对新环境的感知与行为特征固定不变。

7.3.2 实证研究结果分析

完成数据的整理与统计后，首先对本次调查样本的基本特征进行描述，然后进行量表的信度和效度检验，重点分析定居牧民适应的总体水平及所提取的适应性评价公因子。

7.3.2.1 定居牧民样本描述

调查共发放问卷230份，收回问卷210份，其中有效问卷184份，回收有效率87.6%。根据调查样本社会人口统计特征（表7-1），男女比例基本均衡；年龄在25～44岁的牧民占比最多，占比63.1%；文化程度多为初中和高中，合计占比69.8%；居民家庭劳动力人数以2人居多，家庭人口多为4～5人，可以看出大部分居民的家庭负担相对较重。家庭年平均收入以4 000＜～8 000元和8 000＜～15 000元为主，家庭收入来源为旅游经营。

表 7-1　调查样本社会人口统计特征

属性	特征	频数	百分比/%	属性	特征	频数	百分比/%
性别	男	91	49.5	年龄	≤24 岁	37	20.1
	女	93	50.5		25～44 岁	116	63.1
受教育程度	小学	32	17.4		45～54 岁	21	11.4
	初中	73	39.7		≥55 岁	10	5.4
	高中	59	32.1	家庭劳动力	1 人	12	6.5
	大学	20	10.9		2 人	86	46.7
家庭收入	≤4 000 元	36	19.6		3 人	39	21.2
	4 000<～8 000 元	65	35.3		4 人	28	15.2
	8 000<～15 000 元	55	29.9		5 人	19	10.3
	15 000<～25 000 元	16	8.7	家庭人口	2 人	4	2.2
	>25 000 元	12	6.5		3 人	34	18.5
收入来源	放牧	14	7.6		4 人	57	31
	经营旅游	157	85.3		5 人	60	32.6
	种地	7	3.8		6 人	28	15.2
	打工	4	2.2		>6 人	1	0.5
	其他	2	1.1				

7.3.2.2　信度与效度检验

利用 SPSS 11.5 对量表进行信度和效度检验。结果显示适应项的克朗巴哈（Cronbach）α 系数为 0.750 7，表示量表的可靠性为可接受；KMO 值为 0.713，巴特利特球检验显著，说明研究可用于因子分析。

7.3.3　定居牧民变迁环境的适应分析

7.3.3.1　适应的总体分析

旅游开发改变了牧区经济、社会、文化及生态环境，会对牧民心理和生产行为产生影响。题项"我能很快地适应旅游开发所带来的各种影响"的均值水平为 4.34（此题项不再进入因子分析模型），数据分布中选择适应及非常适应的人数占比 86.4%（图 7-1）。牧民对旅游开发影响的总体适应水平较高，有关研究表明牧民对新环境中日常生活的物质层面适应水平较高，适应速度较快，牧民总体适应水平较高，与牧民对旅游开发影响内涵的理解力、物质层面适应性较高等对某些不适应性的稀释作用有关。

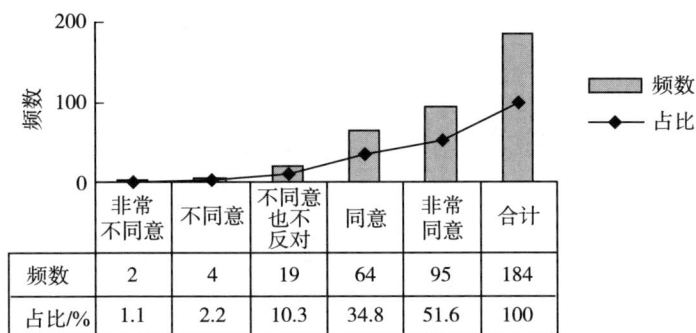

	非常不同意	不同意	不同意也不反对	同意	非常同意	合计
频数	2	4	19	64	95	184
占比/%	1.1	2.2	10.3	34.8	51.6	100

图 7-1　定居牧民对旅游开发影响的适应水平

7.3.3.2　定居牧民适应的因子分析

根据研究方法，第一轮因子分析后去除了不符合因子归类标准的"我认为在景区挖雪莲等中草药和打猎并不犯法""我从电视节目上了解本地的时事新闻或法律政策"和"我希望子女能接受高等教育有更好的前程"3 个题项，对余下的 16 个题项进行了第二轮因子分析，得到降维后的定居牧民环境适应的5 个公因子，分别命名为社会文化适应因子、生产经营适应因子、生活与社会交往适应因子、学习与培训适应因子和政策与制度因子。5 个公因子的累积方差贡献率为 58.183%，各变量的共同度水平多较高，说明所提取的因子能反映原变量较多信息，因子分析效果较好，具体结果见表 7-2。以因子降维后的每一个题项的因子载荷和每一类因子的方差贡献率经归一化处理得到权重值，计算得出定居牧民适应的 5 个因子 16 个题项的加权均值为 4.154 9，其中"旅游增强了我对自己民族文化的自豪感"均值水平最高，反映了牧民强烈的族群认同心理和民族文化认同感。题项"我参加政府开办的文化学习班学习了日常汉语及汉字"均值得分最低，是基层牧区建设中配套政策短板的真实反映。

表 7-2　定居牧民适应的因子分析结果

公因子名称及题项	总体均值（加权值）	均值	特征值（方差贡献率）	因子载荷	共同度
社会文化适应因子					
旅游增强了我对自己民族文化的自豪感	4.50 (4.518)	4.66	2.341 (14.633%)	0.761	0.621
我认同政府现行的育林育草和保护水源的政策		4.54		0.725	0.651

（续）

公因子名称及题项	总体均值（加权值）	均值	特征值（方差贡献率）	因子载荷	共同度
我会约束自己不做不文明的行为（如打架/不孝敬）		4.45		0.667	0.503
我觉得旅游开发对社会风气的影响还是好的方面多		4.35		0.472	0.35
生产经营适应因子					
在日常生产生活中遇到困难我会想方设法渡过难关		4.42		0.811	0.682
我对参与新的生产经营活动如旅游经营表示支持	4.39（4.396）	4.39	2.08（13.000%）	0.778	0.68
我认为我们的年轻人能继承民族习俗和文化传统		4.37		0.611	0.47
生活与社会交往适应因子					
我在生活生产上与他人有纠纷时会找民政助理解决		4.15		0.765	0.669
我自己订阅了报纸期刊通过阅读增长见识开阔眼界	4.12（4.100）	3.92	2.025（12.657%）	0.761	0.614
我通过村民会或亲戚朋友串门了解本地新闻和政策		4.07		0.649	0.485
通过参与旅游我学习了经营管理方面的知识		4.34		0.493	0.482
学习与培训适应因子					
参加政府的技术培训班我掌握了畜牧养殖等技术	3.42（3.417）	3.49	1.593（9.957%）	0.859	0.747
我参加政府开办的文化学习班学习日常汉语及汉字		3.34		0.826	0.699
政策与制度适应因子					
我认为政府有些制度和规定与实际需求不相符		3.88		0.795	0.714
我能遵守村里制定的关于接待游客的协议和制度	4.16（4.106）	4.14	1.27（7.936%）	0.461	0.462
我在旅游经营和生活中明白保护环境就是保护家园		4.47		−0.449	0.48

7.3.3.2.1　社会文化适应

旅游引发的社会文化环境变迁是少数民族地区旅游开发不容回避的现实问题。作为文化主体的牧民，对这种文化变迁的适应既可看作是再社会化过程的必然，也是旅游文化效应的反映。本研究主要从民族文化自豪感、社会风气影响的感受、青年人继承民族传统文化的信心等方面测量牧民社会文化适应水平。从数据结果来看，牧民的社会文化总体适应水平相对较高，加权均值得分4.518。对牧民而言，自身民族文化资源价值转化与民族传统的兴衰并存。调查发现，当地生态旅游开发中注重民族文化的挖掘，研究区内以新疆哈萨克族的饮食、服饰、歌舞、体育竞技等民俗风情为吸引物，开发形成多种形式的旅游产品。在外来旅游者欣赏与体验的欢笑声中，作为产品经营者的定居牧民的民族自豪感油然而生。旅游开发中生态环境保护、社区和谐发展的理念和政策，与哈萨克族传统观念和习俗中环境保护意识、邻里互助风尚产生共鸣，得到认同。在旅游环境下，牧民作为民族文化承载者对其社会文化的感知，集中体现了民族旅游区的文化嬗变是一个通过文化元素的生态制衡和文化主体的自觉选择，最终达成生态适应的过程（余勇等，2008）。

7.3.3.2.2　生产经营适应

生产经营方式的转变是定居牧民面临的巨大挑战，牧民对新生产方式的支持、在生活生产中解决困难的途径、收入变化的感知是反映其生产经营适应性的指标。调查发现牧民对生产经营方式变化的适应水平较高，加权均值为4.396。牧民传统生产方式以草原、牲畜为生产资本，并以家庭为生产单位世代沿袭承继，定居参与旅游对大多数牧民而言并非春风化雨、润物无声的渐进式生产生活方式的转型演变，而是急促推进式的作为政策适用主体快速进入新的生产生活情境，面临着生产生活方式转型后旧有知识体系更新的生产技术拓展及经营旅游资金缺乏等多重困境，但是现阶段牧民表示在生产生活中遇到困难会想方设法渡过难关。从"不懂、不会、不愿意"到"愿意接受新的生产方式，尝试接纳新环境"，再到"主动学习新知识形成新技能体系"，最后适应新的生产方式的个体生产方式适应过程，可以看出研究区域定居牧民尚处于适应的初级阶段，并表现出一定的积极性和主动性。

7.3.3.2.3　生活与社会交往适应

牧民对基层组织的信赖和对信息、知识获取的途径是其变迁环境中生活与社会交往适应的反映。研究发现牧民对生活与社会交往适应水平较高，加权均值为4.100。定居后人口集聚、基层组织建立健全，公共服务设施逐渐完善，医疗、商贸、交通、通信服务和教育等条件有效改善，为牧民获取信息和交往带来便利，尤其是现代的信息传递方式与过去草原上"口耳相传"的传统信息传播方式发生了翻天覆地的变化。获取信息途径的改进，有助于加强社区群体之间的关系，提高基层干部的管理能力，也能够提高市场交换关系的应对能力。

7.3.3.2.4 学习与培训适应

为提高牧民素质以适应新生产生活方式，政府相关部门通过广播、电视、现场教授等方式，相继开办了免费的汉语水平提高培训班和旅游接待技能培训班。牧民参加培训班的类型和对课程内容的理解是学习与培训适应的反映。调查发现牧民对学习与培训适应水平较低，加权均值为 3.417，牧民更愿意选择放牧、打工等生产方式，以降低经营风险，这源于他们自身对生产生活的认识与操作能力、与社会整体的联系与融合能力之间存在差距。事实上政府和相关组织会阶段性地提供免费培训教育，但牧民参加政府的技术培训学习的畜牧养殖等技术掌握情况并不好，政府开办的学习汉语班参与率也不高。总的来说，培训内容适用性、培训过程长期性和培训效果的有效性有待改进，它在提升牧民自我发展能力、促进民族传统与现代化的有机结合、推动现代知识的积累和传播等方面的作用还尚未发挥出来。

7.3.3.2.5 政策与制度适应

定居及旅游开发工程浩大，涉及多个层面的政策。调查中主要考虑牧民对现行政府制度和规定与其生产生活现实的符合感知程度、牧民对环境保护政策的认同度和牧民对游客接待制度的隐性态度等方面。研究发现牧民对政策与制度适应水平良好，加权均值为 4.106。从牧民角度来看，定居与旅游开发工程更多是非自愿的政府干预行为。牧民在此过程中作为政策适用主体，对政策的理解和适应，是影响制度推行和政策实施效果的重要方面。

7.4 生态旅游区定居牧民适应的影响因素研究

7.4.1 研究方法

本节采用 SPSS 软件，通过 Kendall 相关系数和累积 Logistic 回归分析定居牧民适应水平的影响因素。

7.4.1.1 相关性分析

相关性分析主要用于描述 2 个变量之间关系的密切程度，反映的是当控制其中一个变量的取值后另一个变量的变异程度，常以各类相关系数来测定变量间的相关性（刘大海等，2008）。本书采用 Kendall 相关系数，利用非参数检验方法，通过同时计算检验统计量的观测值及对应的概率 p 值来度量定序变量间的线性相关关系，如果 p 值小于给定的显著性水平，表明 2 个变量总体间存在显著相关关系。

7.4.1.2　累积 Logistic 回归分析

累积 Logistic 回归分析是一种多元统计方法，以有序取值水平的累积概率为反应变量，需要拟合模型的个数是反应变量水平数减一个（张文彤等，2004）。本研究主要目的是辨识定居牧民变迁环境适应的影响因素类型及其重要度，所设定的因变量是五分类有序的定性数据，变量的类别之间有序次关系。对社会成员的行为、态度或偏好的研究，变量多为定性变量。在对这些行为或态度的重要影响因素的探索中，一些假设条件的限制会导致回归推断的误差或参数估计的不合理，进而对研究结论产生影响（王济川等，2001）。为避免出现这种情况，本研究在对调研资料进行了初步相关性分析后，又借助累积 Logistic 回归分析以更深入地分析 2 类变量之间的关系。分析中的统计方法主要有：①模型检验。计算模型适用性、拟合度和预测准确性 3 类检验指标，以确定该方法是否适用于本研究。②回归分析。将设定的自变量和因变量输入到计算机程序中，计算模型的回归系数。

7.4.2　数据结构及赋值

本研究以牧民适应状况总体反映的"能适应旅游开发所带来的各种影响"题项为因变量 Y，为使 SPSS 程序与研究内容相匹配，对因变量进行了反向赋值，见表 7-3。本研究的自变量有两大类：第一类为样本的社会统计特征，由性别 X_1、年龄 X_2、受教育程度 X_3、家庭劳动力数 X_4、收入来源 X_5、家庭人口数 X_6、家庭年收入 X_7 7 个自变量组成。第二类为利用因子分析法降维后的适应因子 Z，由社会文化 Z_1、生产经营 Z_2、生活与社会交往 Z_3、学习与培训 Z_4、政策与制度 Z_5 5 个自变量组成。Z 自变量组的数值是在 SPSS 11.5 中采用因子分析法对牧民适应指标题项进行降维得到的数据。

表 7-3　样本统计特征类自变量的赋值

变量	类别	赋值
X_1	性别	女=0，男=1
X_2	年龄	<15 岁=1，15~24 岁=2，25~34 岁=3，35~44 岁=4，45~54 岁=5，≥55 岁=6
X_3	受教育程度	小学=1，初中=2，高中=3，大学=4
X_4	家庭劳动力数	1 人=1，2 人=2，3 人=3，4 人=4，5 人=5
X_5	收入来源	放牧=1，自己经营旅游=2，种地=3，打工=4

（续）

变量	类别	赋值
X_6	家庭人口数	2 人＝1，3 人＝2，4 人＝3，5 人＝4，6 人＝5
X_7	家庭年收入	≤4 000 元＝1，4 000＜～8 000 元＝2，8 000＜～15 000 元＝3，15 000＜～25 000 元＝4，＞25 000 元＝5
Y	适应水平	非常适应＝1，适应＝2，一般＝3，不适应＝4，非常不适应＝5

7.4.3　实证研究结果与分析

本研究利用 Kendall 相关系数进行相关性分析，初步寻找出与牧民适应有显著相关关系的因素，最后根据所构建的分析模型对初选后的牧民适应相关因素进行累积 Logistic 回归分析，以验证和辨识影响的程度和顺序。

7.4.3.1　影响牧民适应因素相关性分析

根据数据资料，利用相关性分析工具，分别计算 12 个可能影响牧民适应的因素与因变量之间的相关系数，统一选择 Kendall 相关系数进行变量相关关系的判识。分析发现年龄、受教育程度、社会文化、生产经营、生活与社会交往 5 个因素在 5％的显著性水平下相关系数显著，其中受教育程度与适应状况呈负相关，其余为正相关，数据表明这 5 个因素对牧民适应有影响，分析结果见表 7-4。

表 7-4　各因素的相关性分析结果

可能的影响因素	Kendall 相关系数	双尾检验值	检验结果
性别	−0.028	0.694	与牧民适应性无显著相关关系
年龄	0.134	0.036	与牧民适应性显著相关
受教育程度	−0.271	0.000	与牧民适应性显著相关
家庭劳动力数	0.090	0.165	与牧民适应性无显著相关关系
收入来源	−0.002	0.978	与牧民适应性无显著相关关系
家庭人口数	0.126	0.051	与牧民适应性无显著相关关系
家庭年收入水平	−0.069	0.282	与牧民适应性无显著相关关系
社会文化	0.173	0.003	与牧民适应性显著相关
生产经营	0.198	0.001	与牧民适应性显著相关
生活与社会交往	0.138	0.017	与牧民适应性显著相关
学习与培训	0.034	0.553	与牧民适应性无显著相关关系
政策与制度	0.101	0.081	与牧民适应性无显著相关关系

注：显著性水平为 5％。

7.4.3.2　累积 Logistic 回归结果分析

本研究对可能的影响因素进行了初步相关性分析后，将 5 个相关因素纳入累积 Logistic 模型进行回归方程拟合，对模型适用性、拟合度和预测准确性进行分析检验。

7.4.3.2.1　模型适用性检验（即平行性检验）

累积 Logistic 回归分析的假设条件为自变量的作用独立于所有累积 Logit 的分界点，在这一假设条件下，对于一个连续自变量而言，不同累积对数发生比的回归线相互平行，只是截距有所差别，这被称为成比例发生比假设条件。如果这一假设条件被拒绝，则说明累积 Logistic 回归模型不适当。本研究中该检验结果的卡方值为 42.269，自由度为 30，对应的显著性检验值为 0.949，在 5% 显著性水平下不显著，说明该模型适用于本研究，具体结果见表 7-5。

7.4.3.2.2　拟合度检验

模型适用性检验后，要进一步评价模型描述因变量及模型匹配观测数据的有效程度，即进行模型的适当性检验，主要从模型拟合信息和拟合优度 2 类结果来评价。模型拟合信息中反映似然比统计量的卡方分布统计性显著，表明模型中所包含的自变量对因变量有显著的解释能力。拟合优度通过皮尔逊卡方和偏差值 2 个指标来评价，本研究的卡方值为 33.371，p 值为 0.000，统计性显著；偏差值的显著性检验值为 1.000，说明模型拟合较好，见表 7-5。

表 7-5　模型检验

项目	−2Log Likelihood	Chi-Square	df	Sig.
平行检验				
零假设	362.400			
一般线性回归	355.122a	7.278b	15	0.949
模型拟合信息				
截距	395.771			
终值	362.400	33.371	5	0.000
拟合优度				
Pearson	—	870.095	727	0.000
Deviance	—	362.400	727	1.000

类确定系数（Pseudo R^2）：Cox and Snell=0.166；Nagelkerke=0.188；McFadden=0.084

注：显著性水平为 5%。

7.4.3.2.3　确定系数

模型预测准确性评价是回归模型检验的重要方面。SPSS 16.0 软件中累积回归模型的程序提供了 3 种形式的 R^2 指标作为类确定系数，来描述因变量的变动中由模型的自变量所解释的近似百分比，自变量与因变量完全无关时，类 R^2 值趋近于 0；当拟合模型能够完美预测时，类 R^2 值趋近于 1。本研究此系数 3 类值说明模型自变量能在一定程度上解释反应变量，见表 7-5。

7.4.4 模型回归结果分析

累积 Logistic 模型使用 Wald 统计量来检验回归系数，一般情况下，Wald 值越大或显著性概率越小，说明自变量在回归方程中的重要性和贡献越大；研究中适用 EXP（B）解释模型中的变量，它表示变量一个单位的变化，或相对于参照类而言发生比（事件发生的概率和不发生的概率之比）的变化。具体结果见表 7-6。

表 7-6 参数估计

项目		参数估计	标准误	Wald	自由度	显著性	95％置信区间	
							下限	上限
牧民适应水平阈值	［非常适应＝1］	0.682	0.722	0.894	1	0.344	−0.732	2.097
	［适应＝2］	2.722	0.754	13.015	1	0.000	1.243	4.201
	［一般适应＝3］	4.398	0.844	27.139	1	0.000	2.743	6.053
	［不适应＝4］	5.543	1.024	29.282	1	0.000	3.535	7.551
适应的影响因素	年龄（X_2）	−0.188	0.139	1.824	1	0.177	−0.460	0.085
	教育程度（X_3）	0.536	0.178	9.043	1	0.003	0.187	0.885
	社会文化（Z_1）	−0.336	0.146	5.276	1	0.022	−0.623	−0.049
	生产经营（Z_2）	−0.366	0.145	6.391	1	0.011	−0.65	−0.082
	生活与社会交往（Z_3）	−0.266	0.147	3.272	1	0.070	−0.553	0.022

注：联系函数为 Logit。运用累积 Logistic 回归模型的 SPSS 程序没有反转反应变量值排序的功能，本研究运算时手工将原自变量进行反向排序赋值。

由回归分析参数估计结果可知，通过 Wald 统计量和 p 值检验，统计性显著的影响定居牧民适应的因素，按照参数估计值的负数（也即是影响因素的重要度）自高向低排序为生产经营、社会文化、生活与社会交往、年龄、受教育程度 5 个方面（表 7-6）。影响力最大的生产经营因子，其参数系数为 −0.366，p 值为 0.011，表明就所有的累积 Logit 而言，在其他变量相同的情况下，那些对生产经营适应程度高的牧民对定居生活感到适应的发生比为其他人的 ［$e^{-(-0.366)}$］ 1.44 倍，接下来依次是社会文化 ［$e^{-(-0.336)} = 1.4$］、生活与社会交往 ［$e^{-(-0.266)} = 1.30$］、年龄 ［$e^{-(-0.188)} = 1.21$］；受教育程度变量的系数为 0.536，p 值为 0.003，表明就所有的累积 Logit 而言，在其他变量相同的情况下，受教育程度高的参与旅游牧民对定居生活感到适应的发生比为其他人的（$e^{-0.536}$）0.585 倍。

7.5　结论与讨论

本研究选择新疆天山天池和那拉提生态旅游区为实证点，研究参与旅游的定居牧民对不同维度的环境变迁适应水平及影响定居牧民环境变迁适应水平的因素。通过因子分析提取出社会文化适应、生产经营适应、生活与社会交往适应、学习与培训适应和政策与制度适应 5 类公因子，综合评价定居牧民环境变迁的适应水平为良好，其中社会文化因子适应水平最高，学习与培训因子适应水平最低。当前，由游牧到定居的变迁中，政府与基层组织正在发挥引导职能，实施有效的培训方案以提升牧民从事现代农业和旅游服务业水平，促进生产方式转型，缩短牧民新环境的适应过程。以定居牧民环境变迁的感知与行为特征为测量工具，通过因子分析、相关性分析和累积 Logistic 回归分析等模型实证研究参与旅游的定居牧民变迁环境适应水平的影响因素、影响程度、重要度顺序。实证研究表明：牧民环境适应水平与年龄、受教育程度、社会文化、生产经营、生活与社会交往 5 个因素显著相关，且影响重要程度由高到低排序依次是生产经营、社会文化、生活与社会交往、年龄和受教育程度，其中对生产经营适应程度高的牧民对环境变迁的适应水平，在其他变量相同的情况下，比其他人高 1.44 倍。

定居和参与旅游已成为生态旅游区原有牧民的必然选择，我们已经掌握参与旅游的定居牧民环境变迁适应水平以及影响适应水平的因素，现在要考虑的问题是如何帮助参与旅游的定居牧民更快地适应环境变迁，在生产生活方式的转变中不断地进行自我调节与政策适应，以完成个体角色形塑。首先，要正确认识牧民适应问题的特殊性、阶段性和复杂性，从牧区发展政策和制度层面，结合国家新农村建设和旅游产业发展战略，探讨提高定居牧民适应性的公共产品供给制度与政策；其次，总结参与旅游适应性强的定居牧民精英和能人的经验，培养乡土技术骨干和科技工作者，发挥乡土人才的示范和带头作用；最后，推动提高牧民定居适应性的教育和培训市场建设与发展，充分利用培训机构、非政府组织、科研机构等市场内外部力量，在新型牧民劳动技能提高、生产技术条件改善、牧区社区建设等方面发挥作用。通过政府制度政策、牧民示范作用、市场力量 3 个层面构建定居牧民参与旅游适应提升机制，促进牧民定居稳定、保障区域旅游业有序发展。

第 8 章

搬迁安置牧民的生计资本与生计策略研究

本章基于 2015 年对天山天池景区和 2017 年对喀拉峻景区搬迁安置牧民的 2 次实地调查数据，采用同样的生计资本测度研究方法开展分析讨论。

8.1 研究概述

实施乡村振兴战略是创建大美新疆的重要举措。新疆独特的地理位置使其生态环境相对脆弱，天山牧区牧民传统的粗放式放牧活动加剧了局部草场退化，进而降低了生态系统服务功能。人类生计活动对生态环境的负面影响日益显著，恶化的生态环境在一定程度上也制约着人类的生存与发展。基于此，《新疆维吾尔自治区乡村振兴战略规划（2018—2022 年）》在保护与恢复生态环境中发挥着举足轻重的作用，但牧户传统生计方式也因此受到"威胁"。

根据学界定义，生计资本作为可持续生计框架的核心内容，划分为 5 个维度，分别为人力资本、自然资本、实物资本、金融资本和社会资本。生计（livelihood）在英语中的含义是维持生活的手段和方式。学者们认为生计的核心组成要素是资本、能力和行动等，3 种要素之间的关系表现为：个人或家庭实施不同生计策略的能力取决于其所拥有的资本状况，农民采用生计策略的不同类型导致某种生计结果，生计结果又反作用于资本，影响资本的性质和状况。随着研究的深入，学者们探讨的生计资本类型也发展至自然资本、金融资本、物质资本、人力资本和社会资本等 5 类。生计策略指农户或个人为实现生计目标，而采取的一种调整经营活动以及配置各种资本的选择行为，且由生计活动构成并通过一系列生计活动来实现。在不同区域不同阶段的社会经济条件下，生计策略在农业生产的集约化或粗放化、生计多样化、移民 3 种类型基础上，增加了提高非农业收入、扩大农业规模 2 类。学者采用 Logit 模型、农村参与式评估及建立农户生计指标体系等方法对内蒙古、西藏林芝、河西走廊 6 县等地的农户生计资本与生计策略的关系进行研究（郝文渊等，2014；韦惠兰等，2016；乌云花等，2017）。结果发现生计策略的选择取决于生计资本存量，不同的生计资本状况决定了生计策略选择的差异性（伍艳，2015、2016），生计资本与生计方式的依存关系各有不同（斯琴朝克图等，2017）。另有学者以水库、牧区、农耕区、棉区为案例地，探究生计资本对创业、生活满意度、农户耕地保护意愿等方面的影响（王沛沛等，2015；王阳等，2017；邝佛缘等，2017），结果显示各区域生计资本差异较大（李慧玲等，2017）。同时，生计策略亦反作用于生计资本，产业扶贫政策对促进农户增收、脱贫及生计转型具有良好作用，其中旅游开发对牧民生计资本的影响较为显著（姚娟等，2012；贺爱琳等，2014；杨明洪等，2017；胡晗等，2018）。

天山是新疆唯一的世界自然遗产，针对其生态的脆弱性和对遗产地的保护，政府在天山实施了生态移民政策。在"禁牧兴旅"发展战略的指引下，牧民进行了搬迁安置，获得了政府的生态补偿、技能培训等，牧民的生产生活方式也因此发生了变化。基于天山天池景区、喀拉峻景区调研数据，从生计资本视角出发，以可持续生计框架为研究工具，探究牧民的生计状况及其影响因素，对牧区的可持续发展具有重要意义。

8.2 数据来源与调查过程

8.2.1 天山天池景区

2015 年 4 月对天山天池景区牧民生计状况进行了调查，内容涉及 4 类生计资本情况，主要针对从事农牧业和旅游经营牧民，内容包括劳动力数、健康状况、住房面积数等。研究通过发放问卷与实地走访相结合的方式，分为 3 个阶段进行。第一阶段通过相关研究的综述分析，整理提炼牧民生计状况的评价指标，编制初步调查问卷并进行专家意见征询，剔除了表述重复、含混不清或与研究无关的题项，同时又进行了语言表达和格式的调整。第二阶段是依据问卷对牧民进行提问并依次记录，通过对调查问卷的整理和录入，筛选出牧民生计资本、生计方式的相关数据。由于本次访谈牧民多为哈萨克族牧民，所以并未采用牧民亲自填写调查问卷的方式，而是采用访谈的方法进行调查：根据调查问卷内容，对牧民进行提问，然后依次记录。本次发放的调查问卷为 160 份，其中向拜斯胡木定居点从事农牧业生产的牧民发放问卷 80 份，向景区阔克胡拉哈萨克民俗风情园旅游业经营牧民发放问卷 80 份，最后收回问卷 160 份，问卷有效率为 100%。第三阶段则是对数据进行统计整理和分析，采用统计分析的方法，分析牧民生计状况以及影响牧民生计水平的因素，并提出对策建议。

8.2.2　喀拉峻景区

项目组采用参与式评估法获取数据。2016 年、2017 年先后 2 次进入研究区域，对除团场外 4 个乡镇的牧户生计状况进行入户访谈与问卷抽样调查，通过邀请哈萨克族大学生参与调研以及设置哈萨克语问卷的方式，提高问卷填写的准确性与真实性。调研在喀拉达拉镇、特克斯马场、乔拉克铁热克镇和阔克苏乡，分别随机抽取了 85、40、39 和 36 户，共发放 200 份问卷，实际收回 192 份，其中有效问卷 190 份，问卷有效率为 98.96%（胡继然等，2018）。

8.3　天山天池景区与喀拉峻景区牧民生计资本研究

8.3.1　生计资本变量描述及计量方法

8.3.1.1　天山天池景区

可持续生计分析框架有助于洞察生计的复杂性和影响贫困的主要因素。本研究的问卷设计借助可持续生计框架，将牧户资本禀赋划分为物质资本、人力资本、自然资本、金融资本 4 类，每类资本变量又由不同数量的子变量来解释或表达，由 9 个题项组成，其中第一部分题项采用定性量表，请被调查牧民选择对每个问题的感受程度。第二部分是关于调查样本的社会统计特征，由 7 个题项组成。各生计资本指标内容及其计算与赋值情况见表 8-1，除特别说明者外，其他指标为实际调查所得数据。

在人力资本指标及测量中，劳动力数对人力资本的影响最为关键，而健康状况也是评价人力资本的指标。牧民家中的经济来源主要依靠健康状况良好的劳动力，一般来说家中的劳动力数越多、健康状况越好，家庭的经济收入越高，生活水平越好。

在自然资本指标及测量中，毡房和土地面积多少跟牧民家中的人口数有关。政府为鼓励牧民从事旅游经营，为牧民提供毡房。同时，毡房以本区内民族特色建筑和搭建拆卸便利的优势，成为牧民开展旅游接待的重要场所，在牧户家庭中发挥着重要的自然资本的作用。

在物质资本指标中对人均固定住房总面积、生活资料总价值、生产资料总值 3 类指标进行了调查。随着牧区安居工程的推进，调查区内牧民已经住上了砖混或实木结构的固定房屋，因此人均固定住房总面积可作为牧民的物质资本。

金融资本主要包括牧民的总现金收入和退牧政府补贴。

表 8-1　牧民生计资本指标类型与赋值

生计资本及指标	变量类型	计算及赋值情况
人力资本（X_1）		
家庭人口数	C	
总劳动力数	C	根据调研得到的连续变量，是样本家庭男女劳动力之和
劳动力健康	Q	良好＝1；轻微病症＝2；差＝3
自然资本（X_2）		
毡房（土地）面积	C	调查所得
物质资本（X_3）		
人均固定住房面积	C	由牧户家庭拥有固定房屋面积除以家庭人口总数所得
生活资料总价值	C	由各类生活资料数量乘以其估价后加总所得
生产资料总值	C	由各类生产资料数量乘以其 2010 年市面单价后加总所得
金融资本（X_4）		
总现金收入	C	调查所得
退牧政府补贴	C	调查所得

注：变量类型中 C 表示连续变量，Q 表示虚拟定性变量。

设牧民 4 类生计资本变量分别为 X_1、X_2、X_3、X_4，由于 4 类资本各有不同量纲和意义，为便于数学意义的运算和比较，对所有计算或赋值后的变量数据进行了标准化处理。基于数据标准化时要使同一指标内部相对差距不变、不同指标间相对差距不确定、标准化后极大值相等的 3 个标准化方法选择原则（苏芳等，2017），且鉴于本研究以同一年度不同地区的截面数据为重点开展研究，数据标准化时采用正向线性标准化公式 $\mu_{ij} = x_{ij}/\max x_{ij}$，其中 x_{ij} 为指标原始变量数据，μ_{ij} 为指标标准化后得到的变量数据。在得到 4 类资本各子变量指标全样本的标准化初始数据后，需要赋予每一变量以相应权重以此得到各类资本的总体水平值。研究借鉴已有研究所采用权重公式：$\omega_{ij} = \ln\left(1/\overline{\mu_{ij}}\right)$（贾燕等，2009），其中 $\overline{\mu_{ij}} = \sum_{j=1}^{n} \mu_{ij}/n$。一般设定指标值为 1 时生计资本处于绝对好的状况，为 0 时状况绝对差，等于 0.5 时状况不好也不坏，指标值越大表示牧民的生计资本状况越好。

8.3.1.2　喀拉峻景区

（1）变量选取。根据实际调研情况将牧户生计策略划分为畜牧业生产（π_0）、外出务工（π_1）、经营旅游业（π_2）以及旅游畜牧兼业（π_3）4 种。其中选择"外出务工"的牧户有 24 户，占 12.6%；选择"经营旅游业"的牧户有

33 户，占 17.4%；选择"畜牧业生产"的牧户有 120 户，占 63.2%；选择"旅游畜牧兼业"的牧户有 13 户，占 6.8%。

在英国国际发展署（DFID）提出的可持续发展框架的基础上，参照相关领域学者的研究成果，再结合喀拉峻景区的自然环境、社会经济发展水平以及牧民的生产、生活情况，并考虑数据的可获得性，对上述研究中的指标体系进行了调整，制定了适用于喀拉峻景区牧户的生计资本测量指标（表 8-2）。其中人力资本（H）指技术、知识等，测量指标选取受教育水平（H_1）、参加培训项目次数（H_2）；自然资本（N）指牧户可获得的自然资源，喀拉峻景区牧民以放牧为生，故以草场总面积（N_1）和草原产草量（N_2）为自然资本测量指标；物质资本（M）指用于生产、生活的设施设备，测量指标选取毡房面积（M_1）、生产资料总值（M_2）、生活资料总价值（M_3）；金融资本（F）指用于购买资料的现金或补贴，测量指标选取旅游业收入（F_1）、收入来源（F_2）、牲畜养殖收入（F_3）；社会资本（S）指社会网络，以村民代表（S_1）、干部或教师（S_2）为社会资本测量指标。

表 8-2 喀拉峻景区牧户生计资本的测量指标、赋值及权重

变量	赋值	权重
π_j	j＝0，1，2，3 分别表示因变量为"畜牧业生产""外出务工""经营旅游业""旅游畜牧兼业"	——
H_1	1＝小学及以下；2＝初中；3＝高中/中专；4＝大学/大专	0.095
H_2	0＝未参加培训；1＝参加过 1 项培训；2＝参加过 2 项培训；3＝参加过 3 项培训；4＝参加过 4 项培训；5＝参加过 5 项培训	0.087
N_1	1＝≤6.667 公顷；2＝6.667＜～13.333 公顷；3＝13.333＜～20 公顷；4＝20＜～26.667公顷；5＝26.667＜～33.333 公顷；6＝＞33.333 公顷	0.111
N_2	1＝下降；2＝没有变化；3＝上升	0.069
M_1	1＝≤20 米²；2＝20＜～40 米²；3＝40＜～60 米²；4＝60＜～80 米²；5＝80＜～100 米²；6＝＞100 米²	0.104
M_2	1＝≤1 万元；2＝1 万＜～3 万元；3＝3 万＜～5 万元；4＝5 万＜～7 万元；5＝7 万＜～10 万元；6＝＞10 万元	0.078
M_3	1＝≤3 000 元；2＝3 000＜～6 000 元；3＝6 000＜～9 000 元；4＝9 000＜～1.2 万元；5＝1.2 万＜～1.5 万元；6＝＞1.5 万元	0.052
F_1	1＝≤5 000 元；2＝5 000＜～1 万元；3＝1 万＜～1.5 万元；4＝1.5 万＜～2 万元；5＝＞2 万元	0.183
F_2	0＝0 项；1＝1 项收入来源；2＝2 项收入来源	0.020

（续）

变量	赋值	权重
F_3	1＝≤1 万元；2＝1 万＜～2 万元；3＝2 万＜～3 万元；4＝3 万＜～4 万元；5＝4 万＜～5 万元；6＝＞5 万元	0.123
S_1	1＝是；2＝否	0.048
S_2	1＝有；2＝没有	0.030

由于调查数据的量纲存在差异，采用正向极差标准化法对数据进行标准化处理（俞立平等，2009）。为保证权重的确定具有客观性，采取熵权法确定权重。

（2）模型构建。多分类多元 Logistic 回归是指因变量为 3 个及以上的分类变量、自变量为多个的回归分析。牧户的生计策略选择包括畜牧业生产、外出务工、经营旅游业以及旅游畜牧兼业 4 种类型，因此 4 个相对独立的选项可采用多分类多元 Logistic 模型，并利用 SPSS 21.0 软件进行回归分析。在模型中将"畜牧业生产"（π_0）作为基准对照组。

$$\ln\left[\frac{P_j(\pi_j \mid x)}{P_0(\pi_0 \mid x)}\right] = \alpha_i + \sum_{k=1}^{K} \beta_{ik} x_k$$

式中：$j＝1$，2，3；$i＝1$，2，3；P_j 表示当 y 取值为 j 的生计策略被选择的概率；x_k 表示影响牧民生计策略选择的第 k 个自变量；α_i 表示第 i 个模型的常数项；β_{ik} 表示第 i 个模型中第 k 个自变量的偏回归系数。

8.3.2　天山天池景区牧民生计资本

8.3.2.1　4 类生计资本全样本结果

根据指标类型和相应的赋分标准，将实地调查回收的问卷数据录入计算机生成初始的 Excel 文件，然后对初始数据按类型进行标准化处理后生成新的数据文件，对这一新文件运用 SPSS 软件进行统计分析。从研究区域的总体状况来看（表 8-3），天山天池景区牧民生计资本总体水平值为 0.404 3，低于 0.5 的中间状态，各项指标中仅人力资本和自然资本指标值高于 0.5，其他类指标值均小于 0.5，其中物质资本在 4 类资本中水平最低，金融资本水平也处于较低状态。

分析发现旅游开发作为新疆偏远林牧区发展项目，对牧民家庭的生计资本、生计产出及脆弱性等方面在数量和结构上会产生影响。由于当地旅游业发展较快，牧民家庭中妇女在参与旅游经营中发挥重要作用，参与程度较高；当地旅游旺季适逢学校的暑假，牧户家中的大多数在学子女都承担着家庭中参与旅游中的租马、旅游服务等经营角色，有效增加了牧户家庭人力资本的水平。为提高牧民参与旅游获益的水平，有必要为当地牧民开展旅游参与急需的免费技能培训。上述2方面因素共同发挥作用从而使得数据统计呈现出人力资本水平值较高的结果。

调研发现，研究区域经济发展水平不高，基础设施不完善，水电能源供应尚处于起步阶段，政府的旅游发展政策重视交通、通信等基础设施投入。牧民定居区公路、电视村村通工程在主要定居点已实现全覆盖；电力、通信、水供应等基本能满足牧民日常生活需求。这些政策对样本牧户的物质资本水平提升有较大贡献，亦可看作是发展旅游政策对当地牧民生计资本的直接意义之一。可持续生计框架下物质资本和自然资本是牧民发展的关键要素，本研究中这2类资本的低水平状态，从根本上决定了生计资本总体的低水平，提升物质资本和自然资本水平成为本地经济工作的主要任务。

表8-3　天山天池景区定居安置不同类型牧民生计资本标准化统计

项目	总体水平（样本数160）			农业生产型（样本数80）			参与旅游型（样本数80）		
	标准化指标值 (μ_{ij})	权重（归一化）(ω_{ij})	资本总计 ($\sum \mu_{ij} \times \omega_{ij} / \sum \omega_{ij}$)	标准化指标值 (μ_{ij})	权重（归一化）(ω_{ij})	资本总计 ($\sum \mu_{ij} \times \omega_{ij} / \sum \omega_{ij}$)	标准化指标值 (μ_{ij})	权重（归一化）(ω_{ij})	资本总计 ($\sum \mu_{ij} \times \omega_{ij} / \sum \omega_{ij}$)
人力资本 X_1		1.193 0 (0.169 6)	0.634 0		1.373 2 (0.192 2)	0.618 7		1.044 9 (0.129 2)	0.610 0
家庭人口数	0.688 7	0.372 9 (0.312 6)	0.702 5	0.353 1 (0.257 1)		0.675 0	0.393 0 (0.376 2)	
总劳动力数	0.540 6	0.615 0 (0.515 5)	0.537 5	0.620 8 (0.452 1)		0.543 8	0.609 3 (0.583 1)	
劳动力健康	0.814 6	0.205 1 (0.171 9)	0.670 8	0.399 2 (0.290 7)		0.958 3	0.042 6 (0.040 7)	
自然资本 X_2		0.627 7 (0.089 2)	0.533 8		0.939 4 (0.131 5)	0.390 9		1.003 4 (0.124 1)	0.676 8
毡房（土地）面积	0.533 8	0.627 7 (1.000 0)	0.390 9	0.939 4 (1.000)		0.676 8	0.390 5 (1.000 0)	
物质资本 X_3		3.617 2 (0.514 2)	0.295 0		3.150 3 (0.441 0)	0.348 6		5.123 9 (0.633 7)	0.170 0
人均固定住房面积	0.356 1	1.032 4 (0.285 4)	0.345 6	1.062 3 (0.337 2)		0.366 6	1.003 4 (0.195 8)	

（续）

项目	总体水平（样本数160）			农业生产型（样本数80）			参与旅游型（样本数80）		
	标准化指标值（μ_{ij}）	权重（归一化）（ω_{ij}）	资本总计（$\sum\mu_{ij}\times\omega_{ij}/\sum\omega_{ij}$）	标准化指标值（μ_{ij}）	权重（归一化）（ω_{ij}）	资本总计（$\sum\mu_{ij}\times\omega_{ij}/\sum\omega_{ij}$）	标准化指标值（μ_{ij}）	权重（归一化）（ω_{ij}）	资本总计（$\sum\mu_{ij}\times\omega_{ij}/\sum\omega_{ij}$）
生活资料总价值	0.217 9	1.523 9 (0.421 3)		0.392 6	0.935 0 (0.296 8)		0.043 1	3.144 2 (0.613 6)	
生产资料总值	0.346 2	1.060 8 (0.293 3)		0.315 7	1.153 0 (0.366 0)		0.376 7	0.976 4 (0.190 6)	
金融资本 X_4		1.597 2 (0.227 0)	0.429 4		1.680 4 (0.235 2)	0.422 2		1.525 8 (0.188 7)	0.429 8
总现金收入	0.574 9	0.553 5 (0.346 5)		0.515 5	0.662 6 (0.394 3)		0.634 4	0.455 1 (0.298 3)	
退牧政府补贴	0.352 2	1.043 7 (0.653 5)		0.361 4	1.017 8 (0.605 7)		0.342 8	1.070 7 (0.701 7)	
总计			0.404 3			0.423 4			0.300 4

8.3.2.2　不同生计资本水平牧户比重

为了更清晰地掌握新疆生态旅游区牧户家庭生计资本状况，在完成基本数据分析之后，根据生计资本标准化后数值特征，整理计算了资本水平 0.000～0.999 区间内牧户分布的比重情况，见表 8-4。结果显示，牧户家庭人力资本水平分布均衡，大多集中在 0.600～0.699 区间内。自然资本缺失牧户比例较高，处于低水平的 0.000～0.499 区间内的人数过大半。物质资本水平在 0.000～0.399 区间的牧户比例高达 82.75％，是调查区域社会经济落后、物质资本匮乏的明证。金融资本不同水平的分布情况也以低水平占比较大，大多集中在 0.300～0.499 区间内。

表 8-4　各生计资本状况牧户比重分布

区间	人力资本 X_1		自然资本 X_2		物质资本 X_3		金融资本 X_4	
	频数	占比/％	频数	占比/％	频数	占比/％	频数	占比/％
0.000～0.009	0	0	4	2.50	3	1.88	0	0
0.100～0.199	0	0	7	4.38	37	23.13	9	5.63
0.200～0.299	0	0	20	12.50	51	31.88	26	16.25

（续）

区间	人力资本 X_1		自然资本 X_2		物质资本 X_3		金融资本 X_4	
	频数	占比/%	频数	占比/%	频数	占比/%	频数	占比/%
0.300～0.399	7	4.38	13	8.13	43	26.88	42	26.25
0.400～0.499	22	13.75	55	34.38	12	7.50	45	28.13
0.500～0.599	19	11.88	8	5.00	10	6.25	15	9.38
0.600～0.699	78	48.75	15	9.38	4	2.50	12	7.50
0.700～0.799	11	6.88	0	0	0	0	7	4.38
0.800～1.000	23	14.38	38	23.75	0	0	4	2.50

8.3.2.3 不同家庭特征条件下生计资本的分布

在分析了牧户家庭生计资本总体状况和不同资本水平的牧户分布情况后，进一步探究影响牧户生计资本水平的家庭性因素也是本研究的一个重要目标。借助 SPSS 软件强大的数据分析功能，梳理计算了牧户不同家庭特征条件下 4 类生计资本分布情况。研究结果发现，家庭人口数最多的牧户生计资本总值最低，民族类别及调查村落的差异对生计资本数量的影响不大，反映了新疆牧区总体经济发展水平不高、少数民族牧民自我发展能力有限的社会现实（表 8-5）。

表 8-5 牧户家庭特征下 4 类生计资本均值分布

牧户家庭特征		X_1	X_2	X_3	X_4
家庭人口	2 人	0.066 0	0.034 1	0.184 8	0.066 6
	3 人	0.100 6	0.050 9	0.147 7	0.099 8
	4 人	0.117 0	0.047 4	0.149 0	0.098 4
	5 人	0.150 0	0.034 6	0.170 3	0.107 4
农户类型	旅游经营	0.110 7	0.060 4	0.120 0	0.100 3
	农牧业生产	0.103 8	0.034 9	0.183 4	0.094 2
村落	阔克胡拉哈萨克民俗风情园	0.100 6	0.075 8	0.114 8	0.093 2
	天池毡房公司	0.115 9	0.046 6	0.129 5	0.109 9
	骏马村	0.112 3	0.063 9	0.113 8	0.095 5
	拜斯胡木村	0.104 5	0.032 8	0.177 3	0.096 0
	大泉村	0.101 5	0.042 0	0.204 4	0.088 0

8.3.3 喀拉峻景区牧民生计资本

8.3.3.1 5 类生计资本全样本结果

利用喀拉峻景区牧民生计资本的调研数据，运用与表 8-3 相同的计算方法，得到喀拉峻牧民生计资本标准化统计表。从研究区域的总体状况来看（表8-6），喀拉峻牧民生计资本总体水平值为0.186 1，低于0.5的中间状态，各指标中只有社会资本的指标值高于0.5，其他类指标均小于0.5，其中物质资本在5类资本中水平最低，金融资本也处于较低水平。

表8-6　喀拉峻景区牧民生计资本标准化统计

	标准化指标值 （μ_{ij}）	权重（归一化） （ω_{ij}）	资本总计 （$\sum \mu_{ij} \times \omega_{ij} / \sum \omega_{ij}$）
人力资本 X_1		5.000 2（0.186 4）	0.293 1
受教育水平	0.501 3	0.690 5（0.138 1）	
劳动力人数	0.405 3	0.903 2（0.180 6）	
子女参加生产情况	0.796 5	0.227 5（0.045 5）	
参加培训项目次数	0.089 5	2.413 8（0.482 7）	
经营旅游技术水平	0.465 3	0.765 2（0.153 0）	
自然资本 X_2		2.196 7（0.081 9）	0.214 3
草场总面积	0.142 4	1.949 1（0.887 3）	
草原产草量	0.780 7	0.247 6（0.112 7）	
物质资本 X_3		11.645 7（0.434 1）	0.124 0
水质量	0.505 3	0.682 7（0.058 6）	
电质量	0.649 1	0.432 1（0.037 1）	
牲畜养殖总价值	0.178 4	1.723 9（0.148 0）	
毡房面积	0.073 3	2.613 1（0.224 4）	
生产资料总值	0.117 3	2.143 1（0.184 0）	
生活资料总价值	0.016 9	4.050 8（0.347 8）	
金融资本 X_4		6.486 2（0.241 8）	0.132 1
旅游业收入	0.025 9	3.653 8（0.563 3）	
牲畜养殖收入	0.125 1	2.079 0（0.320 5）	
收入来源	0.610 5	0.493 4（0.076 1）	
是否有政府补贴	0.771 1	0.260 0（0.040 1）	
社会资本 X_5		1.495 5（0.055 8）	0.504 1
参加合作社情况	0.521 1	0.651 9（0.435 9）	
是否为村民代表	0.456 6	0.784 0（0.524 2）	
是否有干部或老师	0.942 1	0.059 6（0.039 9）	
总计			0.186 1

调研发现喀拉峻景区内成立的合作社类型多样，其中参与马队合作社的牧民较多，马纳提旅游农民专业合作社和琼库什台白马合作社的2支马队分别在猎鹰台和琼库什台向游客提供租马服务，共计有马约200匹，以牧民旅游专业合作社形式经营管理。每家每户可出人或者马匹加入，根据各家贡献进行收入分红。其中，在马纳提合作社工作的牧民须接受技能培训，马队工作人员与马匹均着统一制服。上述因素使得数据统计呈现出社会资本水平值较高的结果。

调研发现，研究区域水电供应质量较差，牧民生活便利度较低。景区内未能实现统一供电，牧民家中生活用电主要靠太阳能电池板提供的有限电量来满足基本生活需求，这对经营牧家乐的牧户来说是一大阻碍，较难满足游客的用电需求。另外，景区内牧户生活用水也是一大难题，水对生活在该区域的牧民来说尤为宝贵，因为一桶干净的能饮用的水需要男主人骑摩托车翻越几个山头才能找到，那里有牧民打的水井，水井周边的环境卫生较差，时常有牛马羊在井周饮水，虽然水井上有木板覆盖，但些许杂质依然可见，因此牧民用水方便、用水安全成为急需解决的问题，这也成为当地物质资本水平较低的原因。

8.3.3.2 不同生计类型牧户的生计资本存在差异

旅游业收入、草场总面积、草原产草量是牧户生计资本的重要组成部分，自然资本在牧户家庭中所占比例较大，传统生计对牧户的影响根深蒂固，但新型旅游生计方式也逐渐被牧民接受；而"参加培训项目次数"与"收入来源"在生计资本中所占比例较少，表明牧户缺乏技术培训指导且家庭生计方式较为单一，面临的生计风险较高；按照"旅游业收入"拥有量由多到少对不同生计类型牧户进行排序，依次为经营旅游业、旅游畜牧兼业、外出务工、畜牧业生产，由此可见旅游业收入越多的牧户越愿意从事旅游业经营活动；反之，则对旅游业前景充满顾虑，愿意继续放牧。根据"草场总面积"由多到少排序，依次为旅游畜牧兼业、畜牧业生产、外出务工、经营旅游业，由此发现草场依旧是牧民赖以生存的根本保障，若草场条件满足时从事畜牧业依然是牧民的首要选择（表8-7）。

8.3.3.3 不同区域牧户生计资本存在差异

由表8-7可知，各区域拥有的生计资本总量较少，且存在差异。总体来看，"草场总面积"与"旅游业收入"所占比例较大。特克斯马场饲养的马匹需要较多草料来喂养，因此其拥有的草场面积较大，草原产草量较多，其他区域则在禁牧限牧政策的要求下，减少了牧民的放牧面积；克孜勒阔拉村牧民多以定居圈养牲畜为主，因此其草场总面积最少。琼库什台村"旅游业收入"较多，一方面，历史文化名村称号吸引了较多慕名而来的游客；另一方面，该村旅游接待服务设施较其他村更完善，游客住宿、用餐环境相对舒适，夜幕下的琼库什台村霓虹灯亮起，特色民族歌舞演出十分热闹，有"小上海"之美誉。另外，各区域"参加培训项目次数"与"收入来源"均较少，原因在于各村对牧民技能培训开展力度不足，从而导致牧民生计方式单一，收入渠道有限。最后，各区域拥有的生产资料、生活资料、村民代表等资本亦有待提高（表 8-7）。

表 8-7　不同生计策略、区域牧户生计资本均值分布

生计资本项目	生计策略				不同区域				
	畜牧业生产	外出务工	经营旅游业	旅游畜牧兼业	喀拉峻村	喀布萨朗村	特克斯马场	克孜勒阔拉村	琼库什台村
H_1	0.037	0.046	0.053	0.041	0.042	0.047	0.043	0.029	0.048
H_2	0.015	0.017	0.019	0.021	0.019	0.021	0.017	0.011	0.015
N_1	0.068	0.047	0.041	0.083	0.064	0.060	0.075	0.054	0.060
N_2	0.054	0.059	0.046	0.058	0.060	0.053	0.059	0.040	0.048
M_1	0.024	0.022	0.028	0.012	0.026	0.023	0.026	0.017	0.021
M_2	0.030	0.018	0.024	0.000	0.030	0.030	0.030	0.034	0.023
M_3	0.033	0.029	0.037	0.033	0.033	0.035	0.033	0.033	0.033
F_1	0.042	0.087	0.126	0.092	0.064	0.071	0.063	0.034	0.095
F_2	0.014	0.016	0.015	0.016	0.014	0.013	0.013	0.015	0.015
F_3	0.037	0.023	0.031	0.037	0.040	0.045	0.041	0.020	0.028
S_1	0.042	0.051	0.044	0.049	0.045	0.045	0.046	0.037	0.048
S_2	0.029	0.029	0.029	0.030	0.029	0.028	0.030	0.031	0.027

8.3.3.4　不同区域牧户生计策略选择差异明显

长期形成的传统游牧生活方式对不同区域牧民产生了较为深远的影响，作为牧民赖以生存的基础，草场依然是牧民最看重的生存资源。喀拉峻景区牧民生计活动以"畜牧业生产"为主，除"畜牧业生产"外，喀拉峻村牧户选择"外出务工"占比较大。旅游业经营伴随着景区旅游开发而产生，部分牧民加入其中获得收入，表明牧民的生计观念不是一成不变的，作为理性的经济人，牧民会选择对自己有利的生计策略。因此，当传统生计方式不符合现代发展要求时，牧民便会相机行事。琼库什台村、喀布萨朗村牧户选择"经营旅游业"者相对较多，主要因其具有良好的历史文化名村资源优势与较好的区位优势（表 8-8）。

表 8-8　不同区域牧户生计策略选择分布

单位：户

生计策略	喀拉峻村	喀布萨朗村	特克斯马场	克孜勒阔拉村	琼库什台村	合计
π_0	42	13	22	23	20	120
π_1	9	4	2	2	7	24
π_2	5	6	5	5	12	33
π_3	4	3	0	4	2	13
合计	60	26	29	34	41	190

8.3.4　天山天池景区与喀拉峻景区牧民生计资本比较

通过对 2 调研区域数据对比分析发现，天山天池景区牧民生计资本总体水平值为 0.404 3，喀拉峻景区牧民生计资本总体水平值为 0.186 1，天山天池景区牧民生计资本总体状况远远优于喀拉峻景区牧民。喀拉峻景区牧民的生活水平与天山天池景区牧民存在显著差距，因此要在喀拉峻景区可持续发展方面努力，尤其是物质资本与金融资本方面，重点解决牧民生活难题，完善基础设施建设，另外还应拓宽牧民收入来源，增加牧民收入。

8.4　生计资本对牧户生计策略选择的影响分析

采用多项 Logistic 回归模型，对影响牧户生计策略选择的生计资本及生计指标进行分析，回归结果如表 8-9 所示。方差膨胀因子 VIF＝（1.324，1.310，1.084，1.169，1.144，1.221，1.240，1.365，1.073，1.202，1.093，1.196），表明变量间不存在严重的多重共线性问题。影响牧户生计策略选择的多项 Logistic 回归模型的 Cox & Snell R^2 及 Nagelkerke R^2 检验结果为 0.429 及 0.490，表明该模型拟合度较好；Pearson 检验的显著性检验值 Sig＝0.998＞0.1，表明该模型能很好地拟合数据。通过对生计策略回归结果的分析得出，不同生计资本指标对生计策略选择的影响存在差异。

8.4.1　对外出务工生计策略选择的影响

物质资本对牧户选择"外出务工"生计策略具有显著负向影响，尤其是牧民已有的生产资料总值（M_2）严重制约着牧民外出务工。若牧民选择外出务工，其生产资料便会荒废，变为沉没成本。因此，生产资料越多，对牧民选择外出务工的影响越消极，该观点与罗丞（2015）看法相一致。物质资本越丰富的牧户越不愿意放弃现有生产工具背井离乡外出务工，也体现了物质资本对牧户从事畜牧生产的黏性效应。

表 8 - 9　牧户生计资本与生计策略选择的多项 Logistic 回归分析

变量	π_1			π_2			π_3		
	B	Wald	Exp（B）	B	Wald	Exp（B）	B	Wald	Exp（B）
$\alpha_{总}$	−2.918*	3.683	—	−2.033*	3.008	—	−5.098***	6.764	—
H	9.758	1.573	17 297.255	4.888	0.437	132.631	5.831	0.340	340.632
N	−4.760	1.186	0.009	−12.231***	8.508	4.88E−6	6.019	1.081	411.207
M	−19.378**	6.020	3.84 E−9	−6.493	1.190	0.002	−12.990	1.671	2.28E−06
F	6.603**	3.978	737.358	11.734***	15.892	124 766.068	8.881**	4.823	7 196.835
S	27.380*	3.283	7.78E+11	10.786	0.941	48 345.009	23.601	1.487	1.78E+10
$\alpha_{分}$	−2.920*	3.683	—	−2.030	3.008	—	−5.100***	6.764	—
H_1	0.291	0.934	1.338	0.210	0.495	1.234	−0.279	0.364	0.756
H_2	0.198	0.249	1.219	−0.026	0.005	0.974	0.915*	3.222	2.496
N_1	−0.120	0.851	0.887	−0.235*	3.558	0.791	0.425**	3.840	1.530
N_2	0.088	0.067	1.092	−0.364	1.492	0.695	0.527	1.125	1.693
M_1	0.006	0.000	1.006	0.126	0.242	1.134	−4.227***	7.813	0.015
M_2	−0.580**	3.882	0.560	−0.376*	2.958	0.687	0.587*	2.942	1.799
M_3	−0.009	0.003	0.991	0.160	0.945	1.174	−0.236	0.699	0.790
F_1	0.459**	6.398	1.583	0.770***	21.179	2.159	0.833***	8.775	2.301
F_2	0.718	1.825	2.050	0.438	0.781	1.550	1.602**	3.896	4.964
F_3	−0.571*	2.813	0.565	−0.309	1.876	0.734	−0.346	1.249	0.707
S_1	1.832*	2.745	6.248	−0.038	0.003	0.963	0.921	0.649	2.511
S_2	0.594	0.465	1.811	1.320	2.658	3.744	1.419	0.937	4.131

　　注：参考类型为畜牧业生产；*、**、***分别表示在 10%、5% 和 1% 的水平上显著；$\alpha_{总}$、$\alpha_{分}$分别表示生计资本以及各生计资本指标的截距。

　　金融资本对牧民"外出务工"生计策略选择具有显著影响。其中牲畜养殖收入（F_3）对外出务工具有显著负向影响，即从畜牧养殖获得收入越多，牧民外出务工意愿越弱，该结论与李健瑜等（2018）人提出的金融资本越多，农户越会选择家畜养殖观点相一致。相反，旅游业收入（F_1）对外出务工具有显著的正向影响，即旅游业收入越多时，牧民外出务工意愿越强烈。该结论，一方面，体现了旅游业经营受季节影响大，旅游淡季时牧民不得不外出寻找就业机会，保障家庭生计；另一方面，表明经营旅游业的牧民比从事畜牧业生产牧民抵御风险的能力更强，更愿意尝试新鲜事物。

社会资本对牧民"外出务工"生计策略选择具有显著正向影响，社会资本越多的牧户越愿意外出务工，该结论与杨云彦等（2008）人提出的若有家庭成员的就业推荐，外出务工者则会更有安全感和信任感，具有异曲同工之处。因此，牧民家庭成员中若有村民代表（S_1），牧民外出务工将更有保障。

8.4.2 对经营旅游业生计策略选择的影响

自然资本对"经营旅游业"生计策略选择具有显著的负向影响，该观点与郭秀丽（2017）等人的论断不谋而合，牧户家庭草场总面积（N_1）增加，其所需劳动力人数增加，将抑制牧民经营旅游业的积极性，即自然资本越丰富的牧户越不愿意舍弃草场经营旅游业，体现了自然资本对牧户从事畜牧业的黏性效应。而禁牧兴旅政策的实施，在一定程度上提高了牧民参与旅游经营活动的积极性。

金融资本对牧民"经营旅游业"具有显著的正向影响，该观点与涂丽（2018）提出的家庭存款形式的金融资本偏向于非农型生计具有共同点，表现为金融资本越多的牧户越愿意经营旅游业，并且获取的旅游业收入（F_1）越多，牧户经营流转资金越多，越愿意从事旅游业经营。

除此之外，物质资本虽总体上对"经营旅游业"生计策略选择不具有显著影响，但物质资本中的生产资料总值（M_2）对牧户选择经营旅游业具有显著负向影响，该观点与李慧玲等（2017）的研究结论相一致，当牧户从事牧业的生产资料越多、越齐全时，牧户越愿意从事畜牧业获取收入，而不愿意选择经营旅游业。

8.4.3 对旅游畜牧兼业生计策略选择的影响

金融资本是影响牧户选择"旅游畜牧兼业"生计策略的关键资本，对旅游畜牧兼业生计策略选择具有显著的正向影响，该观点与何昭丽等（2017）提出的金融资本是农户参与旅游生计策略的主要驱动因素的论断相一致。其中旅游业收入（F_1）、收入来源（F_2）是影响牧户选择旅游畜牧兼业生计策略的关键生计资本指标，对旅游畜牧兼业生计策略选择具有显著正向影响，旅游业收入越高、收入来源越多，牧民越愿意选择旅游畜牧兼业生计策略。

自然资本、人力资本、物质资本、社会资本总体上对牧户选择旅游畜牧兼业生计策略无显著影响。但分开来看，自然资本（N_1）、参加项目培训次数（H_2）、生产资料总值（M_2）是正向影响牧户选择旅游畜牧兼业生计策略的关键指标，相对于"畜牧业生产"，当其他解释变量不变时，N_1、H_2、M_2分别增加 1 个单位，牧户选择旅游畜牧兼业的发生率将扩大 1.530、2.496、1.799 倍。其原因可能是：①草地是牧民赖以生存的基本生产资料和生活资料，草场总面积越大，牧户赖以为生的生产资料越多，则越乐意选择旅游畜牧兼业；②参加项目培训次数越多，牧户选择旅游畜牧兼业生计策略的可能性越大，旅游从业人员须通过不断培训提高旅游服务技能；③生产资料越多的牧户选择旅游畜牧兼业生计策略的可能性越大，当生产资料越多时，牧户越愿意从事旅游畜牧兼业生计，因为这样既能有效利用生产资料，又能拓宽生计来源，获得更多收入。

毡房面积（M_1）是负向影响牧户选择旅游畜牧兼业生计策略的关键指标，毡房面积（M_1）每增加 1 个单位，牧户选择经营旅游业的发生率将缩小 1.5%。毡房面积越大，表明牧户通过传统生计获得收入越多，越难以实现生计转型。

8.5　研究结论与讨论

8.5.1　研究结论

8.5.1.1　牧民生计资本状况

本研究采用问卷调查与入户访谈等方法，选择较早实施生态移民政策的天山天池景区与较晚实施生态移民的喀拉峻景区，对新疆天山牧区参与旅游业与畜牧业等多种经济活动并存牧民的生计资本状况进行了实证研究。研究发现天山天池景区牧民生计资本总值仅为 0.404 3，是较低水平状态，其中物质资本水平最低，人力资本水平最高；喀拉峻景区牧民生计资本总值为 0.186 1，远低于天山天池景区牧民，但喀拉峻景区牧民生计资本中社会资本值为 0.504 1，处于中等水平。

天山天池不同生计资本水平的牧民分布很不均衡，自然资本和物质资本在 0.2 以下的牧民累积百分比分别为 6.88% 和 25.01%；牧民家庭特征中家庭人口数最多的牧户生计资本总值最低，民族及调查区域的生计资本水平差异不大。喀拉峻景区牧户生计资本总量尚处于较低水平，不同类型、不同区域牧户拥有的生计资本存在明显差异，且因地域因素影响，不同区域牧户对生计策略的选择各不相同。

8.5.1.2　旅游业发展政策的作用

根据实证数据的结构分布，结合课题访谈调查与本地发展实际，分析旅游开发思路在新疆天山牧民生计改善中的作用，得出如下结论：

第一，牧户四大生计资本中，自然资本和物质资本的低水平，一方面真实反映了牧区人口增加、草场退化的现实，另一方面也表明牧户依靠传统畜牧业生计方式是难以摆脱贫困落后面貌的，必须借助多样化生计途径以增收脱贫。旅游发展中基础设施建设、技能培训、旅游补贴等政策发挥了综合效应，为牧民从多元化角度参与旅游业经营提供了现实基础。因此，在新疆天山牧区畜牧业与旅游业发展相结合是改善牧户生计的有效路径。

第二，通过牧户家庭四大类生计资本状况分析，综合参与旅游生计方式在从业时间、从业人群、收入水平、家庭资源占用等方面的特征，目前条件下，参与旅游在当地仅是牧民传统畜牧业生计方式的有益补充而非替代。

8.5.1.3　生计资本影响生计策略选择

生计资本中自然资本、物质资本、金融资本、社会资本以及人力资本中的参加培训项目次数对牧户生计策略选择具有显著影响。草场总面积、毡房面积、生产资料总值、旅游业收入、牲畜养殖收入、收入来源、村民代表、参加培训项目次数等生计资本指标是影响牧户生计转变的关键因素，也是实现牧户可持续生计须关注的重点内容。

8.5.2　讨论

新疆天山牧区实行的生态移民政策对牧民的生计状况产生了很大影响，牧民的生计资本也因此有所改变，生计资本是其家庭应对外来冲击抵御风险的经济基础。目前，牧区经济状况落后，牧民的生活水平有待改善，牧民在农牧旅兼营中面临着人力资本的竞争性使用、非农经营技能水平提升等多重挑战。政府应该加强牧民技能培训，才能实现社会和谐，构建和人与环境的可持续发展。

为促进可持续性生计、多样性生计发展，推进乡村振兴战略实施，依据研究结果，提出如下建议：

第一，人力资本总体上对牧户生计策略的选择不具有显著影响，但参加培训次数对牧户选择旅游畜牧兼业具有显著的正向影响。为促进牧户旅游畜牧兼业生计能力，须通过培训提高牧民经营旅游业技能。实际调研发现，研究区牧民培训内容单一、培训次数较少，牧民的文化素质、生产及经营技能匮乏。因此，针对牧民当前面临的生计困境，政府应通过开展教育、技能培训活动，向牧民提供援助。首先，可利用寒暑假以乡镇为单位，组织大学生返乡志愿活动，设立"国语学堂"，邀请大学生为牧民教授汉语，提升牧民汉语水平；其次，开展"先进人物"评选活动，树立畜牧业与旅游业的行业标杆，发挥先进人物的模范带头作用；最后，聘请专业旅游管理服务人员，为牧民开展旅游服务技能培训活动。

第二，自然资本总体上对经营旅游业生计具有显著负向影响，而其中的草场总面积对旅游畜牧兼业生计具有显著正向影响。丰富的自然资本对牧户从事畜牧生产的黏性较强，制约着牧户经营旅游业，但草场总面积在一定程度上影响着牧户选择旅游畜牧兼业。因此，为促使牧户转变传统生计方式，实现生计多样化，应合理采取禁牧限牧政策，适度减少牧户草场总面积，限制牧民放牧活动；还需依据草原生态恢复水平，及时调整放牧区与修复区范围，保持草原生态系统的动态平衡。

第三，物质资本对牧户生计策略选择具有显著影响，其中生产资料总值对外出务工与经营旅游业具有显著负向影响，对旅游畜牧兼业具有显著的正向影响；毡房面积对旅游畜牧兼业具有负向影响。因此，一方面，政府应发挥"中介"作用，搭建起生产资料买卖双方的"桥梁"，使其各取所需，解决外出务工者对生产资料闲置的后顾之忧，满足旅游畜牧兼业者对生产资料的需求；另一方面，政府应帮助牧民打造以毡房接待为主的富有草原风情特色的牧家乐，并制定统一接待标准、价格，协助牧民配备游客住宿必需品，进一步完善相应接待设施，创造良好的接待环境。

第四，金融资本对生计策略选择具有显著正向影响，只有牲畜养殖收入对外出务工具有负向影响。总体看来，牧民开展的一切生计活动都离不开资金支持，丰富的金融资本既是牧户进行生计活动的基础也是生计活动要达成的最终目标。调研中发现多数牧民在开展生计活动时面临着资金难题。因此，政府应积极拓宽融资渠道，着力解决牧民经营活动中融资难问题；为牧民开设信用"绿色通道"，增加小额贷款数额；增强政府政策性补贴力度，提高补贴额度；推动资金互助机构建设，发挥合作社互助作用。积极增加牧民创收项目，大力提升牧户金融资本。另外，对于牲畜养殖收入较多牧户，继续鼓励其放牧，并允许通过租用其他牧户草场，规范租用协议，实现规模化牲畜养殖。

第五，社会资本对外出务工生计策略具有显著正向影响。应建立健全村干部选举与工作管理的相关制度，增强村干部遴选公开度、透明度，完善干部监督制度，发挥民众监督作用；开展"领导班子培训专项活动"，提高村干部工作能力；发挥村民代表在群众中的能动作用，号召牧民积极响应党和政府的政策，充分提升牧户的社会资本。积极发挥村民代表的社会作用，给予外出务工牧民帮助与指导。

第 9 章

牧户多样化生计与草地生态系统服务的依赖关系

在全球环境污染与植被破坏日益严重的背景下，如何实现人与自然和谐共生成为全人类的共同话题。改革开放 40 多年来，我国经济快速发展，但部分地区经济发展与生态建设不相适应问题依然存在（安虎森等，2018），尤其是经济落后的新疆偏远牧区，经济发展与生态保护的矛盾亟待解决（杨光梅，2011；秦卫华等，2019）。新疆牧区是我国第二大牧区，深居西北内陆，气候干旱少雨，草原生态环境相对脆弱，自然灾害频发。随着牧区人口的不断增长，牧民面临的生计压力日渐增大，其为获取更多生计资本而过度利用自然资源的现象层出不穷，导致草地退化严重、草场再生能力减弱、草原生态系统服务功能减退，最终造成天山牧区生态环境与开发利用之间的矛盾。为打破这种矛盾，政府本着"宜牧则牧、宜商则商、宜游则游"的原则，针对草原生态薄弱区实施了生态移民、限牧兴旅等政策。由此，牧民生计策略便由传统单一放牧生计模式转为经营旅游业、外出务工、旅游畜牧兼业等多样化生计模式；草地植被覆盖率恢复到 90% 以上，草原生态环境逐渐改善。那么，在研究区生态环境脆弱性背景下，多样化生计策略与草地生态系统有何关系？生计资本与草地生态系统服务有何联系？可持续生计又该如何实现？本研究采用可持续生计分析框架来探究上述问题。

可持续生计分析框架（SLA）由英国国际发展署提出，并被划分为脆弱性背景、政策制度、生计资本、生计策略以及生计结果 5 个部分，各部分以复杂的方式相互作用，以便转换生计策略谋求可持续生计（何仁伟等，2013；苏飞等，2016）。可持续生计指生计在受到外界威胁后依旧能够在保护生态环境的前提下创造更多工作时间、减少贫困、增强幸福感、增强自身能力及保持以自然资源为基础的生计可持续性（Scoones，1998；汤青，2015）。实现可持续生计的关键在于维护生态系统向人类提供服务的能力。生态系统服务是生态系统形成的维持人类生存的自然条件与效用，也是人类直接或间接从生态系统获取的所有惠益（Daily，1997；Costanza et al.，1997）。谢高地等（2008）将生态系统服务划分为供给服务、调节服务、支持服务和社会服务4种一级类型，以及食物生产、水资源供给、气体调节等11种二级类型。这些宝贵的生态系统服务既是连接自然环境与人类福祉的桥梁，也是人地系统耦合研究的核心内容。

早在2001年，Kates等就提出人类生计与生态环境的相互关系是人地系统科学研究的热点话题（Kates et al.，2011）。近些年，国内外学者紧紧围绕生计与生态系统服务的耦合关系展开研究，研究结果指出，人类依赖于生态系统服务并从中获取直接和间接利益，同时人类也适应着生态系统带来的各种变化（傅斌等，2017；刘向华，2018；李聪等，2019）。一方面，生计是影响生态环境的重要人为因素（赵雪雁，2012；赵雪雁，2013），它关系着对自然资源的利用及生态环境的维护。不合理的生计活动会破坏生态系统的结构与功能（周李磊等，2018），与当地生态环境不相兼容的生计方式对生态系统具有损毁作用（赵雪雁等，2011）。尤其在建设生态安全屏障的背景下，传统农户生计影响着生态安全（师学萍等，2016），农业生产用水间接影响湖泊生态环境（王丽春等，2019），耕作方式作用于土壤生态系统（张武等，2017）。同样，放牧作为牧户传统的生计方式，其强度影响草原枯落叶分解以及草地的碳贮量（姚国征等，2017）。过度和不合理的放牧方式将造成草地退化，引起草地碳的损失（邹婧汝，2015）。另一方面，生态系统也会反作用于生计活动：长期干旱严重影响农户利用自然资本以及选择生计策略（陈刚等，2019）；雨水过多引发的洪水也将对农业生产造成毁灭性打击（Astrud et al.，2018）；海洋气候变化影响渔民捕捞产量（Martins et al.，2018）。

为兼顾生计与生态环境效益，协同二者发展才是根本（李靖等，2018）。面对传统农业的弊端，采用稻-鱼-鸭复合种养模式，构建良好的农业复合生态系统有利于兼顾经济与生态效益（罗康隆，2011）；旅游生计与综合性生计农户对生态系统的影响程度低于传统生计农户（马国君等，2012），便知农户可通过适度兼业、发展旅游业等多样化生计降低对生态系统服务的依赖程度；草原生态环境政策影响牧户生计（于洪霞等，2013），实施禁牧限牧政策能有效恢复草地生态（李愈哲等，2015；董乙强等，2016；董乙强等，2018），但禁牧存在最适年限，禁牧时间过长，则导致隔年宿草大量堆积，杂草生长过于旺盛，抑制饲用植物的发育和生长，从而影响土壤养分（张东杰等，2006）。因此，适度放牧才是利于草原生态恢复的良策。

综上所述，目前关于生计与生态系统服务耦合关系的研究尚处于探索阶段，缺乏系统性研究。鲜有学者定量研究不同生计与生态系统服务的关系问题，学界还未形成统一的研究范式。基于此，本研究利用可持续生计框架的完整性和灵活性特征，深入探究生计策略、生计资本与生态系统服务依赖度的关系，以期为以喀拉峻景区为例的新疆天山世界自然遗产保护地的生计与生态可持续发展提供借鉴。

9.1　研究区概况和研究方法

9.1.1　研究区概况

喀拉峻景区位于新疆特克斯县城东南 15 千米，距伊宁市 132 千米，地处中天山的比依克山北麓，东起阿克布拉克（也称白泉），西至阔克苏河谷，南至中天山雪峰，北达喀布萨朗村，由东喀拉峻、西喀拉峻、琼库什台村、库尔代河谷、阔克苏河大峡谷、乌孙夏都、中天山雪峰和天籁之林等景区组成，景区海拔为 2 000～3 957 米，总面积为 2 848 千米²。2013 年"喀拉峻-库尔德宁"作为新疆天山的组成部分被列入《世界自然遗产名录》，成为世界自然遗产保护地，世界自然遗产委员会对喀拉峻景区生态保护提出了严格要求。喀拉峻景区 2016 年被评为国家 AAAAA 级景区，2018 年入围"神奇西北"100 景。喀拉峻景区作为牧民的夏季放牧场，附近村落牧民于每年的 6 月中旬转场来此放牧。近些年，为积极响应限牧兴旅政策，部分牧民参与到旅游经营等多样化生计活动中，因而转场来喀拉峻景区放牧牧户和牲畜数量逐年减少。

9.1.2　数据来源

2017 年 7 月初项目组采用入户访谈、问卷抽样、参与式观察等调查方法，以每个乡镇不少于 2 个村，每村不少于 20 户的抽样原则，采取判断抽样与随机抽样相结合的调查方式，选择喀拉达拉镇、特克斯马场、乔拉克铁热克镇及阔克苏乡 4 个乡镇的部分村落进行调查。鉴于大部分调研对象是哈萨克族牧民，所以通过邀请哈萨克族大学生担任翻译与设置哈萨克语问卷的方式，提高问卷填写的真实性与有效性。此次调查涉及 190 个牧户，其中畜牧业生产型牧户有 120 户，外出务工型牧户有 24 户，经营旅游业牧户有 33 户，旅游畜牧兼业牧户有 13 户。主要调查内容包括牧户家庭生计资本和家庭收益情况。调查共发放 200 份问卷，实际收回 192 份，其中有效问卷 190 份，问卷有效率为 98.96%。总体来说，调查样本具有一定的代表性。

9.1.3　研究方法

9.1.3.1　生态系统服务依赖度指数模型

在参考 Yang 等（2013）研究的基础上重新构建生态系统服务依赖度指数（IDES），并将牧户生计策略划分为畜牧业生产、外出务工、经营旅游业以及旅游畜牧兼业 4 类，再分别计算 4 种生计策略对生态系统服务的依赖度指数。该指数体系包括 IDES 总指数、4 项分指数以及 3 项子指数。其中，IDES 总指数为牧户从生态系统中获得的净收益与生态系统及其他社会经济活动中获得的总净收益的绝对值的比值；4 项分指数分别为畜牧业生产、外出务工、经营旅游业、旅游畜牧兼业指数；3 项子指数分别为供给服务、调节服务和文化服务指数。

根据生态系统服务依赖度指数的定义，IDES 总指数、分指数以及各子指数的值越高，表明牧户对相应生态系统服务的依赖度越高；反之，表明牧户对生态系统服务的依赖度越低。IDES 总指数、4 项分指数、3 项子指数的计算方法如下：

$$IDES_i = \frac{ENB_i}{\left| \sum_{i=1}^{3} ENB_i + SNB \right|} \tag{9-1}$$

$$IDES_r = \sum_{i=1}^{3} IDES_i \tag{9-2}$$

$$IDES = \sum_{r=1}^{4} IDES_r \tag{9-3}$$

式中：i 表示生态系统服务种类；r 表示生计策略类型；$IDES$ 是衡量牧户对生态系统服务依赖的总指数；$IDES_r$ 是牧户第 r 类生计策略对生态系统依赖分指数；$IDES_i$ 是牧户对第 i 类生态系统依赖子指数；ENB_i 是牧户从第 i 类生态系统服务中获得的总净收益；SNB 是牧户从其他社会经济活动中获得的总净收益。

由于牧户家庭收入类型较多，调查难度大，为减少数据误差，只选用牧户主要的收入类型，在此基础上借鉴李聪等（2017）对农户收入类型及生态系统服务判断标准，构建牧户生态系统服务依赖度的指数体系（表 9-1）。其中畜牧业收入指出售牛、马、羊牲畜获得的收入；旅游业收入指从事与旅游相关生计活动获得的收入；工资收入指在旅游公司、旅游马队以及外出务工获得的收入；政府补贴收入指牧业补贴与住房安置补贴；财产收入指出租草地所得收入。P、R、C 和 NA 分别代表供给服务、调节服务、文化服务和与生态系统服务不相关的收益。P、R 和 C 之后的数字"0"和"1"分别表示从生态系统服务中获得的直接和间接利益。将退牧还草和牧业补贴归为调节服务。

表 9 - 1　生态系统服务依赖度的指数体系

分类	条目	生态系统服务类型
畜牧业收入	牛	P_0
	马	P_0
	羊	P_0
旅游业收入	餐饮	C_1
	住宿	C_1
	租马	C_1
	出售商品	C_1
	民俗表演	C_1
工资收入	从旅游公司获得收入	C_1
	从旅游马队合作社获取收入	C_1
	外出务工收入	NA
政府补贴收入	牧业补贴	R_0
	住房安置补贴	NA
财产收入	出租草地	NA

9.1.3.2　灰色关联模型

灰色关联分析常用于解决系统内各子系统（或要素）间作用相对复杂、难以辨别各子系统（或要素）间关系密切程度等方面的问题。因此，采用灰色关联系数度量牧户生计资本与 IDES 之间的关系。对第 j 个农户来讲，第 i 个生计资本指标与 IDES 之间的灰色关联度计算过程为（李鑫等，2015）：确定比较数列和参考数列，分别记为 X_{ij} 和 X_{0j}（$i=1, 2, 3, \cdots, m$；$j=1, 2, 3, \cdots, n$）；运用初值化方法，对指标数据序列进行无量纲化处理，公式为

$$X'_{ij} = (X_{ij} - X_{ij\min})/(X_{ij\max} - X_{ij\min}) \qquad (9-4)$$

计算每个比较序列与参考序列间的灰色关联度，即第 i 个牧户生计资本指标与 IDES 之间的灰色关联度 δ_i，公式如下：

$$\delta_i = \frac{1}{n} \sum_{j=1}^{n} \frac{\min_i \min_j |X'_{0j} - X'_{ij}| + \mu \max_i \max_j |X'_{0j} - X'_{ij}|}{|X'_{0j} - X'_{ij}| + \mu \max_i \max_j |X'_{0j} - X'_{ij}|} (\mu = 0.5)$$

$$(9-5)$$

若上式满足灰色关联公理，则称 δ_i 为第 i 个生计资本指标与 IDES 之间的灰色关联度。将 m 个子序列对同一母序列的灰色关联度按大小顺序排列，组成关联序，并得出综合评价结果。

9.1.3.3　生计资本变量选择

在参考相关学者研究及数据可获得的基础上（郭秀丽等，2017；苏芳等，

2017)，选取年龄、受教育水平和家庭人口数表征人力资本；选取草场总面积和草原产草量表征自然资本；选取毡房面积、生产资料价值和生活资料总价值表征物质资本；选取是否参加合作社、是否为村民代表、家中是否有村干部或老师表征社会资本（表 9-2）。

表 9-2　变量解释及赋值说明

变量	分变量	变量设置	均值	标准差
人力资本	年龄	<16 岁=1，16~25 岁=2，26~35 岁=3，36~45 岁=4，46~55 岁=5，≥56 岁=6	3.47	1.348
	受教育水平	≤小学=1，初中=2，高中/中专=3，大学/大专=4	2.01	0.929
	家庭人口数	≤2 人=1，3~5 人=2，6~8 人=3，9~11 人=4，≥12 人=5	2.20	0.548
自然资本	草场总面积	≤6.67 公顷=1，6.67<~13.33 公顷=2，13.33<~20.00 公顷=3，20.00<~26.67 公顷=4，26.67<~33.33 公顷=5，>33.33 公顷=6	3.27	2.082
	草原产草量	下降=1，没有变化=2，上升=3	2.34	0.838
物质资本	毡房面积	≤20 米²=1，20<~40 米²=2，40<~60 米²=3，60<~80 米²=4，80<~100 米²=5，>100 米²=6	1.62	0.989
	生产资料价值	≤10 000 元=1，10 000<~30 000 元=2，30 000<~50 000 元=3，50 000<~70 000 元=4，70 000<~100 000 元=5，>100 000=6	2.29	1.232
	生活资料总价值	≤3 000 元=1，3 000<~6 000 元=2，6 000<~9 000 元=3，9 000<~12 000 元=4，12 000<~15 000 元=5，>15 000 元=6	3.69	1.601
社会资本	参加合作社数量	没有参加=0，参加 1 个=1，参加 2 个=2	1.04	0.201
	是否为村民代表	是=1，否=2	1.82	0.389
	家中是否有干部或老师	是=1，否=2	1.88	0.321

9.2　结果与分析

9.2.1　生计策略对生态系统服务的依赖度分析

9.2.1.1　不同生计策略牧户从生态系统服务中获得收益差异显著

外出务工牧户从社会经济中获得净收益最多，户均 11 667 元。经营旅游业牧户从文化服务中获得净收益最多，户均 15 564 元；从调节服务中获得净收益最少，户均 482 元。畜牧业生产牧户从社会经济中获得净收益最多，户均11 758 元；从调节服务中获得净收益最少，户均 1 128 元。旅游畜牧兼业牧户从社会经济中获得净收益最多，户均 11 154 元；从调节服务中获得净收益最少，户均 928 元。综上可知，外出务工牧户家庭收益较多来自去县城打工所得；经营旅游业牧户主要依靠接待景区游客获得收入；畜牧业生产牧户在禁牧限牧政策的引导下，逐步缩减放牧面积，转身就业；旅游畜牧兼业牧户从文化服务与供给服务中获益相对较多，其中文化服务收益次于经营旅游业牧户，供给服务收益次于畜牧业生产牧户。由此可知，多种生计开展有利于降低牧户对单一生态系统服务的依赖程度（表 9-3）。

表 9-3　不同生计策略牧户和总样本净收益

单位：元

生计策略		社会经济	供给服务	文化服务	调节服务	生态系统总收益
外出务工	平均值±标准差	11 667±11 948	4 600±5 286	10 750±14 962	5 623±1 113	15 912±14 176
	最小值：最大值	0：25 000	0：16 787	0：50 000	0：4 500	0：50 000
经营旅游业	平均值±标准差	12 818±12 633	4 318±7 800	15 564±14 648	482±1 282	20 364±14 510
	最小值：最大值	0：30 000	0：33 574	0：50 000	0：50 000	0：58 393
畜牧业生产	平均值±标准差	11 758±13 084	6 202±7 059	2 971±7 240	1 128±1 685	10 300±9 288
	最小值：最大值	0：35 000	0：41 967	0：40 000	0：6 500	0：48 393
旅游畜牧兼业	平均值±标准差	11 154±12 609	3 494±5 092	9 209±8 799	928±1 811	13 631±9 393
	最小值：最大值	0：25 000	0：12 590	0：30 000	0：5 500	560：38 393
总体	平均值±标准差	11 889±12 747	5 487±6 904	6 567±11 249	931±1 582	12 985±11 628
	最小值：最大值	0：35 000	0：41 967	0：50 000	0：6 500	0：58 393

9.2.1.2　不同生计策略牧户对生态系统服务的依赖度差异

从 IDES 总指数来看，不同生计类型牧户的生态系统服务依赖度表现出显著的差异。其中，由大及小对生态系统服务依赖指数进行排序，依次为旅游畜牧兼业、经营旅游业、外出务工、畜牧业生产，由此看出旅游畜牧兼业型生计策略对生态系统服务的依赖度高，尤其对文化服务依赖指数较高，并表现出显著差异；畜牧业生产型生计策略对生态系统服务的依赖度相对较低，但对供给服务子指数依赖度较高，并表现出显著差异。另外，经营旅游业型与外出务工型生计策略均显著依赖文化服务；据调研外出务工型牧民家中也参与小规模旅游经营活动，可见文化服务是发展旅游业的重要基础（表 9-4）。

表 9-4　不同生计策略牧户对生态系统服务依赖度的差异比较

指数	外出务工	t 检验	经营旅游业	t 检验	畜牧业生产	t 检验	旅游畜牧兼业	t 检验
IDES 总指数	0.640 1	8.465 0***	0.679 9	10.838 0***	0.629 9	16.452 0***	0.701 7	7.004 0***
供给服务指数	0.258 6	3.402 0***	0.187 0	3.147 0***	0.429 2	10.860 0***	0.221 9	2.124 0**
文化服务指数	0.317 0	4.090 0***	0.483 9	7.046 0***	0.106 3	4.629 0***	0.363 0	3.355 0***
调节服务指数	0.064 5	2.552 0**	0.009 1	2.201 0**	0.094 5	6.107 0***	0.116 8	1.727 0

注：**、***分别表示在 5%和 1%水平上差异显著。

9.2.2　生计资本与 IDES 的关联度分析

根据式（9-4）、式（9-5）对不同生计策略牧户生计资本指标与生态系统服务依赖度指数（IDES）的关联度进行计算。总体上看，关联度均在 0.5 以上，表明所选变量对 IDES 产生重要影响。为便于量化分析，按照关联程度的强、中、弱，依次划分为弱关联度 I [0.000 0, 0.350 0]、中关联度 II (0.350 0, 0.700 0]、强关联度 III (0.700 0, 1.000 0]。结果发现，生计资本与 IDES 的关联程度处于中强水平（表 9-5）。

9.2.2.1　外出务工牧户生计资本与 IDES 关联度分析

外出务工牧户生计资本指标中的"家中是否有干部或老师""是否为村民代表"以及"草原产草量"与 IDES 的关联度依次为 0.723 6、0.707 1、0.702 3，说明这 3 项指标与 IDES 存在强关联。家中有干部、老师及村民代表的牧户对生态系统服务依赖度较大，主要原因在于其家中部分劳动力外出务工，但仍有干部、老师、村民代表在喀拉峻景区居住生活，并伴随着对生态系统服务的利用。另外，外出务工牧户在草原产草量上升时，也会开展少量牲畜养殖活动贴补家用。除此之外"草场总面积""年龄""家庭人口数"3 项指标与 IDES 存在中度关联，关联度依次为 0.654 7、0.631 2、0.630 5，表明外出务工牧户拥有的草场总面积越大、家中人口数越多、年龄越大，从草原获得的供给服务收入也越多，其对生态系统服务的依赖度越高。

表 9-5　不同生计策略牧户生计资本指标与 IDES 关联度

生计资本指标	外出务工	经营旅游业	畜牧业生产	旅游畜牧兼业	总体	关联程度
年龄	0.631 2	0.573 1	0.581 8	0.574 4	0.587 3	中
受教育水平	0.581 8	0.626 5	0.570 8	0.647 9	0.587 0	中
家庭人口数	0.630 5	0.558 5	0.572 3	0.627 2	0.573 0	中
草场总面积	0.654 7	0.516 7	0.635 8	0.629 6	0.617 2	中
草原产草量	0.702 3	0.597 5	0.623 8	0.653 9	0.631 4	中
毡房面积	0.625 7	0.553 3	0.580 1	0.488 6	0.563 3	中
生产资料价值	0.548 6	0.531 2	0.566 2	0.636 4	0.560 4	中
生活资料总价值	0.487 9	0.699 1	0.581 5	0.598 0	0.591 1	中
参加合作社数量	0.546 1	0.483 2	0.536 1	0.539 7	0.527 9	中
是否为村民代表	0.707 1	0.723 9	0.698 1	0.788 9	0.709 8	强
家中是否有干部或老师	0.723 6	0.662 5	0.718 3	0.686 3	0.707 3	强

9.2.2.2　经营旅游业牧户生计资本与 IDES 关联度分析

经营旅游业牧户生计资本指标中"是否为村民代表"与 IDES 的关联度为 0.723 9，两者之间存在强关联。这表明家庭中有村民代表且经营旅游业的牧户对生态系统服务的依赖度较高，原因在于村民代表比普通牧民能更快掌握经营技能，获得旅游收入，进而能从生态系统服务中获得更多文化服务；"生活资料总价值""家中是否有干部或老师""受教育水平"3 项指标与 IDES 存在中度关联，依次为 0.699 1、0.662 5、0.626 5。其中生活资料总价值是牧户经营旅游业的基础，牧户拥有的生活资料总价值越高，经营旅游业越积极，对生态系统服务的依赖度越高；家中若有干部、老师，或者受教育水平较高的牧民作指导，牧户经营旅游业能力提升越快，从而对生态系统服务依赖度越高。

9.2.2.3　畜牧业生产牧户生计资本与 IDES 关联度分析

畜牧业生产牧户生计资本指标中"家中是否有干部或老师"和"是否为村民代表"与 IDES 存在较强关联度，分别为 0.718 3 和 0.698 1。"草场总面积""草原产草量""年龄"等指标与 IDES 属于中度关联，具体表现为畜牧业生产牧户拥有的草场总面积越大、草原产草量越高、年龄越大，越依赖放牧获取收入，因而对生态系统服务的依赖度越高。

9.2.2.4　旅游畜牧兼业牧户生计资本与 IDES 关联度分析

旅游畜牧兼业牧户生计资本指标中"是否为村民代表"和"家中是否有干部或老师"与 IDES 存在较强关联度，分别为 0.788 9 和 0.686 3。牧户家中干部、老师、村民代表对经营旅游业与畜牧业生产有重要影响，突出表现为干部、老师、村民代表在兼业生计安排上注重对生态环境的保护，注重缩减对供给服务的利用，增加对文化服务的利用。另外"草原产草量""受教育水平""生产资料价值""草场总面积"等指标与 IDES 存在中度关联，依次为 0.653 9、0.647 9、0.636 4、0.629 6。这表明草原产草量越多、生产资料价值越高、草场总面积越大，牧户从供给服务中获取收入越多；受教育水平越高牧户获取文化服务越多，对生态系统服务依赖水平越高。

9.3　讨论

本研究在方法上使用了生态系统服务依赖度指数（IDES）与灰色关联度模型，引入不同生计策略类型分指数，分别探究外出务工、经营旅游业、畜牧业生产以及旅游畜牧兼业牧户对生态系统服务的依赖度水平及其关联度，得出以下几条启示：

（1）鼓励牧户适度兼业，提升生态系统服务供给能力。研究表明，开展多种生计活动，一方面，有利于降低牧户对单一生态系统服务的依赖程度，实现生态可持续发展。牧户的放牧量下降，其对草地生态系统服务供给能力的依赖度随之减少，转化成对其他服务的依赖。另一方面，有助于规避家庭生计风险，实现生计可持续。依照限牧兴旅的要求，适度开展旅游经营与畜牧生产相结合的兼业生计活动，符合"不把鸡蛋放在一个篮子里"的经济学理论，将家庭生计资本投资于不同生计活动中，增加获得收益的可能性。另外，健全务工保障机制，组织牧户家中富余劳动力外出务工，有利于增加收入来源，缓解家庭生计压力。

（2）健全牧户旅游参与机制，增强文化服务依赖性。研究显示，经营旅游业牧户从文化服务中获益最多，从供给服务中获益最少。因此，参与旅游经营有利于保护草原生态。通过以下方式完善牧户参与旅游机制：①拓宽经营资金融资渠道，为旅游经营户提供资金保障；②成立高质量牧家乐专业合作社，实现合作共赢；③成立旅游经营监管小组，严格制定并实施牧户经营旅游业的规范条例及行业标准，约束经营户"乱要价"等不诚信行为，整改旅游经营"乱象"；④遵守绿色景区发展要求，严格制定并实施牧家乐垃圾、污染物处理规范，定期抽查牧民落实情况，对违反者予以处罚；⑤实行培训后上岗制度，严格把控旅游服务质量，提升游客旅游体验满意度。

（3）提高牧户社会资本，加强生态系统服务关联性。研究显示，牧户社会资本与 IDES 存在强关联，为持续保持社会资本与生态系统服务的强关联，应不断提升社会资本。培育新型畜牧业生产与旅游业经营主体，鼓励牧民以草地、劳动、资金、技术等为纽带，开展多种形式的联合与合作，成立新型喀拉峻牧业专业合作社、牧家乐合作社以及马队合作社，引导牧民积极入社，形成资源共享、风险共担的发展模式。公开选举致富能人代表，发挥"领头雁"带头作用，引导牧户走上致富之路。积极搭建政府与民众对话交流平台，发挥村民代表与基层干部的上传下达作用。

不同生计策略牧户对生态系统服务的依赖度存在显著差异的研究结论，佐证了傅斌等（2017）和 Brian 等（2019）学者的观点。探究生计策略对生态系统服务的依赖水平，有助于减少和防止环境引起的生计压力，促进人类福祉与生态环境协同发展（Nguyen et al.，2015）。在讨论人类对生态系统服务利用的同时不能忽视人类自身对自然的敬畏之心。喀拉峻景区牧民多是哈萨克族，他们的传统习俗中的生态保护禁忌建立在人与自然和谐共生的基础上，长久以来始终坚持取之有度、珍惜资源、兼顾子孙后代利益的原则而游牧于草原上。若将生态禁忌纳入乡规民约和旅游者行为规范中，对督促牧民保护家园生态，促使旅游者爱护景区环境，以及实现区域可持续发展具有重要意义。

9.4　结论

本研究为探究牧户生计策略与生态系统服务依赖度关系问题，应用可持续生计的分析框架，通过构建生态系统服务依赖度指数模型与灰色关联度模型，对 190 份入户访谈数据进行处理分析，得出结论如下：

第一，不同生计策略牧户获取生态系统服务类型及收益量存在差异。其中，外出务工牧户从社会经济中获益最多；经营旅游业牧户从文化服务中获益最多，从调节服务中获益最少；畜牧业生产牧户从调节服务中获益最少，从社会经济中获益最多；旅游畜牧兼业牧户亦从社会经济中获益最多，从调节服务中获益最少。

第二，从 IDES 总指数看，不同生计策略牧户对生态系统服务的依赖程度差异明显，将不同生计策略牧户按依赖度由大及小排序，依次为旅游畜牧兼业、经营旅游业、外出务工、畜牧业生产，其中旅游畜牧兼业牧户对生态系统服务中的文化服务依赖度较高。

　　第三，牧户不同生计资本指标与 IDES 的关联度存在差异。其中以"家中是否有干部或老师"和"是否为村民代表"为主的社会资本与 IDES 的存在强关联。以"草原产草量""草场总面积"为主的自然资本，以"生活资料总价值"为主的物质资本以及以"受教育水平"为主的人力资本分别与 IDES 存在中度关联。

第 10 章

资本禀赋、政策感知与牧民减畜意愿

　　草原作为陆地生态系统中重要的植被类型，不仅是国家重要的生态安全屏障，也是保障现代农业与畜牧业发展的重要资源。生态优先、生态生产并重的功能定位极大地提升了草原在国家生态安全建设中的地位（侯向阳等，2019）。长期对草原不合理的开发利用导致草原生态系统服务功能不断减退，严重阻碍了我国草原经济的可持续发展。超载放牧被认为是中国草原退化的主要原因。因此，调控牧民的养殖规模是草原生态保护的重点。国家相继实行了一系列草原生态保护政策，通过禁牧和草畜平衡等措施积极引导牧民适度规模经营，缓解草原生态压力（冯晓龙等，2019）。自草原生态保护政策实施以来，草原生态环境持续恶化势头得到了有效遏制，但政策实施的减畜效果并不理想。2016年全国草原监测报告指出，全国重点天然草原的平均牲畜超载率为12.4%，禁牧区仍存在着违禁放牧、禁牧补助标准偏低、生态补偿方式单一、缺乏有效监督等问题（魏琦等，2015）。牧民作为草原最重要的利益相关者，充分发挥牧民参与草原生态保护的主观能动性，是草原生态保护政策得以有效推进的关键所在（高雅灵等，2020；丁文强等，2020）。

　　在当前草原牲畜超载率普遍较高这一现实背景下，牧民的减畜行为被认为是最直接有效的草原恢复及保护方法。近年来，学术界对牧民的生产决策行为进行了大量探索。相关研究指出牧民的生产决策行为是在个人特征、资本禀赋、认知局限、情感依赖等内部因素，以及政策法规、信息来源、社会规范、区位禀赋等外部因素共同影响下作出的最佳理性反应（周立华等，2019；白爽等，2015；Davide et al.，2011）。Macdonald 等（2011）指出牧民对草场状况、超载经济效益、基本生存需求的认知程度会影响其生产决策行为，并且这种认知主要基于传统的本土知识、自身的生产经验和惯性的从众心理。对内蒙古不同草原类型区牧民的研究发现，民族、草场资源丰富度、畜牧业依赖程度会影响牧民的减畜意愿（丁文强等，2019）。对内蒙古和青海2省的牧民研究指出，牧民的草畜平衡维护行为受到外界情感因素影响，生态认知程度越高的牧民越容易对减畜行为产生排斥（褚力其等，2020）；农业政策通过影响农牧民的经济收入来影响农业结构变化，进而引起农牧户生产行为的变化（Gao et al.，2016）。对比利时农民的研究认为，决策主体和决策者特征对农业环境政策的参与意愿至关重要，并且对农业生产的预期以及农民的环境态度是影响农业环境政策接受率的重要决定因素（Isabel et al.，2002）。研究发现农牧民生计分化可以缓解补奖金额与牲畜数量之间的错配关系，进而影响牧民的牲畜养殖规模选择（周升强等，2020）。对西藏地区的牧民研究指出，生计资本和兼业化程度会影响牧民的养殖规模决策（孙前路等，2018）。对内蒙古与甘肃2省的牧民研究发现草原生态补奖金额、政策监管力度等会对牧民超载放牧行为产生影响（冯晓龙等，2019）。研究认为不同农牧家庭的生产资料、生产方式和生活观念的差异以及对生态保护补奖政策的认知与评价，会直接影响到草原生态保护政策实施的效益（崔亚楠等，2017）。而根据不同地域的实际特点制定合理的草原生态补偿标准，加大草原生态补奖政策的实施与监管力度，能够更好地达成政策效果（杜三强等，2019）。

综上所述，学界已从多个角度及层面对牧民的减畜意愿展开相关研究，但从资本禀赋、政策感知等维度对牧民减畜意愿进行系统分析的较少，对少数民族地区世界自然遗产保护地的牧民减畜意愿研究更为鲜见。新疆天山世界自然遗产保护地巴音布鲁克保护区（以下简称巴音布鲁克遗产保护地）范围内及周边人口众多，畜牧养殖是当地牧民重要的生计方式，畜牧业的发展会对生态保护区边缘区域和缓冲区内的原始植被和野生动物栖息地造成一定程度的干扰，因此亟须制定能够实现生态效益与社会经济协调发展的政策和管理措施，实现畜牧业与草原生态之间的和谐发展。鉴于此，本研究以巴音布鲁克遗产保护地范围内的牧民为研究对象，探究牧民的资本禀赋以及政策感知对其减畜意愿的影响，以期为包括巴音布鲁克遗产保护地在内的世界自然遗产保护地完善草原生态保护政策提供借鉴。

10.1　材料与研究方法

10.1.1　研究区概况

巴音布鲁克遗产保护地位于天山山脉中部的大尤尔都斯高山盆地底部，面积为1 094.48千米²。巴音布鲁克遗产保护地是新疆天山最大的沼泽湿地，形成了温带干旱区最典型的低地高寒湿地生态系统。该区域总体地势较平缓，西部略高，最高海拔2 600米，最低点海拔2 390米，相对高差210米，属温带大陆性干旱气候，全年平均气温－4.6℃，平均年降水量300毫米，平均年降雪量为70.5毫米，土壤类型以亚高山草甸土为主，代表性植被类型为典型的高寒沼泽草甸。该区域作为重要的畜牧业生产基地及水源涵养区，其天然草原对保护当地畜牧业的健康发展具有十分重要的意义。但相关资料表明，近年来巴音布鲁克草原实际放牧牲畜超过全年理论载畜量一倍以上①。长期超载过牧、超时过牧、无序放牧和掠夺性经营，加之春夏季时有干旱发生，使得草原退化情况比较严重。与20世纪80年代相比，草原年生产鲜草总量下降了约50%，草群高度由30厘米下降为10厘米，草原生态环境受到较大威胁。

10.1.2 数据来源

数据源于2019年6月与2020年6月项目组前往巴音布鲁克遗产保护地的调研汇总，以巴音布鲁克遗产保护地范围内的巴西里克村、赛热木村、赛罕陶海村等6个村庄为案例地，采用简单随机抽样的方法选取当地牧民作为调研对象。为保证数据信息准确，聘请熟悉蒙古语的语言翻译进行入户调查，共发放问卷203份，回收203份，剔除关键指标缺失及含有异常值的问卷，最终获得有效问卷187份，有效率92%。问卷主要包括牧民个人基本特征、牧民家庭的收支情况、牧业生产情况、社会基本情况、草原生态保护政策执行强度感知等方面。

10.1.3 研究设计

10.1.3.1 减畜意愿

减少牲畜放牧数量被认为是遏制草原退化最有效的方式之一，也是国家草原奖补政策重点鼓励的生态保护方式。本研究中的因变量为牧民减畜意愿，在问卷中设计了"我愿意减少放牧数量保护草原生态环境"的题项，采用李克特5分量表法对牧民减畜意愿进行评定。

10.1.3.2 资本禀赋

根据"理性经济人"的假设和布迪厄的实践理论，牧民作出的各种行为决策，都会受到自身资本状况的制约（张翠娥等，2016）。因此本研究选择从金融资本、人力资本、自然资本、物质资本、社会资本和文化资本等6个方面来探讨牧民的资本禀赋对减畜意愿的影响（覃志敏，2019）。

金融资本不仅影响着牧民的生活质量与生计水平，而且影响着牧民在满足基本生存之后进一步的投资及生产（谢先雄等，2018）。减畜带来的经济收入减少以及放牧成本增加是影响牧民减畜意愿的重要因素。金融资本水平越高的

---

① 资料来源于《新疆天山世界自然遗产地巴音布鲁克片区保护管理规划（2016—2020）》。

家庭，其承受减畜带来的负面影响的能力越强，减畜的可能性越大。家庭收入是牧户金融资本最直接的反映，因此本研究参考袁梁等（2017）的研究，选取家庭年收入作为牧民金融资本的衡量指标。牲畜资源是牧户最基本的生产资源和最主要的收入来源。牧民的养殖规模越大，其对草原质量、气候环境等自然资源的依赖性越强，对草原质量的要求越高，越倾向于参与草原生态环境保护。因此本研究参考伍艳（2016）的研究，选取家庭拥有牲畜数量作为牧民物质资本衡量指标。自然资本是牧民最核心的生产资源和重要的生计保障，也进一步影响着牧民的经济资本和物质资本，是牧民生产决策的重要前提。因此，本研究参考李惠梅等（2013）的研究，选取家庭拥有草场面积作为自然资本的衡量指标。畜牧业作为传统的劳动密集型产业，家庭劳动力水平不仅是牧民生产规模决策的基础，而且还是影响牧民生计决策的一项重要因素，劳动力水平较高的牧民家庭更愿意通过减畜降低对草原和畜牧业的生计依赖。因此，本研究参考丁文强等（2020）、李晓嘉等（2018）的研究，选取家庭实际劳动力水平作为人力资本的衡量指标。社会资本主要包括社会成员的关系格局、组成方式和网络系统。长久以来牧民形成了互助互惠的生活习惯，相互之间良好的信任关系有利于加强社会联系，能够使牧民及时准确地获悉并传递生态环境知识和草原保护意愿信号（史雨星等，2016；严奉宪等，2014），形成对草原生态保护的群体压力，提高其草原生态环境保护行为的参与度和遵从度。牧民的社会资本水平越高，获取各方信息的渠道越多，生产决策行为越为理性。因此，本研究参考康晓虹等（2018）的研究，选取在剪羊毛等牧业生产活动时帮忙的人数作为社会资本的衡量指标。牧民对草原生态文化的理解和感悟越深刻，保护草原生态安全的内生动力就越强。牧区村庄作为一个具有高度整合性的共同体，社区内的牧民往往具有较强的文化认同感，社区自发形成的保护自然生态环境的民间群体约定，对牧民的生产决策以及草原生态保护行为具有较大的影响。因此本研究参考熊长江等（2019）的研究，选取牧民对村规民约的认识作为文化资本的衡量指标。

10.1.3.3　政策感知

政策感知主要指个体对政策的了解程度和认可程度，本研究从两个方面来探讨牧民对草原生态保护政策的感知：①对草原生态保护政策监督力度的感知；②对草原生态保护政策支持力度的感知，即对草原生态补偿标准的主观评价。草原生态保护政策作为带有强制性色彩的行政命令性政策，为了保证政策的实施效果，需要通过有效的监管和一定的约束机制来达到真正意义上的禁牧和草畜平衡。本研究参考王丹等（2019）的研究，选取牧民对超载过牧是否会受到处罚的感知程度作为政策监督力度感知的衡量指标。草原生态保护政策的实施一定程度上会增加牧民的放牧成本，补偿力度能否弥补减畜带来的经济损失，是影响牧民减畜意愿的关键所在（祁晓慧等，2016；王晓毅，2016）。本研究参考李静（2015）的研究，选取牧民对草原补贴能否保持家庭收入稳定的认可程度作为政策补偿力度感知的衡量指标。

10.1.3.4 控制变量

牧民的主观意愿以及个体差异，使其对草原生态保护政策的认知与执行效果都有所不同。本研究在参考相关研究成果的基础上，选择牧民的年龄、兼业行为、环境感知和对禁牧政策的了解程度作为控制变量。牧民的年龄能够反映出牧民牧业生产的从业年限，年龄越高，对生态环境的变化以及这种变化对牧业生产的影响的认识越深刻，保护草原生态环境的责任感就越强，进而选择通过减畜来保护草原生态的可能性就越高，见表 10-1。牧民的兼业程度越高，越倾向于减小放牧规模，将更多的时间精力投入回报率更高的生计方式中去。草原作为牧民生产生活的重要载体，牧民不仅能感知到草原生态环境的变化，还会对其生产决策产生直接影响。牧民对禁牧政策的了解程度越高，越倾向于通过减畜来达到政策所规定的养殖规模。

表 10-1 变量选择与含义

变量类型		测量指标	变量定义
因变量	减畜意愿	是否愿意减畜	非常不同意=1，不同意=2，一般=3，同意=4，非常同意=5
资本禀赋	金融资本	家庭年收入	≤2万元=1，2万<~3.5万元=2，3.5万<~4万元=3，>4万元=4
	物质资本	家庭拥有牲畜数量	≤200LU=1，200<~400LU=2，400<~600LU=3，600<~800LU=4，>800LU=5
	自然资本	家庭拥有草场面积	≤1 500亩=1，1 500<~3 000亩=2，3 000<~4 500亩=3，4 500<~6 000亩=4，>6 000亩=5
	人力资本	家庭实际劳动力水平	正在上学的子女=0.5，其他劳动力=1
	社会资本	剪羊毛等活动时帮忙的人数	1~2人=1，3~4人=2，≥5人=3
	文化资本	村规民约要求大家保护生态环境	非常不同意=1，不同意=2，一般=3，同意=4，非常同意=5
政策感知	监督力度	超载过牧会受到处罚	非常不同意=1，不同意=2，一般=3，同意=4，非常同意=5
	补偿力度	草原补贴能保持收入稳定	非常不同意=1，不同意=2，一般=3，同意=4，非常同意=5

（续）

变量类型	测量指标	变量定义
控制变量	年龄	户主年龄	≤20 岁＝1，21～40 岁＝2，41～60 岁＝3，>60 岁＝4
	是否兼业	是否存在放牧以外的其他生计方式	是＝1，否＝0
	环境感知	生态环境有所改善	非常不同意＝1，不同意＝2，一般＝3，同意＝4，非常同意＝5
	政策了解程度	对禁牧政策的了解程度	非常不了解＝1，不了解＝2，一般＝3，了解＝4，非常了解＝5

注：LU（Livestock units）为牲畜单位，1 只羊＝1LU，1 匹马＝5LU，1 头牛＝5LU。

10.1.4　研究方法

由于牧民的减畜意愿具有排序性质，因此本研究采用现有文献中广泛使用的有序 Probit 模型进行估计。为了对变量的重要性进行判定，本研究选择对若干个自变量进行群组分析，以防止控制变量对模型的干扰，其中模型 1 的因变量为牧民的减畜意愿，解释变量为各项控制变量，模型 2 的解释变量增加了资本禀赋的各项变量，模型 3 在模型 2 的基础上增加了政策感知变量。通过检验增加的自变量是否令模型的解释力度有所增加来判断模型的合理性，具体公式如下：

模型 1：$y_1 = \alpha + \sum_{i=1}^{4} \beta_i Control_i + \varepsilon_i$

模型 2：$y_2 = \alpha + \sum_{i=1}^{4} \beta_i Control_i + \sum_{i=1}^{6} \gamma_i Capital_i + \varepsilon_i$

模型 3：$y_3 = \alpha + \sum_{i=1}^{4} \beta_i Control_i + \sum_{i=1}^{6} \gamma_i Capital_i + \sum_{i=1}^{2} \delta_i Policy_i + \varepsilon_i$

式中：y_1、y_2、y_3 表示牧民的减畜意愿；α 为常数项；$Capital_i$ 为各项资本禀赋变量；$Policy_i$ 为各项政策感知变量；$Control_i$ 为控制变量；β_i 为控制变量的回归系数；γ_i 为牧民资本禀赋变量的回归系数；δ_i 为政策感知变量的回归系数；ε_i 表示随机误差项，服从标准正态分布。

10.2　结果与分析

10.2.1　牧民减畜意愿影响因素回归结果

在对牧民减畜意愿影响因素进行回归之前，首先对资本禀赋、政策感知、控制变量 3 个维度的各项变量进行多重共线性检验，结果显示，方差膨胀系数（VIF）均小于 2，认为各变量间不存在显著共线性。限于篇幅，多重共线性检验结果未在文中展示。表 10-2 列举了对牧民减畜意愿进行有序 Probit 回归的估计结果。可以看出从模型 1 到模型 3，Pseudo R^2 由 0.052 逐渐增加到 0.127，并且 Log likelihood 从 -240.453 增加为 -221.488，因此认为模型设计较为合理。同时 3 个模型中主要变量的估计系数与显著性水平也没有发生显著变化，初步表明模型估计结果整体上具有较强的稳健性。

表 10-2　有序 Probit 回归分析结果

变量		模型 1		模型 2		模型 3	
		系数	标准误	系数	标准误	系数	标准误
控制变量	年龄	0.334**	0.130	0.365**	0.135	0.356**	0.135
	是否兼业	0.348**	0.173	0.369*	0.190	0.377*	0.194
	环境感知	0.191**	0.084	0.171*	0.088	0.166*	0.090
	政策了解程度	0.295**	0.085	0.320***	0.088	0.187*	0.096
资本禀赋	金融资本			-0.009	0.081	-0.038	0.083
	自然资本			0.078	0.057	0.018	0.062
	人力资本			0.149	0.096	0.158	0.098
	物质资本			-0.063	0.063	-0.038	0.065
	社会资本			-0.335**	0.121	-0.338**	0.123
	文化资本			0.289*	0.151	0.282*	0.154
政策感知	监督力度					0.259**	0.096
	补偿力度					0.384***	0.100
Log likelihood		-240.453		-233.338		-221.488	
Prob>chi2		0.000		0.000		0.000	
Pseudo R^2		0.052		0.080		0.127	

注：*、**、***分别表示在 10%、5%、1%的水平上显著。

10.2.2　资本禀赋对牧民减畜意愿影响分析

社会资本对牧民减畜意愿的影响通过了 5%水平的显著性检验，但回归结果为负，表明社会资本对牧民的减畜意愿产生抑制作用。原因在于减畜行为具有较强的正外部性，基于群体思维的影响，当其他牧民对草原生态环境变化的关注程度和草原生态保护行为的参与程度普遍较低时，牧民会感受到群体思维的压力，进而影响其个人的思辨及道德判断力。为了保证群体的一致性，牧民更愿意采取和他人一致的行为以示融入集体行动，倾向于作出不减畜的行为选择。同时部分牧民也可能会担心，尽管自己选择了减畜行为但短时间内无法带来较为明显的草原恢复效果而使自身陷于经济和舆论的压力之中，因而不愿意改变现有的生产决策。

文化资本对牧民减畜意愿通过了 10% 水平的显著性检验，回归结果为正，表明牧民对社会规范的认识越深刻，超载放牧的可能性越低。根据实地考察，村规民约已成为牧民共同制定和遵守的一种原始民间法规，对牧民的超载放牧行为存在着"软约束力"。一方面，村规民约具有约束作用。声誉诉求是促进牧民草原生态安全保护行为的重要因素。村规民约建立的约束机制，使违规的牧民承担相应的违规成本和声誉损失，而作出符合草原生态保护要求行为的牧民则能得到他人认同，在牧民间获得良好声誉和威望。另一方面，村规民约具有示范效应。村规民约能督促社区内牧民在遵守草原生态安全保护与治理规定方面达成默契，做出符合社区共同体语境期待的环境治理参与的"理性行为"，避免"公地悲剧"的发生。村规民约促使每个人采取首先符合集体目标，其次符合个体目标的行为，生态保护行为不仅能迎合集体所倡导的价值取向，而且也符合个体的行为准则，并且牧民间的相互监督与约束对减畜行为具有强有力的引导作用。同时，社会规范也能规制狭窄的个体利益，在强化牧民保护草原生态安全的一致观念的同时，降低他人违反社会准则行为的不确定性，抑制了一些特立独行的超载放牧行为。

金融资本、物质资本、人力资本以及自然资本对牧民减畜意愿的影响虽然未通过显著性检验，但其仍是牧民重要的生计保障。草原畜牧业作为牧民最重要的生计方式，自然资本优势使牧民具有较为强烈的、依托自然资源维持生计的意愿，牧业依赖度更强，生计水平压力导致减畜意愿较低。对于收入水平较低、牲畜数量较少的牧民来说，虽然减畜对其收入影响较大，但相对较低的经济水平使其难以开展大规模的放牧行为，一般不存在或存在轻微的超载放牧行为，减畜意愿较低；而对于收入水平较高的牧民来说，尽管其具有足够的经济实力实现减畜，但由于其需要减少更多的牲畜数量才能达到政策要求的养殖规模，经济损失较大，可能会影响其生活水平，从而选择减畜的可能性较低。同时根据实地调研，发现当地牧业生产仍然以粗放式的传统放牧为主，对劳动力知识技能要求较低，家庭中身体健康、文化水平较高的青壮年多选择从事旅游经营或者外出务工等，每个家庭的放牧活动主要由 1～2 名中老年男性牧民进行，牧业生产人口老龄化较为明显，相互之间不存在显著差异，因此未通过显著性检验。

10.2.3 政策感知对牧民减畜意愿影响分析

政策感知中的监督力度对减畜意愿的影响通过了5％水平的显著性检验，回归结果为正，表明政府对超载放牧行为的监督力度越强，牧民主动减畜的意愿就越强烈。政府监督本质是政府与牧民之间就政府对超载放牧的"强监管与弱监管"与牧民生产决策的"减畜与不减畜"之间的行为博弈。政府的目标是通过监管以确保牧民自觉配合政府实施草原生态保护政策，牧民则追求的是自身效益的最大化。监督力度的强弱直接影响到牧民"违规成本"的心理预期，监管力度越强，成本越高，牧民就越倾向于遵守政策规定，反之则倾向于违反政策规定追求自身经济利益。同时由于草原生态环境属于公共物品，而牧民的减畜行为是家庭行为，在缺乏监督以及环境产权无法界定的情况下，很容易出现"搭便车"的现象。政府监督行为具有较高的正外部性，可在一定程度上内化为行为主体的行为成本，即牧民在对牧业生产规模的决策中会考虑因超载放牧而被惩罚的风险，进而遏制牧民的超载放牧行为。

政策感知中的补偿力度对减畜意愿的影响通过了1％水平的显著性检验，回归结果为正，表明牧民对补偿金额和补偿标准的满意度越高，减畜的意愿就越强烈。草原生态保护政策给予实现完全禁牧或草畜平衡状态的牧民相应的资金补偿，一方面是为了弥补减畜给牧民带来的经济损失，保障牧民家庭的生计水平和生活质量；另一方面是为牧民主动转换生计方式提供了资金保障，促进其生计转型，降低对草原畜牧业的依赖度。研究发现，当经济利益与生态利益发生冲突时牧民更倾向选择经济利益，当国家政策与经济利益发生冲突的时候，牧民则根据经济利益的大小来决定是否执行政策，因此当补偿金额能够抵消掉减畜带来的经济损失时，牧民就倾向于做出符合政策要求的减畜行为。同时牧业生产受自然灾害、市场变动等因素影响较大，牧业收入有一定的波动性，当牧民获得稳定的禁牧补偿时，会选择主动缩小养殖规模甚至放弃牧业生产，转而从事经济效益更高的生产活动，实现生计转型。

10.2.4 控制变量对牧民减畜意愿影响分析

控制变量中的年龄对减畜意愿有显著的正向影响。一方面畜牧业属于劳动密集型产业，年龄较大的牧民会因自身健康因素等影响，难以负荷强度较大的体力劳动；另一方面作为家庭生产的决策者，在已经完成了抚育子女等家庭责任的背景下，年龄越大的牧民越倾向于减畜以保持相对轻松的生活方式。兼业行为对减畜意愿具有显著的正向影响，说明可供牧民选择的生计方式越多，越容易调整自身的生产方式和生计策略，越倾向将更多的资本投入回报率较高的生计方式中去，减畜意愿越强烈。环境感知对减畜意愿具有显著的正向影响。草原生态质量的变化是影响牧民生态环境保护行为决策的关键因素，生态环境质量越高，越能感受到草原生态保护政策带来的转变，越会珍惜现在的良好环境，减畜的可能性越高。牧民对禁牧政策的了解程度对减畜意愿存在显著正向影响，牧民对禁牧政策的了解程度越深，作出减畜行为选择的可能性越高。

10.3　结论与建议

本研究同时考虑到牧民的资本禀赋和政策感知 2 个因素，以巴音布鲁克世界自然遗产保护地 187 份牧民调研数据为基础，采用有序 Probit 回归模型对牧民的减畜意愿影响因素进行了实证分析，主要得出以下结论：

（1）资本禀赋对牧民的减畜意愿的影响具有不确定性。具体表现为牧民的金融资本、物质资本、自然资本和人力资本对减畜意愿的影响不显著，文化资本对牧民的减畜意愿具有显著正向影响，社会资本对牧民的减畜意愿具有负向影响。

（2）经济利益导向是影响牧民实施减畜行为的重要因素。一方面，政策监督力度通过影响牧民的"违规成本"对超载放牧行为起到有效的抑制作用；另一方面，减畜带来的经济损失和补偿金额之间的替代关系是影响牧民减畜意愿的关键所在，补偿金额越高，牧民的减畜意愿越强。

（3）牧民的年龄、兼业行为、环境感知以及政策了解程度对减畜意愿均具有正向影响。

为了提升牧民对草原生态保护行为的参与度和遵从度，根据实证结果分析和实地调研对牧民减畜意愿提出如下建议：

（1）强化宣传引导，提高牧民群体认识水平，增强牧民个体减畜意愿。牧民的生态环境安全意识属于主观层面，受家庭资本禀赋和政策感知的客观条件制约，难以在短期内改变对减畜行为的主观辨识。生态环境安全意识水平普遍较低的现象会导致牧民受到所处的社区共同体语境"群体思维"的影响，对牧民的减畜意愿产生负面影响。因此通过加强草原生态保护政策的宣传和引导力度，提高牧民整体的生态环境安全意识以及对草原生态安全的责任感，将更多的牧民纳入集体的生态环境安全治理行动中来，可以有效减少牧民的"搭便车"行为。

（2）合理的监督处罚机制有助于草原生态保护政策达到长期理想稳定的状态。目前，我国的草原生态保护监督机制主要依附于行政监管，但由于牧区地域辽阔以及牧民居住分散等条件限制，存在监督成本高、监管难度大的现实困难，对牧民的超载放牧现象难以形成长效的监管。建议结合当地牧民的风俗习惯与生活特点制定具体的监管措施，充分发挥村规民约等社会规范对牧民超载放牧行为的软约束作用，形成多主体、多层次的监督格局，弥补行政监督的不足。同时要充分考虑牧区经济社会发展水平，根据不同区域、不同草原类型制定适度均衡的补贴标准，实现草原生态补偿的差异化和多元化。对人均草场相对较少、放牧成本较高的地区，相应地提高生态补偿的标准。

（3）针对牧民职业技能较弱、转移就业困难等问题，通过开展相关职业技能培训，为牧民提供更多样化的可持续生计选择。可以优先为当地牧民提供草原生态管护等公益性岗位，加大牧区基础教育投资，营造积极的草原生态安全保护的社会环境，并抓住世界自然遗产保护地旅游发展的契机，引导和帮助牧民从事牧家乐、手工制品加工等旅游经营活动，减小牧民对草原和畜牧业的依赖度。通过实地调研发现，巴音布鲁克镇是巴音布鲁克遗产保护地的主要依托城镇，近年来随着巴音布鲁克遗产保护地的旅游开发，周边村庄正积极发展以第三产业为主的多元化经济产业模式，城镇化建设水平得到了较快发展。但受自然条件限制及牧区产业结构单一的影响，多数牧区并不具备大规模开发的条件，吸纳劳动力能力有限，并且旅游经营具有季节性和非连续性，大部分牧民家庭的收入来源仍然为牧业生产，非牧业收入占比较低，处于"城乡双漂"的生计状态。在牧民的生计来源有限、再就业难度大的现实背景下，牧民出于生计压力，将普遍选择继续留在牧区从事畜牧业生产，为了保障生活水平，减畜行为很难实现。因此通过为牧民提供稳定的替代生计来源可以有效实现对草原长期持续保护的目标。

第 11 章

基于生态系统服务的牧民生计共生研究

11.1 共生及生计共生概念解析

11.1.1 共生理论

18 世纪 70 年代德国生物学家巴利最先提出了共生的概念，他认为共生是不同生物物种的种群或者个体长期生活在一起形成的一种生物生存模式。共生系统最早只出现于自然科学的讨论之中。1971 年美国生物学家吉尔提出，共生是互相依存的生物之间共同实现平衡生活的一种状态。此后共生开始应用于社会科学的研究中，任何通过共同合作达成目的的系统都能被称为共生系统，且其概念在不断地丰富成熟。我国学者通过对共生系统的探索提出，共生系统主要由共生单元、共生环境、共生界面和共生模式四大元素组成（表 11-1）。

表 11-1 共生系统四大元素概念描述

元素类型	概念描述
共生单元	主要用于共生系统的能量生产，是整个共生系统的基本单位
共生界面	共生单元之间各种通信和功能机制的统称，是信息、物质和能量传递的渠道和媒介，也是整个共生关系产生和进一步发展的前提
共生环境	指共生单元外部的环境，是共生关系形成、发展和存在的外在要求
共生模式	指共生单元彼此相互作用的方式，反映了共生作用的强度和共生单元之间的能量交换关系

资料来源：根据文献整理所得。

目前畜牧生计与旅游生计融合的难题在于旅游牧区的实践缺乏理论支撑，而共生理论则是指导二者互相促进的科学理论。因此本研究从共生角度出发，为二者的融合提供新的理论工具。一方面，共生理论已被广泛应用于经济学、社会学和管理学，且共生理论的本质就是融合、协作和共同发展；另一方面，共生理论可以更加透切地对事物的共生关系进行分析，对于畜牧生计与旅游生计所涉及的生态环境、政策（禁牧限牧、生态移民）、生计资本等方面的问题而言，可以以共生理论为指导进行深入分析，从而掌握事物间的内在联系，找出解决问题的对策。综上可知，共生理论可以作为探究畜牧生计与旅游生计融合的理论工具。

11.1.2 共生系统的概念及内涵辨析

11.1.2.1 种间共生

种间共生研究发现苔藓与蓝细菌形成共生体（BCS）能固氮，能为贫瘠土壤输入氮，保持土壤养分（皮春燕等，2018）；根瘤菌共生也能发挥固氮作用，并且能利用系统发育的特异遗传机制与豆科植物建立有效的共生关系，揭示双方互利共生的复杂性（焦健等，2019）；在豆科植物刺槐中发现的相关基因 $Rpfan37$ 能够参与刺槐共生结瘤过程，为研究磷脂酰肌醇转运蛋白在共生结瘤过程中的作用提供了新的理论参考（杜思等，2019）。豆科植物作为关键的农业种质资源，可以与丛枝菌根真菌（AMF）形成共生体系。研究显示，AMF 有助于豆科植物生长、增强其对矿质营养元素和水分的吸收能力、提升其生物固氮能力和抗逆能力。低磷阻碍柱花草及根瘤菌共生体系的生成（董荣书等，2015），菌株 YM11-1 与 FS3-1-1 在高磷时固氮促生成效最好，菌株 LZ32、RJS9-2、BS1-1、CJ1 则在中等磷的条件下固氮效果最优，磷对菌株 PN13-3 的影响较小。醉马草本身无毒，只有当内生真菌与醉马草共生并产生麦角新碱和麦角酰胺等麦角类生物碱后，才会导致采食醉马草牲畜中毒（李春杰等，2018）。

11.1.2.2 旅游共生

（1）红色旅游共生。红色旅游共生是共生理论在红色旅游中的具体应用。学者以韶山市为例，测评红色旅游共生发育水平，结果发现：韶山市红色旅游共生发育水平整体不高，各维度中共生公平水平最高，共生均衡水平最低，其余共生指标水平居中；娱乐、景区及相关产业的共生发育水平较低。若要提高各项指标的共生水平须从拓展共生空间、优化共生环境、打造共生平台以及激发共生活力等方面入手（许春晓等，2014）。

（2）旅游资源共生。传统的民族体育文化展览和游客的互动构成了"文化空间"发展的动力系统。传统民族体育文化资源与旅游资源的融合与共生形成的文化空间，可以促进当地传统体育文化活动从自发性向自觉性转化，提升当地居民的传统体育文化自信，最终达到促进民族传统体育发展的目的（吴强，2019）。

（3）旅游社区多主体共生。旅游社区治理与多元主体之间的联系紧密，多元主体协调共生是旅游社区治理的重点所在（唐仲霞等，2018）。基于共生理论，选取青海省典型村落作为研究区域，以社区居民、游客、旅游相关企业为讨论对象，从定量评价的角度，分析了不同研究对象之间的共生关系。通过构建不同主体之间的理论模型，力求把旅游社区治理主体间的关系研究从"消极或积极"的态度研究视角转向各主体"共赢关系"的格局研究视角。研究发现，不同旅游社区治理主体之间：①均存在正向共生关系；②相互影响程度是有差异的；③共生关联的紧密程度存在差异。

11.1.2.3　产业共生

产业共生的根本特点包含共生的群落性、融合性、循环性、关联性以及增值性。

共生的群落性指相关企业之间互通有无、相互合作，使整体资源被高效使用。制造业与物流业充分展现了共生的群落性特征，两者之间存在竞争协同演化的共生关系，且在经济发达地区两大产业走向互惠共生要早于经济落后地区（王珍珍，2017；彭晖等，2018）。体育与医疗 2 个共生单元之间的质参量兼容，拥有共生界面，产生共生利益，可产生非对称性正向共生关系（常凤等，2019）。

共生的融合性与产业创新及其价值增值中的业务对接关系高度关联，产业共生的根本前提是共同创造价值。金融支持战略性新兴产业发展是金融共生的条件，应建立利益共享、风险分摊、持久互助机制，营造共生的环境和文化，推动两者的共生发展（王剑华等，2017）。

共生的循环性指具有循环经济的资源使用特征。制造业和以生产性服务业为主导的第二、三产业体现出共生的循环性，两者具备共生禀赋（王如忠等，2017），在产业链分工和价值链的基础上，实现第二、三产业协同发展。

共生的关联性指上下游产业形成"食物链"。快递与网络零售产业体现着共生的关联性，两者属于比较稳定的正向非对称依附型互惠共生关系，第三方支付与网络零售产业属于非稳定的正向非对称平等型互惠共生关系（陈健美等，2019）。

共生的增值性表现为产业共生体在节约环保基础上实现互利共赢。水泥行业与电力行业存在普遍的共生现象，体现着共生的增值性特征，实地调查发现，大部分水泥制造企业利用电厂粉煤灰作为水泥制造的原材料，节约了资源并减少了污染（赵步等，2019）。

不同共生系统内涵辨析见表 11-2。

表 11 - 2　不同共生系统内涵辨析

共生系统类型	共生单元	共生表现	共生优势
种间共生	苔藓与蓝细菌	BCS 关系与固氮能力研究有利于认识生态系统氮输入与氮循环	为贫瘠土壤输入氮，保持土壤养分
	根瘤菌与豆科植物	根瘤菌利用系统发育的特异遗传机制与豆科植物建立有效的共生关系	固氮促进植物生长
	柱花草与根瘤菌	低磷阻碍柱花草与根瘤菌共生体系的形成	固氮促进植物生长
旅游共生	红色旅游共生	韶山市红色旅游共生发育水平整体不高	实现综合效益
	旅游资源共生	传统民族体育文化资源与旅游资源融合形成文化空间	促进当地传统体育文化活动从自发性向自觉性转化，提升传统体育文化自信
	旅游社区多主体共生	居民、游客、旅游相关企业间的共生	实现各主体的共赢
产业共生	制造业与物流业	共生的群落性	整体资源高效利用
	金融共生	共生的融合性	利益共享，风险分摊
	制造业与生产服务业	共生的循环性	产业协同发展
	快递业与网络零售产业	共生的关联性	互惠互利
	水泥行业与电力行业	共生的增值性	节约资源减少污染

资料来源：根据文献整理所得。

11.2　生计共生关系

　　生产、生活、生态空间塑形提供草原旅游牧区共生生计的基础，文旅整合发展营造新时代草原牧户生计共生的发展空间，家庭生计共生促进社区多主体共生和共生体总价值提升，进而趋向于产业整合共生，实现草地生态系统服务利用的协同发展、实现有效有序利用。这是生态旅游区的可持续发展的必由之路。

11.2.1　生计共生的定义

　　本研究在对种间共生、旅游共生、产业共生的相关概念进行分析总结的基础上，提出生计共生概念：生计共生是指在牧户家庭共有的草地生态系统所提供服务的基础上，通过不同生计资产配置方式，形成生计策略的选择结果，出现不同生计共同生存的一种状态。其中，生计策略不单是对生计资本的配置，亦包括社会分工、家庭政治以及草地生态系统服务的消费方式。生计共生的最终目的为实现兼性互利共生模式。其中，兼性互利共生指既兼顾各方又互利平衡，但并不是指共生单元离开彼此不能"存在"，而是强调兼顾共生单元会更好，更易保障草地生态系统提供服务的能力。

11. 2. 2　生计研究派生词辨析

通过对生计多样化、多元化生计、复合生计及兼业生计的目的、研究对象、定义、具体表现、功能等方面的内涵辨析发现，上述生计大多以农户为研究对象，研究区域选择农区或者半农半牧区，研究目的多为提高农户家庭收入水平。具体内容见表 11 - 3。

表 11 - 3　不同生计内涵辨析

类型	目的	研究对象	定义	具体表现	功能
生计多样化	满足维持和改善生计水平的需求	农户/牧户	生计主体通过不同经济活动带来收入，以维持家庭生存和发展的行为，属于发展型生计策略；也表示生计活动由单一转为多元的过程	收入来源的多样性和均衡性；多种生计农户的生计脆弱性较低	分散风险；降低脆弱性，帮助农户脱离贫困，促进资本积累
多元化生计	满足农户家庭生活需求，提高收入水平	农户/牧户	主要指选择生计策略的数量，以农业和非农业 2 种生计选择作为基本划分，即农村家庭的多样化生计不仅包括外出打工或非农业经营，而且还包括农业、林业或养殖业	纯农户、一兼户、二兼户、非农户；农业经营型、非农业主导型、多元化型。生计类型划分为一业为主和多业并举	可通过多样化指数进行计算。生计资本积累丰富的农户更有机会从事非农业活动，实现经济活动的多元化
复合生计	满足农户生存需要，保护生态环境	农户	复合栽种多种农作物，将农、林、牧、狩猎、采集以合理的方式整合在一起	生计中的生产活动；适用于农业区域土地利用的种植模式，包括间种、轮种、套种。如麻山苗族刀耕火种和狩猎采集	实行复合生计，有效防止水土流失

（续）

类型	目的	研究对象	定义	具体表现	功能
兼业生计	降低单一产业依赖，拓宽家庭收入来源	农户/牧户	指农户将原来投入一种产业中的劳动力、资本等各类生产要素转移到其他产业的活动中的过程。农业、工业、商业3种行业选择的复合形式，包括工农、工商等两大部类的兼顾	农户兼业行为是生计多样性的重点内容和体现形式	农户兼业与否是评价分工专业化的主要依据

资料来源：根据文献整理所得。

11.2.3　生计共生关系的解析

生计共生的讨论区域为草原生态旅游区，既是传统放牧区又是旅游区，研究对象为牧户。农区与牧区的差异在于农民生产活动本身就伴随着对土地自然资源的改造，且土地生态系统较草地生态系统具有更多人为改造空间；草地生态系统较为脆弱，草原生计活动务必注重保护草原生态环境。

11.2.3.1　共生依据

遵照共生理论，共生关系产生与否，主要通过共生的条件是否具备进行判断。从产业融合视角来看，限牧兴旅政策促进了畜牧业与旅游业融合发展，将畜牧业融入旅游业发展有利于保护草原生态环境与民族传统文化，将旅游业融入畜牧业发展有利于实现牧民增收，从而推进畜牧业与旅游业发展走向合作共赢（董晓林等，2019），因此草原畜牧业与旅游业存在融合共生契机。进一步，从牧户视角出发，畜牧生计不仅对维持草地生态系统功能与多样性具有重要作用，还在旅游生计活动开展中传递着传统游牧文化，例如牧民家访、歌舞表演等，旅游生计为畜牧生计提供畜产品销售通道，两者互惠互利，并且两种生计均依赖于草地生态系统服务，所以两种生计研究适用共生理论，具备共生条件。

11.2.3.2　共生单元

共生单元是构建生计共生框架的基本单位，也是提供能量的基础。在生计共生的研究中，共生单元具体指畜牧生计与旅游生计，其中畜牧生计指牧民以放牧或从事与畜牧业生产相关的活动获得收入的方式，具体包括养殖牛、羊、马等牲畜，以及制作牛奶制品、剪羊毛等生计活动（韦惠兰等，2018）；旅游生计指牧民从事与旅游相关活动获取收入的方式，具体包括经营牧家乐（餐饮、住宿）、经营冷餐点、向游客出售畜产品、租马等（Block et al.，2001）。

11.2.3.3　共生界面

生计共生界面主要指牧户家庭生计资本，即生计共生关系的资源配置基础。畜牧生计与旅游生计以家庭生计资本为媒介，彼此之间相互作用、通信以及消费生态系统服务。共生界面具体表现为物质资本转换为金融资本和人力资本数量增加两个方面。

11.2.3.4　共生环境

生计共生环境包括草地生态系统服务资源、旅游开发、旅游市场以及畜牧业市场。草地生态系统服务是共生体生存和发展的基础支撑；旅游开发与旅游市场是发展旅游生计的外部条件；畜牧业市场是开展畜牧生计的外部条件。

11.2.3.5　共生模式

共生模式是共生单元之间相互作用的方式，它反映了共生单元之间相互作用的强度和能量交换关系。共生行为模式可分为：寄生、偏利共生、非对称性互惠共生与对称性互惠共生。共生组织模式可分为点共生、间歇性共生、连续性共生和一体化共生。在畜牧生计与旅游生计互动过程中，兼性互利共生为生计共生的最稳定状态，在此模式下双方都受益，且共生能量均衡分配，见图 11 - 1。

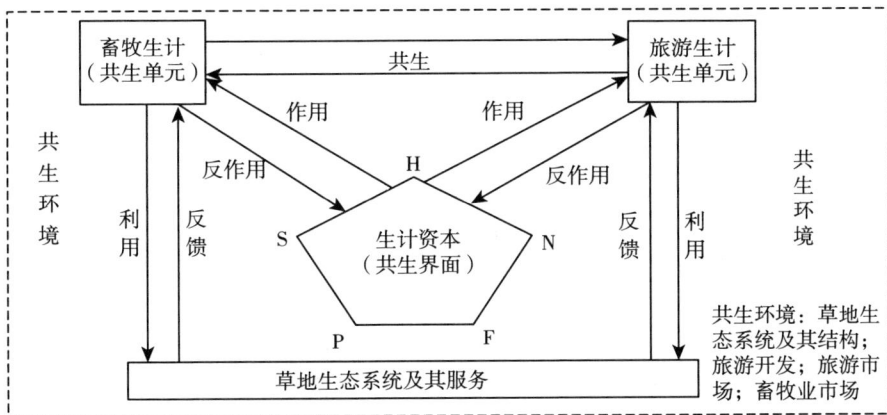

图 11 - 1　生计共生关系解析

注：H. 人力资本　N. 自然资本　F. 金融资本　P. 物质资本　S. 社会资本

11.3　牧民畜牧生计与旅游生计共生条件及趋势

通过探究多样化生计与生态系统服务的依赖关系，得出不同生计对生态系统服务的依赖水平，从而证实畜牧生计与旅游生计共同依赖于草地生态系统服务且存在共生基础。那么共生关系是如何形成的？本研究将从共生关系形成的动力、状态、趋势着手，对共生关系形成的状态与趋势进行解析，进一步厘清生计共生动力之所在，描述目前共生所处的状态、共生的理想状态及当前状态与理想状态的差距，并推测生计共生关系未来的发展趋势。

11.3.1 生计共生关系形成的动力

如图 11-2 所示，生计共生关系形成的动力由 3 部分构成，依次为：①共生环境；②生计共生关系的利益动力；③草地生态系统服务重要性认知基础。其中，生计共生环境的构成要素包括草地生态系统及其结构、旅游开发、旅游市场以及畜牧业市场。生计共生关系的利益动力由 3 条路径组成，主要内容依次为：①适度放牧有利于维护草地生态系统服务，促进草地生境平衡；②畜牧生计为旅游生计提供牛肉、羊肉等特色畜产品；③旅游生计为畜牧生计拓宽畜产品的销售渠道。草地生态系统服务重要性认知是推动生计共生的基本动力，其内容主要包括 2 类生计牧户分别对草地生态系统支持服务、调节服务和文化服务的重要性认知。

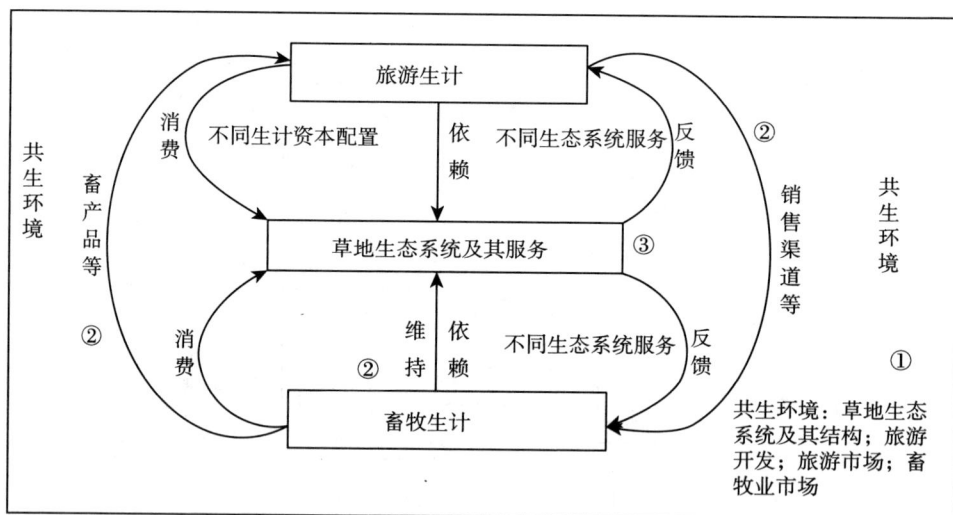

图 11-2 生计共生动力分析框架

11.3.1.1 生计共生环境

11.3.1.1.1 草地生态系统及其结构

喀拉峻景区重要的草地生态系统类型包括草原生态系统和草甸生态系统。

其中，草原生态系统由草甸草原生态系统、干草原生态系统、荒漠草原生态系统和高寒草原生态系统组成。草原在新疆天山南北坡广泛发育，是垂直带结构中稳定的顶级类型。草甸生态系统分为高山草甸生态系统、亚高山草甸生态系统和山地草甸生态系统。草甸植被在新疆天山广泛发育，北坡分布有山地草甸、亚高山草甸和高山草甸 3 个亚类型。

根据《中国植被》的分类方法，"喀拉峻-库尔德宁"世界自然遗产保护地自然植被有 8 个植被型、17 个植被亚型和 39 个群系，为天山山地草甸的主要代表。代表性植被类型有高山垫状植被、高寒草甸、亚高山草甸、山地常绿针叶林、山地落叶阔叶林以及旱生常绿针叶灌丛等。其中高寒草甸是这一区域面积较大的植被类型。总体看来，喀拉峻景区山地草甸植被发育良好，从低山区到高山区均有草甸分布，草地生态系统及其结构较为完整。

11.3.1.1.2　旅游业大发展

（1）旅游市场。经整理计算，2019 年 1—9 月，新疆接待旅游者 18 385.84 万人次，同比增加 40.9%；完成旅游收入 3 046.38 亿元，同比增加 40.78%。接待人次与旅游收入达到历史新高，提前 3 个月双超 2018 年全年游客接待量和旅游收入。新疆旅游业呈现井喷式增长，未来旅游业发展态势良好。另外，2019 年前 6 个月新疆 14 个地州市旅游发展均呈现快速增长趋势。乌鲁木齐接待旅游者 3 007.46 万人次，伊犁接待旅游者 1 854.94 万人次，昌吉接待旅游者 1 485.73 万人次，同比分别增加 55.74%、80.72% 和 46.00%，位居新疆接待旅游者人次前三名。其中，伊犁哈萨克自治州以独具特色且类型丰富的旅游资源成为接待游客人数增长最多的地州。随着伊犁旅游发展条件日益成熟，更多盛景走进大众视野。

（2）旅游开发。喀拉峻作为著名的世界自然遗产保护地、国家 AAAAA 级旅游景区，以其优美的自然风景、富有特色的哈萨克游牧风情，成为世界遗产公园、户外探险乐园以及养生度假草原，让游客尽情享受探险激情、体验峡谷惊奇、感受草原风采。旅游业成为带动当地经济发展，提高牧民收入的重要支柱型产业。

11.3.1.1.3　畜牧业发展相对稳定

畜牧业市场是生计共生的外部环境，相对于旅游市场其存在时间较长，自放牧活动出现便长期存在且处于相对稳定的状态。畜牧业的发展取决于草场的数量和质量，天然草场是发展畜牧业最基本的物质基础和生产资料，是牲畜饲料的主要来源，属于可更新的自然资源，只要利用得当，便能创造巨大价值。新疆生长的牛羊，肉质鲜美，远销国内外，具有广阔的市场前景。因此，畜牧生计具备良好的发展优势。

11.3.1.2　生计共生关系的利益动力

11.3.1.2.1　适度放牧利于维护草地生境平衡

　　草地作为土地的一种类型，主要孕育草本和灌木植物。它是一种复合植物群落，由开花植物和喜光植物组成，且具备特有的生态系统。草地为牛、羊、马等牲畜供给草料，为发展畜牧业奠定基础。放牧是草原居民特有的生计活动，游牧生活是草原民族独有的生活方式。从古至今，长期游牧生活创造的游牧文化，成为哈萨克民族的象征。改革开放以来，牧民严重的超载超畜行为加重了草原的生态负担，导致草畜矛盾严重，草原生境安全遭到威胁。究其原因，破坏草地生态系统的并非放牧活动本身，而是放牧量超过草地载畜量的过度放牧。为避免过度放牧，采取完全禁牧的措施也是不科学的，禁牧存在最适合年限，若禁牧时间过长，将导致隔年宿草大量堆积，杂草生长过于旺盛，抑制饲用植物的发育和生长，从而影响土壤养分。因此，适度放牧才是合理选择。相关研究也证实了适度放牧对提高草地植物的丰富度、均匀度以及植物总量具有重要作用，尤其是在低海拔区域，还能提升草地植被的多样性、完善群落结构，能较好地维护草原生态安全，发挥生态庇护功能。

11.3.1.2.2　畜牧生计与旅游生计互取所需

　　畜牧生计为旅游生计提供畜产品，满足游客对草原美食的追求。喀拉峻草原上畜养的牛羊，肉质佳、口感好、营养丰富，是游客不可错过的味觉盛宴。据统计，喀拉峻景区内大部分游客对传统哈萨克族美食颇有兴趣，尤其喜爱草原烤全羊、羊肉串、纯手工奶疙瘩以及风干牛羊肉等畜产品。随着旅游旺季游客数量的增加，牛羊肉等牲畜产品的需求量逐渐上升，因此旅游经营者需提前向畜牧生计牧户订购，由此旅游生计便为畜牧生计增加了产品的销售通道，提高了畜牧收入。长期以来，2类生计牧户在不断的合作互动中相互促进，联系愈渐紧密。

11.3.1.3　草地生态系统服务重要性认知基础

11.3.1.3.1　两种生计共同利用草地生态系统服务的种类分析

　　由表11-4可知，草地生态系统提供的服务包括4个大类和18个小类，其中2种生计共同利用的生态系统服务种类有15种；尤其在调节服务与支持服务上，2种生计共同利用情况表现更为明显，其原因在于草地生态系统提供的支持服务与调节服务关系到研究区的生产生活条件以及自然景观质量，是2种生计活动开展的基础。旅游生计单独利用生态系统供给服务中的食物生产（畜产品）以及文化服务中的景观游憩和科研教育（谢高地等，2015；赵同谦等，2004）。

表 11－4　不同生计利用生态系统服务的种类

一级指标	二级指标	指标解释	生计类型
供给服务	食物生产	畜产品	T
	原材料生产	草原产草量、牲畜饲料	L/T
	水资源供给	牲畜饮用水	L/T
	基因资源	草地植物基因库	L/T
调节服务	气体调节	空气质量、负离子含量	L/T
	气候调节	草原气温、降水量	L/T
	干扰调节	面对外界干扰，具有一定调节能力	L/T
	水文调节	涵养水源、截留保水	L/T
支持服务	维持养分循环	保持土壤营养循环	L/T
	土壤保持	抵御风蚀、水蚀，改良土壤	L/T
	侵蚀控制	抵御风蚀、水蚀	L/T
	生物控制	维持生物多样性	L/T
	栖息地	物种保护	L/T
	植物授粉	促进植物的繁殖与分布	L/T
	废物处理	降解牲畜粪便、归还草地	L/T
文化服务	景观游憩	以生态系统及其景观为主体，开展生态旅游	T
	科研教育	科学研究、教学实习地	T
	历史文化承载	游牧文化发源	L/T

注：L 代表畜牧生计，T 代表旅游生计。

11.3.1.3.2　两类生计牧民对草地生态系统服务重要性认知

本研究将不能直接被衡量计算的调节服务、支持服务和供给服务采用李克特 5 分量表进行度量，利用牧户对生态系统服务的重要性感知判断生态系统服务对生计的重要程度，重要性认知具体表述为"非常不重要、不重要、一般重要、重要、非常重要"，见表 11－5。

表 11－5　生态系统服务类型及其描述

生态系统服务类型	具体描述
调节服务（R）	R_1 草原四季空气质量好
	R_2 草原水质好，未受到污染
	R_3 草原上春季气温变化大，天气不稳定

（续）

生态系统服务类型	具体描述
调节服务（R）	R_4 草原上夏季气候舒适，天气正常
	R_5 草原上秋季气温下降快，霜冻早
	R_6 草原上冬季正常的低温严寒天气，利于畜牧业发展
	R_7 草原降水充足，牧草长势好
支持服务（S）	S_1 草原上野生动植物种类丰富
	S_2 草原是珍稀物种栖息地，生境状况好
	S_3 草地阻止土壤沙化，减少水土流失
	S_4 草地保持土壤养分
	S_5 草地能改良土壤，利于牧草生长
	S_6 草原授粉促进植物繁殖与分布
	S_7 草地降解植物残体、动物粪便，储存营养
文化服务（C）	C_1 草原游牧文化特色鲜明，利于发展旅游业
	C_2 草原民族习俗源远流长，利于发展旅游业
	C_3 草原生态伦理，有助于保护生态环境
	C_4 草原科学研究价值较高，利于发展科研旅游

（1）畜牧生计牧户对草地生态系统服务的重要性认知。

①畜牧生计利用草地生态系统支持服务。从表 11-6 可知，畜牧生计牧户对支持服务的重要性认知整体上处于中上水平，其中 S_2 均值最大为 4.03，S_5 均值最小为 3.78，两者相差不大；从标准差上看，其数值较小，显示大部分数值与平均值之间的差距较小。综上所述，畜牧生计牧户对草地生态系统支持服务的认知度较高，牧户认为支持服务对畜牧生计发展处于重要程度。草地是畜牧生计牧户赖以生存的基础，生态系统支持服务对保持草地土壤养分、维持养分循环等具有十分重要的作用。

②畜牧生计利用草地生态系统调节服务。从表 11-6 可知，畜牧生计牧户对调节服务的重要性认知整体上处于中上水平，其中 R_1 均值最大为 4.03，R_5、R_6 均值最小为 3.66，两者相差不大；从标准差上看，其数值较小，显示大部分数值与平均值之间的差距较小。综上所述，畜牧生计牧户对草地生态系统调节服务的认知度较高，牧户认为调节服务对畜牧生计发展处于重要程度。草地生态系统调节服务对牧民生产生活均具有重要影响，其中降水与气温是直接影响牧草生长的重要因素，调研发现虽同在喀拉峻景区，但因分布区域不同，降水与温度存在差异，草原产草量相差较大。

③畜牧生计利用草地生态系统文化服务。从表 11-6 可知，畜牧生计牧户对文化服务的重要性认知整体上处于中上水平，其中 C_1 均值最大为 4.11，C_4 均值最小为 3.53，两者差值为 0.58，其原因在于牧民对文化服务中的科研价值了解较少；从标准差上看，其数值较小，显示大部分数值与平均值之间的差距较小。综上所述，畜牧生计牧户对草地生态系统文化服务的认知度较高，牧户认为文化服务对畜牧生计发展处于重要程度。草地生态系统文化服务对牧民长远发展具有重要影响，牧民既是文化服务的创造者，又是文化服务的受益者。源远流长的游牧文化传承对当前牧民的发展产生着重要影响，生态伦理教导牧民保护生态、爱护大自然，在追求人与自然共生中谋求自身发展。

表 11-6　畜牧生计牧户对生态系统服务重要性认知统计

生态系统服务类型	极小值	极大值	均值	标准差
R_1	3	5	4.03	0.520
R_2	2	5	3.81	0.775
R_3	3	5	3.94	0.639
R_4	2	5	3.76	0.709
R_5	2	5	3.66	0.658
R_6	2	5	3.66	0.699
R_7	2	5	3.79	0.749
S_1	3	5	4.00	0.736
S_2	3	5	4.03	0.555
S_3	2	5	3.80	0.666
S_4	3	5	3.81	0.582
S_5	3	5	3.78	0.660
S_6	2	5	3.80	0.623
S_7	3	5	3.94	0.747
C_1	3	5	4.11	0.777
C_2	3	5	4.01	0.767
C_3	2	5	3.94	0.818
C_4	3	5	3.53	0.571

（2）旅游生计牧户对草地生态系统服务的重要性认知。

①旅游生计利用草地生态系统支持服务。从表 11-7 可知，旅游生计牧户对支持服务的重要性认知整体上处于中上水平，其中 S_1 均值最大为 4.31，S_6

均值最小为 3.75，两者相差 0.56；从标准差上看，其数值较小，显示大部分数值与平均值之间的差距较小。综上所述，旅游生计牧户对草地生态系统支持服务的认知度较高，牧户对支持服务中野生动植物种类的重要程度认知较高，对草原授粉重要程度认知较低。其原因在于野生动植物种类能展现出旅游区的生物多样性特征以及较高的旅游资源品质，对吸引游客具有重要作用；而草原授粉这类支持服务虽一直存在，但对牧户来说较不易察觉。

②旅游生计利用草地生态系统调节服务。从表 11-7 可知，旅游生计牧户对调节服务的重要性认知整体上处于较高水平，其中 R_1 均值最大为 4.29，R_6 均值最小为 3.86，两者相差不大；从标准差上看，其数值较小，显示大部分数值与平均值之间的差距较小。综上所述，旅游生计牧户对草地生态系统调节服务的认知度较高，其认为调节服务对发展旅游十分重要。喀拉峻景区的吸引力体现在优美的自然风光，较适宜游客来此休闲度假、摄影、康养，而这些旅游活动开展的基础均离不开清新的空气与适宜的气候。

③旅游生计利用草地生态系统文化服务。从表 11-7 可知，旅游生计牧户对文化服务的重要性认知整体上处于中上水平，其中 C_1 均值最大为 4.08，C_4 均值最小为 3.72，两者相差不大；从标准差上看，其数值较小，说明大部分数值与平均值之间的差距较小。综上所述，旅游生计牧户对草地生态系统文化服务的认知度较高，牧户认为文化服务对旅游生计发展十分重要。以喀拉峻景区自然风光为主体，开展生态旅游活动，有利于推动区域经济发展。若要促进旅游区长远发展，注定离不开文化的支撑。文化是旅游开发的灵魂，旅游产品的核心竞争力最终表现为文化的竞争。哈萨克族传统的游牧文化中的歌舞表演、饮食文化、赛马等，能为游客的旅行增加乐趣。

表 11-7　旅游生计牧户对生态系统服务重要性认知描述性统计

生态系统服务类型	极小值	极大值	均值	标准差
R_1	2	5	4.29	0.615
R_2	1	5	4.01	0.796
R_3	2	5	4.10	0.653
R_4	2	5	3.99	0.76
R_5	3	5	3.90	0.735
R_6	2	5	3.86	0.861
R_7	2	5	4.03	0.822
S_1	2	5	4.31	0.725

（续）

生态系统服务类型	极小值	极大值	均值	标准差
S_2	2	5	4.07	0.678
S_3	2	5	3.89	0.683
S_4	2	5	3.82	0.757
S_5	2	5	4.00	0.692
S_6	2	5	3.75	0.746
S_7	2	5	3.86	0.737
C_1	3	5	4.08	0.765
C_2	3	5	4.06	0.785
C_3	3	5	4.00	0.751
C_4	2	5	3.72	0.809

综上可知，畜牧生计牧户与旅游生计牧户对生态系统的支持服务、调节服务和文化服务的重要性认知均处于中上水平。草地是畜牧生计牧户开展生计活动的基础，生态系统的支持服务和调节服务对草场发育具有重要意义；文化服务有益于牧民保护草原生态环境。草原环境对牧户发展旅游业具有重要影响，生态系统的支持服务有助于提高旅游资源品质，调节服务能改善草原气候，文化服务为旅游业发展提供核心竞争力。由此看来，牧民的生产生活与生态系统服务息息相关，生态系统服务在牧民的生活中扮演着重要角色。因此，牧民开展的生计活动应以保护生态环境为前提，实现 2 种生计的互利共生。

11.3.2　生计共生关系形成状态

11.3.2.1　生计共生关系的资源配置基础（共生界面）

11.3.2.1.1　物质资本转换为金融资本

自喀拉峻发展旅游业以来，部分牧民陆续加入其中，成为旅游经营者，获得经营性收入。牧户生计资本影响生计策略选择，同时生计策略也将改变生计资本性质。从事畜牧业生产的牧户转身经营旅游业，其家庭原有的物质资本转化为金融资本。譬如马匹原是草原上最便利的交通工具，但随着社会的不断发展进步，摩托车、三轮车、小轿车正逐步进入牧民家中，马匹在牧民生活中的地位有所下降，仅作为物质资本存在。在旅游开发中成立马队合作社后，马匹的价值再次显现，由原先的物质资本转变成金融资本，继续为牧户家庭创造财富。据了解，现成立的马队合作社共有 205 匹马，日常接待游客每天获得收入 2 万元左右，每匹马每年可为入股牧民创收近 1.5 万元。

11. 3. 2. 1. 2 人力资本数量"增加"

牧户参与旅游经营后其家中的人力资本数量有所"增加",此处所说的"增加"并非增加了实际劳动力人数,而是原先不参加劳动的人员,也投入旅游经营事务中。旅游开发前,从事畜牧业生产的牧户家中妇女、孩童、老人基本不外出劳作,主要劳动力为家中的青壮年,妇女主要负责处理家中事务,家中孩童也只在放学后或者假期从事简单劳作;而在旅游开发以后,家中人力资本结构发生了较大的变化,妇女、孩童以及老人都参与到了旅游活动中,尤其是放暑假回来的学生,他们的汉语水平相对较好,能与游客实现顺畅交流,便主动招揽游客去自家牧家乐消费,或者向游客提供租马等服务。另外,妇女也通过向游客提供住宿、餐饮服务以及售卖自制旅游商品的方式参与旅游活动,老人也力所能及协助家庭成员向游客提供服务。

11.3.2.2 生计共生的理想状态

共生单元所要达到的理想状态是对称性互惠共生,该状态为共生的最稳定状态。在此状态下共生能量均衡分配,共生单元兼顾向好发展。结合实际情况,生计共生的理想状态是达成兼性互利共生模式,即既兼顾各方又互利平衡,但并不是指畜牧生计与旅游生计脱离彼此不能存在,而是强调两者兼顾平衡达到的效果会更好。在此理想模式下,畜牧生计与旅游生计双方同等受益、相辅相成、协同发展,共同推进牧户家庭实现可持续性生计,提升草地生态系统服务能力及永续高效利用价值。

11.3.2.3 与生计共生理想状态的差距

通过研究喀拉峻景区的共生环境、共生基础以及共生界面状况发现,兼性互利共生模式较难实现。主要原因是旅游生计受季节性因素影响较强,当旅游淡季来临时,旅游生计与畜牧生计属于间歇共生。同时,旅游生计作为一种新型生计方式,牧民接触时间短,对其了解甚少,加上参与旅游经营对牧民个人能力、资金要求较高,让较多牧民望而却步。此外,畜牧生计作为研究区传统的生计方式,在较长的一段时间内是牧民获得生计收入的唯一途径,对牧户家庭有着根深蒂固的影响。因此,畜牧生计与旅游生计共生对畜牧生计的益处总体上大于对旅游生计的益处,两者之间所得利益是难以兼顾平衡的。综上可知,喀拉峻景区内的畜牧生计与旅游生计处于非兼性间歇共生状态。

11.3.2.3.1 共生单元能量失调

基于草地生态系统服务,畜牧生计与旅游生计对生态系统服务的依赖度存在差异,其中旅游生计对草地生态系统服务的依赖程度大于畜牧生计,旅游生计主要依赖草地生态系统的文化服务,畜牧生计主要依赖草地生态系统的供给服务。另外，在牧户家庭中对 2 种生计的资本分配也存在差异，大部分牧民还是偏重于发展畜牧生计，而对旅游生计投入不足，缺乏多样化旅游经营形式，表现出单一经营模式，例如仅参加马队合作社。由此看来，无论对喀拉峻景区还是对牧户家庭来说，畜牧生计与旅游生计分配均呈现失调状态。

11.3.2.3.2　共生界面空间缩小

（1）旅游经营技能不足，游客体验感差。喀拉峻景区经营旅游业牧户家中的劳动力结构多为"妇女＋儿童＋老人"，人力资本总体水平较低。从受教育程度来看，牧民多为小学及初中文化水平，人力资本整体素质不高，经营旅游业能力不足。经营牧家乐的牧户主要向游客提供住宿和餐饮服务，产品类型较为单一，未能实现向游客提供一条龙式的方便快捷旅游服务产品。另外，调研中还了解到，经营旅游业牧户的汉语能力较差，缺乏与游客流畅沟通的能力，降低了游客的体验感。

（2）牧户缺乏牲畜养殖技术，生产效率低。牧民长期采取传统的粗放式放牧方式，这种方式对生态环境的破坏力度大且在既定技术水平下牧户生产效率难以提升。面对牲畜养殖中出现的牲畜疾病问题，牧民缺乏采用科学方法解决问题的能力，导致畜牧生产效率低。

11.3.2.3.3　共生环境持续恶化

（1）旅游淡旺季明显，共生存在时差。新疆旅游业发展的显著特征是季节性强，存在明显的淡旺季，旅游经营时间受限。全区大部分景区经营时间为每年的 4 月—10 月中旬，其中 7—9 月为旅游旺季，游客数量较多；其余时间为旅游淡季，游客量较少，尤其是冬季游客接待量持续下滑。因此，旅游生计受季节影响不能与畜牧生计保持持续且不间断的联系，共生存在时差，从而阻碍二者实现互利共生。

（2）旅游经营市场混乱，共生环境恶劣。喀拉峻景区内开张经营的牧家乐较多，但这其中不乏"黑牧家乐"的存在，他们未办理正规的经营许可证，也未接受过任何旅游专业技能培训，便开始揽客经营并获得收入。因缺乏经营管理制度规范与公开一致的定价标准，出现漫天要价的现象，扰乱市场秩序，破坏景区形象，导致生计共生缺乏良好的旅游市场环境。

（3）旅游者行为缺乏约束，破坏草地生态平衡。喀拉峻作为世界自然遗产保护地，其生态环境相对脆弱，在旅游开发过程中应加强保护，倡导游客爱护景区内的花草。实际调研中发现，鲜花台景区漫山遍野盛开着五颜六色的鲜花，吸引众多游客驻足欣赏并摄影留念，但为找到最佳摄影点，游客便不顾护栏限制，踩踏草坪，进入围栏内拍照，久而久之被踩踏地方寸草不生，导致地表裸露。另外，景区内有专门放置的垃圾桶，并有专人负责按时对垃圾进行统一处理，但乱扔垃圾的现象依旧存在。

11.3.3　生计共生关系发展趋势

畜牧生计与旅游生计组成的共生单元间相互依存且统一于同一草地生态系统服务的共生环境下，形成共生关系，两者之间相互促进、相互支持。未来畜牧生计与旅游生计2种共生单元将逐渐向互利共生模式转化，并呈现出走向互利共生的趋势：共生牧户家庭数量增多、共生范围扩大、生态系统服务利用更高效以及全季全时段生计共生成为可能。

11.3.3.1　旅游牧区内生计共生牧户的分布变化

根据喀拉峻景区2017年、2019年入户调研数据，分析生计共生牧户的分布趋势。首先，从生计共生牧户数量上看，2017年调研牧户共190户，其中生计共生牧户家庭有13户。2019年调研牧户共180户，其中生计共生牧户家庭有71户，2年内生计共生牧户家庭数量增加较快，牧民们逐渐意识到生计共生模式的优势。其次，从生计共生牧户地域分布上看，东喀拉峻区域因涵盖面积广、景色优美，且具备特色租马服务，故该区域生计共生牧户家庭数量增加较快，由7户增加至62户。克孜勒阔拉村牧户生计共生家庭数量较少，仅有9户。综上预测，未来喀拉峻景区生计共生牧户总量将继续增加，且主要分布在整个东喀拉峻区域。

11.3.3.2　草地生态系统服务高效利用的共生关系

草地生态系统服务是畜牧生计与旅游生计共生的基础，生计互利共生有利于提高草地生态系统提供服务的能力，实现对草地生态系统服务的高效利用。畜牧生计为旅游生计提供物质产品供给与草原游牧文化展示，体现出了对草地生态系统供给服务、支持服务及文化服务的高效利用。畜牧生计将畜产品直接提供给游客，在一定程度上减少了中间环节，节省了经营成本，保障了畜产品品质。草原游牧文化则展现了草地生态系统文化服务的魅力，成为景区吸引游客的亮点。在今后生计共生的发展中，生计对草地生态系统服务的利用会越来越体现出高效率的特点。

11.3.3.3　全季全时段共生

针对新疆旅游淡旺季明显，旅游经营期有限等问题，政府和旅游相关部门制定并实施了一系列措施，延长旅游经营期限。例如开展冬季旅游项目，依托特色冰雪旅游资源，大力开发冰雪旅游产品；结合哈萨克族传统节日庆典，开展冬日节庆旅游等。这些活动的开展在一定程度上延长了旅游经营期限，增加了牧民的经济收入。随着全域旅游时代的到来，交通行业的快速发展，喀拉峻景区牧户实现全季全时段的生计共生成为可能。

　　生态系统服务对畜牧生计牧户与旅游生计牧户都具有十分重要的意义，关注生态效益也就是关注牧民自身的发展。生态系统服务的完整性及其提供生态系统服务的能力是生计共生实现的根本前提。通过构建生计共生理论分析框架，定性分析发现畜牧生计与旅游生计当前尚未达成兼性互利共生模式，2 种生计目前处于非兼性间歇共生状态，需通过协调共生单元、完善共生界面、优化共生环境等措施推进畜牧生计与旅游生计走向兼性互利共生道路。

第 12 章

世界自然遗产保护地搬迁安置牧民的参与旅游问题研究

　　我国自 1985 年 12 月 12 日加入《保护世界文化和自然遗产公约》至 2017 年 7 月，已拥有世界遗产 52 项，其中包括自然遗产 12 处和文化与自然双遗产 4 处。新疆天山于 2013 年 6 月 21 日，在柬埔寨首都金边举行的第三十七届世界遗产大会上被列入《世界自然遗产名录》。天山位于亚欧大陆腹地，海洋潮湿水汽难以到达，是名副其实的典型干旱区。但其自然资源类型丰富多样，既有雪山冰峰、森林草甸，又有河流湖泊、红石峡谷；同时，它还是中亚山地残遗物种、众多珍稀濒危物种及特有种的重要栖息地，野生动植物种类更加稀有、独特，且集美学和科研价值于一体。

　　新疆天山以其自身独特优势，发育了规模宏大且类型多样的山地生态系统，同时又提供了丰富的水资源，孕育了周边广袤的荒漠和绿洲景观，形成了全球最为典型的山地-绿洲-荒漠生态系统；其显著的"湿岛"效应，保障了中亚区域动植物和人类的生存与发展。为保证天山物种不受破坏及生态系统的多样性，党和政府实施了一系列的生态移民政策。一方面，牧民搬迁减少了牲畜对草场的破坏，减轻了草场压力，改善了自然遗产保护地的生态环境；另一方面，通过搬迁引导牧民转变其原有的生计方式，牧民不再继续放牧，而是参与旅游经营牧家乐住宿、餐饮等服务行业，生活水平得到显著改善。生态移民政策的实施具有重要意义，部分牧民搬出生态环境脆弱区，进一步推动了山地生态文明的建设。

12.1　文献回顾与问题的提出

　　国内外关于世界自然遗产保护地搬迁安置牧民参与旅游的文献相对较少。目前，搬迁安置的类型具有多样性，主要包括自然灾害移民、水库建设移民、退耕还林移民、禁牧还草移民、南水北调移民等类型（贺莉等，2014；王沛沛等，2013；谢旭轩等，2010；曹世雄，2012；王晓君等，2014；杨云彦等，2009），无论属于何种类型，搬迁安置牧民都需要重新适应新的生产生活方式（刘学武，2016）。学界研究大多集中于移民安置模式的探讨（郑瑞强等，2011）、移民前后生计状况的对比以及移民安置影响的感知等（王凯等，2012、2016）。通常情况下，搬迁安置必定衍生出社区参与，而社区参与在搬迁安置的基础上展开。搬迁安置牧民参与旅游是社区参与的一种形式。社区参与最早由 Murphy 提出（Murphy，1985），20 世纪 80 年代中期，Murphy 出版了《旅游：一种社区方法》一书，自此社区因素在旅游发展中的作用便引起了学术界的广泛关注（郭凌等，2009）。20 世纪 80 年代末，我国首次引入"社区参与"概念，指以社区居民为核心（田世政等，2012），参与公共事务活动的自愿行为和过程，是社区与景区发展的双向需要（郎玉屏，2011；李炳宽，2008；郭丽丹等，2015）。社区参与通过改变居民原有的生计方式，提高社区的主体地位，从而促进世界自然遗产保护地可持续发展（孙凤芝等，2013）。社区参与旅游开发的关键所在是保留世界自然遗产保护地，尤其是民族地区特色文化的真实性与完整性，并保障社区公民获得公平的利益分配（刘旭玲等，2007；李辉等，2008；刘丽梅等，2010）。

天山天池作为为保护世界自然遗产保护地生态环境而进行牧民搬迁安置的典型地区，最早进行了生态移民。在"禁牧兴旅"政策的引导下，近年来，天山天池景区管委会投入大量资金、人力和物力对景区内的牧民进行搬迁安置，并开展植树造林等生态修复工程，致力于改善生态环境。牧民转变了生计方式，由放牧到经营旅游业，由游牧生活到定居生活，在一定程度上保护了世界自然遗产保护地的生态环境。但是，随着近年来旅游的不断开发，受外界及自身因素影响，牧民在旅游经营中遇到了阻碍。因此，为世界自然遗产保护地的长期发展，亟须解决牧民参与旅游遇到的问题。

12.2　研究区概况及研究方法

12.2.1　研究区概况

新疆天山天池是著名的世界自然遗产保护地天山的重要组成部分，也是国家 AAAAA 级自然风景区，其中天池景区占地面积为 360.69 千米²。天池是在第四纪冰川运动中形成的高山冰碛湖，位于天山东段最高峰博格达峰北侧、阜康市南偏东 40 余千米，距乌鲁木齐市约 110 千米。天山天池以完整的垂直自然带景观、雪山冰川、高山冰碛湖及森林草甸为自然吸引物，以奇特珍稀的动植物栖息地为特色，以西王母与周穆王的神话故事和传统的哈萨克族民俗风情为文化内涵，是亲近自然、科研考察、放松身心及体验民俗文化的胜地。

12. 2. 2 研究方法

牧户作为移民政策实施的对象，管理者作为政策的执行者和参与者，两者都具有发言权。其中管理者包括天池景区管理委员会、阔克胡拉哈萨克民俗风情园管理者、毡房公司管理者和马牙山管理者。因此，访谈对象的选择具有代表性。访谈内容因对象不同也有所不同，针对管理者的访谈内容主要是牧民参与旅游状况、经营规模、支持政策等；对牧民访谈则集中于家庭层面，主要涉及参与旅游时间、旅游收入以及经营中遇到的困难等。

2017 年 4 月 1 日，调研团队进入天山天池风景区调研，邀请哈萨克族同志担任哈萨克语翻译，并采用入户访谈形式。本次调研分为 3 个步骤，首先在天池景区管理委员会与领导座谈，对天池景区牧民参与旅游的情况作了细致了解，并作了详细记录。接着，在博格达哈萨克民族风情园（毡房公司）进行入户访谈，详细询问并记录，获得一手资料。最后，在阔克胡拉哈萨克民俗风情园访谈牧民和风情园的理事长，获得了关于风情园发展的翔实资料。

12. 3 牧民搬迁安置及参与旅游现状

12. 3. 1 牧民搬迁安置历程及其分布

12. 3. 1. 1 牧民搬迁安置历程

为加强对天山天池景区生态环境的保护，新疆维吾尔自治区昌吉回族自治州阜康市政府和天山天池景区管理委员会坚持可持续发展原则，正确处理保护与开发的矛盾，在保护景区生态环境的同时实现富民安居，因地制宜引导农牧民走发展道路，积极开展三工河谷内农牧民集体搬迁安置工作。三工河谷是一条纵深 22 千米的河谷通道，它上承天山天池景区，下接阜康市区，河谷内居住的 1 160 户农牧民（约 1 万人）正是搬迁安置的对象。昌吉回族自治州党委于 2004 年提出对天山天池景区和三工河谷进行整治的构想，实施牧民搬迁定居安置工程。2005 年，阜康市政府和天山天池管理委员会联手开始进行天池和三工河谷的综合整治及生态移民工作。天山天池景区管理委员会 3 年内共投入 1.2 亿元，将三工河谷内的农牧民搬迁至西台子、拜斯胡木牧民定居点和阜康市区，并租赁景区 2 800 亩草场及三工河谷 1 335.81 亩耕地进行植树造林，致力于改善生态环境。

12. 3. 1. 2 牧民搬迁安置点分布状况

根据天山天池实地调研及阅读相关文献资料得出牧民搬迁安置分布状况。

由表 12-1 可知研究区搬迁安置牧民分两种类型：一类是旅游经营型，分布在阔克胡拉村、博格达哈萨克族风情园（毡房公司）及骏马村；另一类是农牧业生产型，分布在拜斯胡木村和大泉村。

表 12-1　研究区搬迁安置牧民分布

牧民类型	安置点	安置人数	安置位置	生计方式
旅游经营	阔克胡拉哈萨克民俗风情园	102 户约 460 人	沿 111 省道分布于三工河乡	旅游接待、餐饮、民俗体验
	博格达哈萨克民族风情园（毡房公司）	58 户约 240 人	位于海北，距天池主景区约 1 千米	旅游接待、餐饮、歌舞表演
	骏马村	93 户约 279 人	沿 111 省道分布于三工河乡	接待、餐饮、住宿
农牧业生产	拜斯胡木村	206 户约 780 人	三工河乡	饲养牲畜、种植小麦
	大泉村	240 户约 860 人	三工河乡	种植玉米、苜蓿

12.3.2　搬迁安置牧民参与旅游现状分析

牧民的生计方式具有多样性。不同的人、不同的能力、不同的地区、不同的环境，导致牧民对生计方式的选择也是不同的。参与旅游经营是搬迁安置牧民的生计方式之一，2010 年项目组在天山和阿尔泰山的喀纳斯景区和南山景区调查研究表明，搬迁牧民的生计策略组合是多种多样的，其生计策略组合特征主要表现为以下几个方面：

（1）农业生产。包括以下方面：①传统的种植业，主要包括粮食作物和经济作物。粮食作物主要用来满足人们最基本的温饱需求。调查区域内，种植最多的粮食作物是马铃薯（产量比较大），经济作物包括蔬菜、果树等。②畜牧业生产，主要是牲畜和家禽的饲养。饲养的牲畜多为牛、羊等。饲养的家禽主要为鸡。

（2）非农就业。①在旅游公司、事业单位工作或担任村干部等，这类牧民工作通常较稳定且收入和福利待遇也相对较高。②家庭工副业，即靠个人或家庭成员的努力从事某种生意，如从事旅游业租马活动、出租木房、开家庭式家访、开饭店、开旅店、开小商店等。从事这种工作风险较小、工作时间灵活（一般集中在夏季游客量大的时候），收入较稳定，但需要一定的经济头脑，要能抓住时机。③外出务工，多从事服务业等，这类工作需要的文化程度较低，多为一些体力劳动或技术含量较低的工作，工作不稳定、辛苦且工资较低、待遇较差。

天山天池世界自然遗产保护地景区开发时间长，牧民参与旅游经营的地理分布和参与方式经历较长时间的调整，2018年调研归纳如下参与旅游经营现状：

12.3.2.1　参与旅游点与参与方式

天山天池景区内牧民参与的旅游经营地点有3处，分别为阔克胡拉哈萨克民俗风情园、博格达哈萨克民族风情园及马牙山索道。通过调研发现，3处经营点的参与方式既有共性也有个性。阔克胡拉哈萨克民俗风情园与西域旅游股份有限公司签订合同，将风情园交由西域旅游股份有限公司代管，设理事长；西域旅游公司为风情园提供基础设施建设，为牧民提供培训和发放工资，收取50元门票费，年底牧民可获得门票收入分红。博格达哈萨克民族风情园虽以公司名义成立，但实际上并未进行公司化经营管理，而由牧民自主分散经营，自负盈亏。马牙山索道是由西域旅游股份有限公司投资建设完成的，并于2014年7月23日向游客全面开放运营。马牙山上从事旅游经营牧民来自水磨沟乡，因修索道草场被占而获得来自政府的补贴和10个经营摊位（表12-2）。

12.3.2.2　经营项目

牧民的经营项目主要分为3类，包括基础服务提供、民俗体验表演类项目及食品饮料售卖。基础服务主要指在哈萨克族毡房内为游客提供特色餐饮、住宿服务；民俗体验表演类指供游客参与互动且具有观赏性的项目，包括热情的哈萨克族舞蹈表演、乐器演奏及民间刺绣体验等；食品饮料售卖指为方便游客购买，在马牙山上设立摊位销售日常食品饮料。

12.3.2.3　参与旅游收益

在参与旅游活动中，阔克胡拉哈萨克民俗风情园内自主经营的牧民除了项目经营收入外，每年还可获得旅游公司提供的1.3万元补贴；非自主经营的牧民可以直接获得2.6万元补贴，在旅游公司上班每月工资收入为2 000元，并一次性付清6个月工资。而马牙山索道与博格达哈萨克民族风情园的牧民每年通过自主经营获得3万～4万元的旅游收入。牧民参与旅游获得的收入有限，且每亩草场获得的补贴只有50元。整体来说，牧民参与旅游获益状况一般，牧民的经营收益不如放牧收入，牧民的基本生活保障需求得不到满足。

12.3.2.4　参与旅游时间

新疆旅游业的明显特征是季节性很强，旅游淡旺季明显。新疆的大多数景区的经营期都在4月—10月中旬，而旅游旺季只有3个月（7—9月）。资料显示，2016年上半年天山天池景区累计接待游客超过54万人，平均月接待达9

表 12-2 搬迁安置牧民参与旅游情况

旅游经营点	参与方式	经营项目	收益状况	经营时间	游客状况
阔克胡拉哈萨克民俗风情园	牧民参与旅游经营有2种方式：①自主经营；②交给西域旅游股份有限公司经营，自己在园内上班获得工资	设家访点，提供餐饮、住宿，民族歌舞表演及传统民俗体验活动	自主经营的牧民可获得旅游公司提供的1.3万元/年补贴；不自主经营的牧民获得2.6万元/年补贴，并且在旅游公司上班工资2000元/月，旅游公司一次性付清6个月工资	自每年的4月1日至10月中旬；其中，7、8、9月为旅游旺季	平均月接待量达9万人次
博格达哈萨克民族风情园（毡房公司）	自主经营，自负盈亏	设家访点，牧家乐，为游客提供餐饮及歌舞表演	每年收益4万元	自每年的4月1日至10月中旬；其中，7、8、9月为旅游旺季	平均月接待量达9万人次
马牙山索道	小规模自主经营活动，由政府设立摊点，牧民负责经营	售卖食品饮料	每年收益3万元左右	自每年的4月1日至10月中旬；其中，7、8、9月为旅游旺季	日均接待量近3000人次

万人次，而"十一"黄金周期间的游客量急剧增多，达5.6万人次，由此可见景区的游客量波动之大。

12.4 搬迁安置牧民参与旅游的困境

12.4.1 外部环境障碍

（1）旅游市场需求变化大，游客量波动大。旅游动机产生的必要条件是"有闲有钱"，以及安全的旅游环境。自2009年遭受重创以来，新疆的旅游业发展一直处于下坡阶段，近几年出现好转。同时，旅游市场受旅游者自身因素、安全因素及经济发展的总体水平的影响较大。游客量受限，导致牧民的收入不稳定，其参与旅游的积极性也有所降低。

（2）旅游淡旺季明显，每年参与旅游时间短。新疆旅游业的明显特点是季节性强，有淡旺季之分。新疆大多数景区的经营期都在4月—10月中旬，其中旅游旺季以7—9月为主，这3个月所接待的游客占全年游客比重的70%左右，而其他时间段接待游客量则相对较少。由上可知，天山天池景区内参与旅游经营的牧民每年只能从事6个月的旅游经营工作，而其余时间则闲暇在家。

（3）培训、补贴力度不足，牧民参与能力受限。据了解，在阔克胡拉哈萨克民俗风情园从事旅游经营的牧民大多数接受过西域旅游股份有限公司提供的培训，并表示十分乐意接受培训；而在博格达哈萨克民族风情园从事旅游经营的牧民则表示未接受过任何培训，并表示希望能接受培训。通过调研发现天山天池景区的补贴力度欠缺，牧民对补贴表示不满，除了政府提供的禁牧还草补贴和西域旅游股份有限公司为阔克胡拉的牧民提供的合作医疗补贴外，再无其他补贴。

12.4.2 旅游经营困境

（1）经营方式混乱，缺乏统一管理。参与旅游经营的方式直接影响牧民经营效益，而高效地参与旅游经营方式能让牧民获得较高的收益。天山天池景区牧民参与旅游经营的方式有2种：一种是自主经营、自负盈亏，这种方式的缺点较为明显，即经营点分散，没有形成规模化经营，不利于进行营销；另一种是公司运营和自营相结合的方式，参与这种方式的牧户经营相对集中，但仍存在一些问题，即小规模的牧户自主经营能力有限，难以吸引游客。

（2）地理位置不具优势，招揽游客量有限。地理位置对于牧户经营具有重要影响，优越的布局有利于牧户更好地参与经营，吸引更多的游客。地处景区主要干道处的牧户能更好地接触游客，招揽客人，而位于景区游览通道较远处的牧户则处于不利位置，游客很少能进入到较远的地方，大多数游客都有追求方便、快捷的心理，不愿走较多的路。

（3）产品同质化严重，缺乏特色与创新。游客通常通过旅游来满足自身的求新、求异心理，他们中的大多数对于新奇特色的事物充满兴趣，因此，要想吸引游客就要具有特色。通过调研发现，天山天池景区牧民参与旅游的经营点提供的产品同质化严重，缺乏特色与创新，只是简单地提供餐饮、住宿和歌舞表演服务，不能使游客获得具有新意的服务体验。

12.4.3　参与者自身问题

（1）个人素质与能力欠缺，经营水平有限。参与者的个人素质对其参与旅游经营活动具有重要影响，其中文化素质尤为重要。一般来说，牧民的文化素质的高低与其经营状况成正相关。通过访谈调查可知，天山天池景区牧民文化素质普遍不高，其受教育程度大多处于小学水平，只有极少数牧民是大专文化程度。牧民熟练掌握着驯化、放养牲畜技术，但其语言能力有待提高。自身技能的缺乏导致牧民除旺季参与旅游经营获得收入外，其他空闲时间只能闲暇在家，没有任何经济收入。

（2）参与层次低，未发挥"主人公"作用。牧民作为社区参与旅游的主体，未发挥"主人公"作用，未参与到景区的决策与管理之中。牧民原本居住在天山天池景区，对该地区的具体情况最为了解，因此对景区的开发建设应具有发言权，而不只是作为被动参与者和执行者，只从事较低层次的经营工作。

12.5　对策建议

12.5.1　大力开展旅游宣传活动

（1）加强对旅游安全保障的宣传。旅游安全是影响游客选择旅游目的地的重要标准之一。因此，对旅游目的地的安全宣传十分重要。政府应积极采取措施加强新疆的安保工作，并加大对新疆的旅游宣传，向各地游客展示多彩、美丽、安全的新疆，让各地游客了解到真实的新疆，消除其对新疆的偏见。旅游工作者也有义务向游客介绍新疆，让其获得旅游安全感，减少误解；对于安检程序的烦琐，应耐心向游客解释。作为新疆人，对待外地游客应该热情相待，及时向其提供帮助，展现新疆人的热情友好，宣传大美新疆。旅游经营者更应该提供超值的服务，给游客宾至如归的体验。

（2）加强对天山天池景区宣传。天山天池景区作为世界自然遗产保护地和国家 AAAAA 级自然风景区具有较强的吸引力，但近年来随着其他旅游景点的建设及其特色旅游产品的创新，天山天池景区的吸引力有所下降，各景区之间的竞争较为激烈，因此要通过营销宣传吸引游客前来游览。积极探索天池景区的特色，找准定位，精准施策，开发新的旅游吸引物，采取各种宣传营销手段，加深游客对天池的印象；发扬哈萨克族传统文化，举办大型节庆民俗活动；合理运用西王母与周穆王的神话传说，加强旅游产品的开发深度，让其成为新的旅游增长点。积极利用现代网络营销手段，创新营销模式，拓宽营销渠道。

12.5.2　适当加大政府补贴力度，创新补贴方式

政府应全面了解每户牧民的家庭经济状况，对于家庭经济水平较差的牧民可提供适度补贴，增强其经营能力。"授人以鱼不如授人以渔"，政府应创新资金补贴方式，可在经营上为其提供帮助，解决牧民生活上遇到的困难，满足牧民基本的生活保障。

12.5.3　开展公司化经营，实行统一管理

目前天山天池景区牧民参与旅游经营的状况比较混乱，既有自主参与经营，又有公司统一经营，不利于管理。天山天池景区的经营点应全由公司代管，开展公司化经营，公司从牧民手中租用毡房，支付相应的租金或者牧民以入股方式获得年底分红，牧民也可以在风情园内工作来获得酬劳。开展公司化经营，既方便统一管理及开展宣传营销工作，又能减轻牧民的经营压力，不论旅游市场如何变化，牧民都能获得基本收入，生活得到基本保障。

12.5.4　积极创新旅游产品，开展特色化经营

天山天池景区牧民提供的旅游产品同质化严重，缺少鲜明的特色，不具有较强吸引力，因此加强创新迫在眉睫。首先，创新旅游产品开发，在不失掉传统民族特色的基础上，通过调研加强市场细分，创新产品品类，开发更加丰富且能迎合旅游者喜好的产品，增加游客体验项目。其次，创新旅游产品经营分区，做到"一户一品"，不让游客感到"千篇一律"。最后，加强旅游市场调研，创新旅游产品营销。结合当地旅游特点，借助举办"第十三届全国冬季运动会"的余热，利用现有资源，开发冬季旅游产品，延长经营期限。天池景区附近有西域旅游股份有限公司经营的滑雪场，因此，牧民应充分利用滑雪场的客源市场，在天山天池景区内提供餐饮、住宿服务，延长经营期限，增加旅游收入。

12.5.5　加大培训力度，提高牧民参与层次，发挥主体作用

加强对领导班子的培训，提高决策水平与公信力。旅游公司应加强对牧民经营技能的培训，通过多种方式开展多元化培训，提升其对游客的服务能力。增强牧民从事其他工作的技能培训，帮助牧民开拓生计来源。明确牧民在旅游开发中的主体地位，保证牧民权利得到保障并发挥主体作用。①通过开展培训转变牧民"外来者"的身份，积极制定政策赋予牧民一定的权利，鼓励牧民参与到景区发展的决策与管理中；②政府应给予牧民必要的支持，打通牧民参与决策的通道；③建立监督机制，采取民主选举的方式，推选旅游经营带头人。

第 13 章

天山世界自然遗产保护地旅游专业合作社特色化经营模式研究

喀拉峻草原是中国哈萨克族世代放牧的天然牧场，闭塞的交通、恶劣的自然条件、脆弱的生态环境与复杂的贫困问题，严重制约了牧区经济发展、社会进步和牧民生活水平提高。在 2013 年之前，喀拉峻草原的牧民一直以放牧为主。随着申遗成功及国家 AAAAA 级景区评定，喀拉峻景区更加注重对草原生态环境的保护和旅游资源的开发，为此当地政府制定实施了生态移民政策，并引导 224 户 1 300 余名禁牧区牧民加入牧民旅游专业合作社。合作社从管理者到社员都是当地牧民，没有外来商人，是我国边疆牧区典型的少数民族参与的旅游经济合作组织。

13.1 研究概述

我国边疆牧区普遍存在基础设施落后、资金不足与生产经营方式落后等问题（张滢，2011）。为了应对自然灾害、突破经营困境（张瑞荣等，2018），牧区成立了各类合作社应对市场变化（周红格，2011；韩柱，2014）。牧民旅游专业合作社是依托当地旅游资源，社区牧民主动或被动联合、民主管理，以向游客提供旅游产品或服务的方式参与旅游的社会经济组织，它以提高旅游产品竞争力、增加社员收入、保障社员利益最大化为最终目的（阳宁东等，2012），其内涵与社区参与旅游相似。陈飙等（2008）将社区参与旅游制度框架分为分配制度和组织形式 2 个部分：分配制度反映出社区成员一致的目标；组织形式体现了对参与者的行为规范与约束机制。这与合作社成立的目标与管理机制一致，但社区参与旅游制度与旅游专业合作社运行机制有根本性的区别。合作社的成立是建立在确立了合作社的股权结构和由理事会、监事会、成员代表大会组成的一套决策、激励、监督治理结构的基础之上的（梁巧等，2014）。内部治理结构是合作社运行的核心，谢彦明等（2015）的研究中将合作社运行机制分为治理结构、行为方式和绩效水平 3 块内容，治理结构决定合作社行为方式（即组织形式），行为方式决定合作社绩效水平，绩效水平以反馈方式影响合作社的治理结构和行为方式。合作社运营管理机制是确立组织形式的制度安排，通过培训、合理分工、规范性经营及制定管理条例等一系列管理手段维持合作社稳定性，保障合作社人力资本、物力资本和财力资本的可持续性运营。在本研究看来，治理结构是合作社运行效率和职能发挥的关键（彭晓静，2013），运营管理机制是保障合作社稳定发展的手段和工具，利益分配机制是形成激励、实现效益的最终目标（田艳丽等，2012），只有完善的治理结构、有效的管理手段和合理的利益联结机制才是最优的运行机制，是实现合作社功能的保障。合作社运行机制如图 13-1 所示。

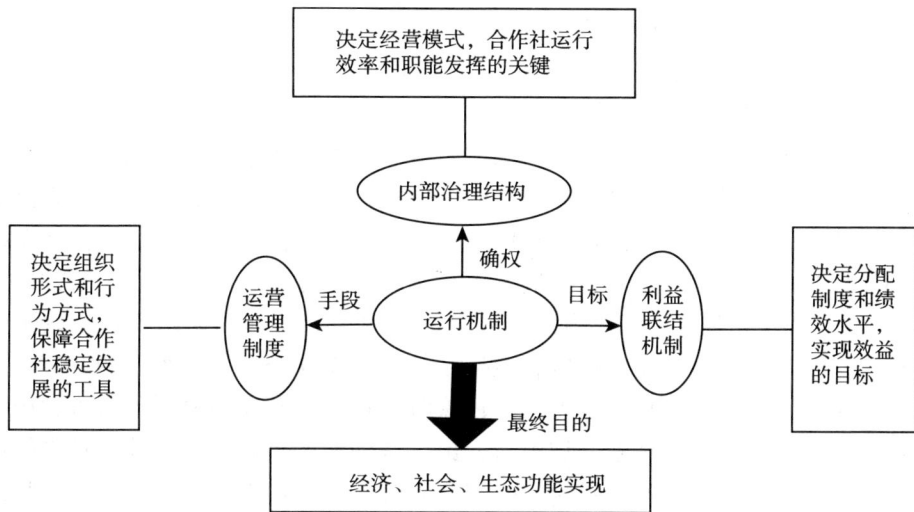

图 13-1　合作社运行机制

在生态环境脆弱、生产方式落后、基础设施薄弱、脱贫任务艰巨的边疆牧区，牧民旅游专业合作社在经营运行过程中仍然存在着诸多问题，构建旅游合作社良性运行机制十分必要。因此，本研究选择典型边疆牧区——喀拉峻世界自然遗产保护地为研究区域，将少数民族牧民组成的旅游专业合作社作为典型案例，从内部治理结构、运营管理机制和利益联结机制 3 方面剖析不同运行机制的旅游专业合作社的特色和差异，找出各合作社存在的问题，提出牧民旅游专业合作社未来发展思路，为新时代下其他牧区同类合作社运行机制的优化提供经验参考。

13.2 数据来源及研究对象的基本情况

13.2.1 调查过程

本研究通过实地访谈获取一手资料，进一步采用案例分析法对研究对象进行质性研究。研究过程中对喀拉峻景区马队专业合作社的调查分为2个阶段：第一个阶段是2017年6月29日至7月6日，初次考察喀拉峻景区，发现了东喀拉峻景区猎鹰台景点的马纳提旅游农民专业合作社和琼库什台村的白马旅游农民专业合作社这2个案例，对合作社的管理人员进行访谈，访谈内容包括成立时间、规模、组织结构、管理制度和分工制度等，对案例点有了初步的了解和认知；第二个阶段是2018年7月1日至4日，对新增案例点金灿灿旅游农民专业合作社进行补充调查，向89位社员发放问卷和开展访谈，并对社长、理事长等管理者进行深度访谈。

13.2.2 问卷设计

本次调研以天山世界自然遗产保护地喀拉峻景区为案例地，选取该区域典型的不同经营方式的3家马队旅游专业合作社——特克斯县金灿灿旅游农民专业合作社（以下简称金灿灿合作社）、特克斯县马纳提旅游农民专业合作社（以下简称马纳提合作社）、特克斯县白马旅游农民专业合作社（以下简称白马合作社），以社员及管理人员为研究对象进行实地走访和问卷调查，获取了一手资料。问卷调查和深度访谈内容包括社员对合作社经营管理水平的看法、社员参与合作社特色化项目的态度、特色旅游项目缺乏开发的原因及对可利用的优势资源看法等方面的调查。通过对社员进行问卷调查和对合作社社长进行访谈相结合的形式收集了一手数据，共向3家合作社社员发放问卷110份，收回问卷95份，有效问卷87份，有效问卷回收率91.6%，其中金灿灿合作社回收有效问卷6份，马纳提合作社50份，白马合作社31份。

13.2.3 研究对象基本情况

喀拉峻景区位于新疆伊犁哈萨克自治州特克斯县境内，海拔2 000~3 957米，总面积2 848千米²。区内由东喀拉峻景区（世界自然遗产保护地核心区）、西喀拉峻景区（世界自然遗产保护地缓冲区）、中天山雪峰景区、阔克苏大峡谷景区、天籁之林景区五大部分组成。喀拉峻景区涉及喀拉达拉镇的喀拉峻村、喀布萨朗村、琼库什台村，阔克苏乡的库尔代牧业队，乔拉克铁热克镇的克孜勒阔拉村，马场牧业连的3个连队以及新疆生产建设兵团第四师七十八团的畜牧营等 9 个乡村及团场，共有哈萨克族牧户 2 489 户，9 367 人。喀拉峻草场面积共 51.66 千公顷，其中夏牧场 39.37 千公顷，春秋牧场 12.29 千公顷。喀拉峻以高山草原、冰川雪岭、峡谷溪流、原始森林等自然景观和哈萨克族独特人文景观为优势，作为新疆天山的一部分于 2013 年被列入《世界自然遗产名录》，并在 2016 年被评为国家 AAAAA 级景区。据统计，2017 年喀拉峻景区接待游客 20.67 万人次，实现旅游综合收入 3 569 万元。当地哈萨克族牧民以成立旅游专业合作社或自营牧家乐的形式承接了整个旅游区 60% 左右的住宿、餐饮和娱乐服务等接待业务，在旅游经营活动中扮演着重要角色。由于新疆地形和气候原因，喀拉峻景区存在明显旅游旺季和淡季，旅游专业合作社每年经营时间为 5 月 1 日—10 月 10 日，其中 8—10 月为旅游旺季。

本研究的研究对象是该区域的 3 家马队旅游专业合作社，其主营业务是向游客出租马匹开展游览观光活动；合作社的参社社员、管理人员和监督人员均是当地哈萨克族牧民，是典型的少数民族牧民专业合作社。

马纳提合作社于 2012 年成立，营业点位于东喀拉峻景区的猎鹰台景点，是喀拉峻景区成立最早、规模最大的马队旅游专业合作社，社员是喀拉峻村、喀布萨朗村、喀拉干德村和克尔干布拉克村的哈萨克牧民。截止到 2018 年参社成员达到 160 人，马 160 匹，2017 年旅游旺季日游客接待量达 400～500 人，淡季达 100～200 人。

白马合作社成立于 2013 年，经营地点在"中国历史文化名村"——琼库什台村，是由村里能人出资经村民委员会同意成立的农民经济合作组织，目前共有成员 140 人，社员均为琼库什台村村民，据统计 2017 年旺季马匹日出租 150～200 匹，淡季 30～40 匹。

金灿灿合作社由特克斯县八卦城景区管委会牵头成立，将七十八团和乔拉克铁热克镇克孜勒阔拉村四村原住牧户中的 10 家贫困户和低保户集中安置到九曲十八弯景点，以家庭为单位，向游客提供骑马娱乐项目，兼具毡房餐饮和住宿接待服务；合作社于 2018 年成立，每天接待游客 30～40 人，目前经营资本为 10 匹马和 10 顶毡房，社长由成员推举。

考虑到牧民资源禀赋和地域特殊性，3 家合作社对成员无性别约束，对年龄限制也宽松，16～60 岁均可，充分利用了民族天赋和牧民家庭富余劳动力。

13.3　旅游专业合作社特色化运行机制分析

13.3.1　内部治理结构分析

国外最先对合作社组织模式和治理结构进行了研究，最成熟的理论来自

Bijman 和 Chaddad 等人的研究，根据谁拥有控制权原则将合作社的治理模式分为农村能人主导型、普通农民主导型、企业主导型和相关组织主导型 4 种类型（Bijman et al.，2012；Chaddad et al.，2013；吴彬等，2013）。本研究中合作社分为政府主导型和能人主导型 2 种类型。从经营模式、组织性质、成员入社资格、特色化经营项目、合作单位和监督情况等方面对比分析其治理结构发现（表 13-1），政府主导型的马纳提合作社和金灿灿合作社的经营模式有很多共性，主要表现在：①组织性质相同，两者均由政府部门牵头成立，带领牧民参与旅游，实现脱贫目标；②尊重民意，由村民和社员遵照"一人一票"原则自主投票选举；③以精准扶贫宗旨为导向，根据当地实际情况将低保户、贫困户和禁牧牧户等扶贫对象纳入合作社中，真正做到了扶贫的全覆盖和精准要求；④公平公正，通过政府监督，保障合作社管理规范、收益透明、社员分配公平。能人主导型的白马合作社与之相比存在很多差异，其成立目标是实现经济效益，当地村民入社自愿、退社自由；服务内容更加多元化；监督机制不健全，只有村民委员会监督合作社向社员发放工资情况，这种监督只能保障社区牧民基本权益，对于合作社内部利益分配、成员分工、管理运营等方面存在监督空白。从合作社业务拓展、增收渠道和经济效益方面来看，马纳提合作社与管委会设立的 16 个扶贫摊位共享经营场所，向游客销售商品，"马队＋摊位"的合作形式也是政府旅游扶贫的特色项目，既为游客提供购买商品的平台，又满足了游客骑马娱乐消费需求，但收益分开结算，无增收效益；白马合作社与琼库什台村的哈英马匹租赁服务点于 2017 年合并运营，社员统一管理，2 个队长共同担任理事长，平分收益，属于"分财不分人"的合作模式，规模扩大，对外抵御风险的能力增强，对合作社增收有一定贡献；金灿灿合作社则是 10 户成员共同提供租马和牧家乐接待服务，共享经营资本和人力资本。

表 13-1　马队旅游专业合作社治理结构比较

项目	马纳提合作社	白马合作社	金灿灿合作社
经营模式	管委会和村民委员会牵头	能人牵头	管委会牵头
组织性质	旅游扶贫	营利性	旅游扶贫
参社资格	60% 是贫困户，40% 是禁牧牧户	持有琼库什台村户口村民	克孜勒阔拉村和七十八团的贫困户或低保户

（续）

项目	马纳提合作社	白马合作社	金灿灿合作社
特色化经营项目	租马；摊位销售商品；叼羊（公益表演）	租马、叼羊表演、旅游产品销售、牧家乐、歌舞表演、民族风情观光服务	租马；毡房餐饮和住宿接待
合作单位	与16个扶贫摊位合作营业	与哈英合作社合并运营	租马与牧家乐同时开展
监督情况	由管委会委派2人监督合作社收费、制度施行、规范管理、收益和劳动分配等情况	由村民委员会监督，保证村民的合法权益	由管委会委派1人监督合作社收费、制度施行、规范管理、收益和劳动分配等情况

13.3.2　运营管理机制分析

　　喀拉峻景区牧民旅游专业合作社在服务项目设计、劳动分工制度、管理条例、社员工作时间、规范性经营、游客保险服务、社员培训等管理方面存在明显差异（表13-2）。经过对比发现，政府主导型和能人主导型2种经营模式的旅游合作社管理方式有很大差异，主要表现在3个方面：①社员分工制度不同。马纳提合作社和金灿灿合作社采取轮流上岗的分工制度，强制要求社员每天按时打卡上班，即使当天游客量少，也要保证足时在岗，并且要求参社牧民只准牵1匹自家的马上岗，保证社员参与旅游机会的均等性和劳动的公平性；白马合作社采取自由接待分工制度，在游客量大的时候可以外调马匹，应对需大于求的市场变动。②规范性经营方式不同。政府主导型的马纳提合作社和金灿灿合作社采取"社员统一服装、统一编号、统一服务标准、统一佩戴上岗证、统一马鞍"的"五统一"管理方式，在塑造旅游合作社形象和提升社员凝聚力方面有突出作用；能人主导型的白马合作社社员没有统一的服装，也没有佩戴上岗证或者表明身份的标牌，马匹未统一马鞍，表现出无规范的管理特征。③服务保障机制不同，政府主导型的旅游合作社有完善的游客管理条例和合作社内部管理条例，合作社为游客提供保险服务，并定期开展与旅游服务相关的培训活动，保障游客的安全和旅游服务的质量；白马合作社还没有制定游客管理条例，游客保险费用由社员承担，也未开展正规培训。总的来看，政府主导型的旅游合作社的经营管理机制要优于能人主导型的旅游合作社。

表 13-2 马队旅游专业合作社运营管理机制比较

项目	马纳提合作社	白马合作社	金灿灿合作社
旅游路线设计及收费	库尔代森林大峡谷往返 1.5 小时 120 元；猎鹰台往返 1 小时 80 元；三级夷平面往返 2 小时 160 元	村内 1 小时 80 元；前往喀拉峻草原、库尔德宁、乌孙古道、高山湖 1 天 300 元	1 千米 50 元，1 小时 80 元，无固定观光线路
管理条例	有游客和合作社管理条例	无管理条例	有游客和合作社管理条例
工作时间	10：00—20：00	8：00—22：00	9：00—19：30
分工制度	保证 1 人 1 匹马接待，按序号排队轮流上岗	社员自主寻找目标客户，1 人 1 匹马接待，游客需求量大时可外调马匹	10 户家庭按序号轮流接待游客，租马和牧家乐同时开展
规范性经营	统一服装、统一编号、统一服务标准、统一马鞍、统一持证上岗	社员未统一服装，马匹未统一马鞍，无证上岗	统一服装、统一编号、统一服务标准、统一马鞍、统一持证上岗
游客保险服务	合作社统一为游客购买保险	社员每年付 300 元为游客购买保险	合作社统一为游客购买保险
培训项目	每年 4 月聘请专家进行为期 1 周关于旅游服务质量和服务态度的培训	无正式培训，会开展游客服务、马匹管理等方面说明会	还没开始，有培训打算

13.3.3 利益分配机制分析

从社员投入资本类型来看，与其他传统专业合作社不同的是，这 3 家旅游合作社社员入社不需要投入资金作为股本，而是由社员提供劳动力、技术服务、马匹租用、固定资产（毡房）和土地使用权（社员将禁牧牧场租给合作社用作旅游经营场地）入社，这是由旅游服务的无形性、草原牧民资源禀赋的特殊性决定的。从收益形式、分红制度、收益风险、社员年均收入和合作社年收入来看 3 家合作社利益分配机制存在较大差异（表 13-3）。①收益分配制度不同，马纳提合作社采取"平均分配，同工同酬"的分配制度，即社员按照号码顺序轮流接待游客，并将当天 85% 的收益平均分配给社员；金灿灿合作社采取"平均分配，不同工却同酬"的分配方式，即入社家庭按号码顺序接待游客住宿和提供租马服务，所获收入要平均分给当天没有接待游客的家庭；白马合作社根据社员交易量（额）实行"按劳分配、多劳多得"原则，即社员自愿上岗接待，接待游客越多，收入越多，但要将15％的收入上交合作社。不同的治理结构影响着合作社的激励制度与利益分配制度（宋茂华，2012），前两者的分配方式过度注重公平，会严重影响社员旅游接待积极性；后者社员劳动积极性高，但会导致社员过度追求接待数量而忽视服务质量，且内部管理制度存在漏洞，滋生社员怠工、旷工现象。②分红比例和利用方式不同。马纳提合作社与白马合作社分配比例一致，但经营模式决定了合作社分红的所有权不同：马纳提合作社将收益用于建立公积金以实现合作社的长远发展，社员拥有或享受一部分共有财产或集体资产；白马合作社收益归个人所有，合作社的公共产品和设备也由个人出资购置；金灿灿合作社社员收益分配比例最高，且享受合作社共有财产，相比之下，社员获得的福利绩效最高。③收益风险不同。马纳提合作社经营场所由景区管委会提供，严格把控外来经营者的经营权，不存在竞争对手，也没有收益风险。白马合作社社员需要去市场抢夺客源，不仅要面对内部其他社员的竞争，还要面对市场上没有加入合作社的散户（俗称"黑马队"）的低价竞争，一旦出现抵御市场风险能力不足的情况，则收益会骤减。金灿灿合作社采取"不同工却同酬"的分配方式，因包含住宿和餐饮接待，成本开支也较大，存在经营成本大、回收期不稳定的问题，导致牧民短期内入不敷出。

表 13-3　马队旅游专业合作社利益分配机制比较

项目	马纳提合作社	白马合作社	金灿灿合作社
投入资本	劳动力、服务技术、服务设备（马匹）、土地使用权	劳动力、服务技术、服务设备（马匹）	劳动力、服务技术、服务设备（马匹、毡房内所有接待设施）
收益形式	现金分红	现金分红	现金分红
分红比例	合作社15％，社员85％	合作社15％，社员85％	合作社10％，社员90％
收益分配制度	平均分配，同工同酬	按劳分配，多劳多得	平均分配，不同工却同酬
收益风险	无风险	内部、外部竞争风险	成本风险较大
2017年社员人均收入	2万元左右	1万～2.5万元	—
2017年合作社收入	16万元	50万元	日收入3 000元左右

13.4　合作社特色化旅游项目社员参与意愿

13.4.1　社员参与特色化旅游项目意愿

经过对喀拉峻景区的马队旅游合作社社员的访谈和问卷调查（表13-4），社员参与哈萨克族传统民俗文化的旅游项目意愿强烈，均值得分2.86。对合作社增加马术表演、马上掰手腕、姑娘追、赛马表演、草原叼羊、马上拾银等项目表示支持，尤其是叼羊和赛马表演，均值得分2.79和2.77，但目前合作社的主营项目仅仅是租马服务，赛马和叼羊表演项目仅限于合作社为社区提供的传统节日公益表演，其他项目均未开展。

表13-4　社员参与合作社特色化旅游项目的态度

题项	均值（总分＝3分）/分
合作社增加一些旅游项目	2.86
马队增加马术表演	2.72
马队增加马上掰手腕	2.71
马队增加姑娘追表演	2.74
马队增加赛马表演	2.77
马队增加草原叼羊表演	2.79
马队增加马上拾银表演	2.72
对以上项目进行特定的训练	2.74
长期保留以上几个项目	2.73

13.4.2　限制特色旅游项目开发原因

限制马队合作社开发特色旅游项目的原因有很多（图13-2）。一方面，合作社自身存在问题，合作社开发项目资金不足、规模较小、基础设施建设不全、管理制度不完善、安全保障难度较大等原因，是制约合作社特色旅游项目开发的主要因素；另一方面，受社员素质限制，因缺乏专业训练，掌握专业表演技能的人才较少，无法组建一支有专业素养的团队。另外，社员汉语水平受限，与游客深入交流困难，影响旅游服务质量，很大程度上阻碍了合作社的多元化发展。此外，在外部环境方面，合作社缺少政府的政策支持，加上当前消费群体（游客）规模较小，看不到市场前景，缺乏特色化旅游项目开发的积极性和动力。

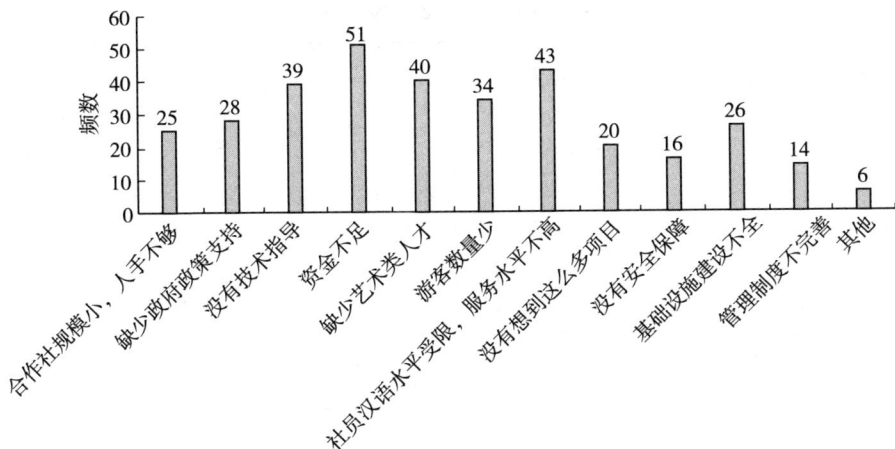

图 13-2　限制特色旅游项目开发的原因

13.5　社员满意度分析

13.5.1　研究方法

因子分析法是在众多相关因素中寻求少数的几个因子来综合反映全部变量的大部分信息的分析方法。也就是通过降维技术求出某几个公共因子，使它们尽可能多地保留原始变量的信息，且彼此不相关。本研究利用因子分析法进行因子提取，其中旋转方法为最大正交旋转法，根据旋转后的因子负荷矩阵，以特征根大于 1、变量载荷值大于 0.5 为标准对因子进行提取和变量选择。利用 KMO 测度及巴特利特球检验，检测量表因子的效度。根据因子的得分系数计算每个公因子总得分进而判断各因子的重要性。

13.5.2　实证研究

13.5.2.1　调查样本统计特征

社员个人基本情况（表 13-5）：社员均是哈萨克族，以男性为主；从年龄结构来看，16～45 岁占 89.7%；学历以初中学历居多，占 54.0%；加入合作社年收入 1 万元以下占 77.0%；社员家庭 60% 以上是低保户或贫困户，家庭年收入 2 万元以下占 74.7%；放牧是其主要生计方式，占 89.7%。有51.7% 的社员已经加入合作社 2～3 年，加入合作社 1 年的社员占 35.6%；有73.6% 的社员比较适应合作社的工作；社员加入合作社存在一些困难，比如普通话交流障碍、旅游服务技能需提升、家庭劳动力不足和资金不足等问题，51.7% 的社员表示加入合作社后最大的困难是汉语交流。

表 13 - 5　调查样本统计特征

项目	选项	频率	占比/%	项目	选项	频率	占比/%
性别	男	84	96.6	加入合作社年收入	≤10 000 元	67	77.0
	女	3	3.4		10 000<～20 000 元	10	11.5
民族	哈萨克族	87	100.0		20 000<～30 000 元	7	8.0
年龄	<16 岁	6	6.9		>30 000 元	3	3.4
	16～25 岁	30	34.5	每年家庭总收入	≤20 000 元	65	74.7
	26～35 岁	26	29.9		20 000<～40 000 元	10	11.5
	36～45 岁	22	25.3		40 000<～60 000 元	7	8.0
	46～55 岁	1	1.1		60 000<～100 000 元	3	3.4
	≥56 岁	2	2.3		>100 000 元	2	2.3
受教育水平	小学及以下	18	20.7	其他生计方式	放牧	78	89.7
	初中	47	54.0		牧家乐	5	5.7
	高中或中专	22	25.3		县城打工	4	4.6
家庭情况	贫困户	28	32.2	加入合作社适应程度	适应	64	73.6
	低保户	28	32.2		一般	22	25.3
	中等小康	28	32.2		不适应	1	1.1
	富裕	2	2.3	加入合作社时间	1 年	31	35.6
加入合作社困难	语言	45	51.7		2 年	26	29.9
	旅游服务技能	8	9.2		3 年	19	21.8
	家里劳动力不足	11	12.6		4 年	3	3.4
	资金不足	19	21.8		5 年以上	8	9.2

13.5.2.2　评价指标选取

本研究采用 SPSS 软件因子分析法针对问卷中设计的 21 个题项进行反复检验，经过筛选剔除了 5 个测度项，最终保留 16 个题项，如表 13 - 6 所示。

表 13 - 6　合作社社员满意度评价指标

变量名称	测度项	变量名称	测度项
X_1	合作社监督机制明确	X_5	合作社工作服装统一
X_2	合作社管理条例健全	X_6	景区游客旅游线路安排合理
X_3	合作社制定的价格合理	X_7	加入合作社收入水平提高了
X_4	合作社统一培训落实	X_8	合作社分红制度合理

（续）

变量名称	测度项	变量名称	测度项
X_9	合作社的收入分配挺公平的	X_{13}	合作社经营项目有特色
X_{10}	合作社分工安排合理	X_{14}	合作社民族特色文化展示多
X_{11}	加入合作社每天接待的游客量多	X_{15}	合作社社员服务技术强
X_{12}	特色表演项目得到额外收入	X_{16}	合作社提供的旅游项目丰富

13.5.2.3　数据标准化与因子分析适宜性检验

由于测量的各项指标性质、尺度均不同，所以需要对指标进行标准化处理，经标准化处理后的数据具备更强的可比性。此处采取 SPSS 软件默认的标准化方法——标准差标准化方法对 $X_1 \sim X_{16}$ 变量进行标准化处理，其转化函数为

$$X^* = X - \mu\sigma \tag{13-1}$$

式中：X^* 为指标标准化后的值；X 为指标原始值；μ 为指标均值；σ 为指标标准差。

因子分析前，要判断样本数据是否适合作因子分析，需要对 16 个变量进行相关性分析、KMO 和巴特利特球形检验。KMO 值在 $0.9 < \sim 1.0$ 代表非常适合、$0.8 < \sim 0.9$ 代表比较适合、$0.7 < \sim 0.8$ 代表一般适合、$0.6 \sim 0.7$ 代表不太适合。一般而言，学界认为 KMO 值在 0.7 以上时，表明因子分析的效果较好。由于相关系数矩阵很大，此处未列出。表 13-7 给出了 KMO 和巴特利特球形检验结果。其中，KMO 值为 0.78，表明变量间相关性较强；巴特利特球形检验的显著性水平 Sig. < 0.05，表明数据呈球形分布，各个变量在一定程度上相互独立。综上，KMO 和巴特利特球形检验结果标明，较为适合作因子分析。

表 13-7　KMO 和巴特利特球检验

KMO 检验	巴特利特球检验		
	近似卡方	df	Sig.
0.780	571.555	120	0.000

13.5.2.4　提取公因子

本研究用 SPSS 20.0 采用因子分析法并进行方差最大正交旋转，根据 KMO 统计量对特征值大于 1 原则提取了 3 个公因子，分别将 3 个公因子命名为经营规范性感知因子 F_1、收益公平感知因子 F_2 和旅游服务质量感知因子 F_3。3 个因子的累计贡献率 56.43%，此外，各测量指标的因子载荷都在

0.476 和 0.822 之间，如表 13 - 8 所示。

表 13 - 8　旋转后的因子载荷矩阵及公因子命名

公因子	变量名称	测度项	因子载荷	累计方差贡献率/%
经营规范性 感知因子 F_1	X_1	合作社监督机制明确	0.807	
	X_2	合作社管理条例健全	0.726	
	X_3	合作社制定的价格合理	0.642	20.75
	X_4	合作社统一培训落实	0.615	
	X_5	合作社工作服装统一	0.546	
	X_6	景区游客旅游路线安排合理	0.476	
收益公平 感知因子 F_2	X_7	加入合作社收入水平提高了	0.803	
	X_8	合作社分红制度合理	0.680	
	X_9	合作社的收入分配挺公平的	0.619	19.44
	X_{10}	合作社分工安排合理	0.580	
	X_{11}	加入合作社每天接待的游客量多	0.579	
	X_{12}	特色表演项目得到额外收入	0.513	
旅游服务质量 感知因子 F_3	X_{13}	合作社经营项目有特色	0.822	
	X_{14}	合作社民族特色文化展示多	0.811	16.24
	X_{15}	合作社社员服务技术强	0.645	
	X_{16}	合作社提供的旅游项目丰富	0.639	

经营规范性感知因子包括合作社监督机制明确、合作社管理条例健全、合作社制定的价格合理、合作社统一培训落实、合作社工作服装统一和景区游客旅游路线安排合理 6 个题项，累计方差贡献率为 20.75%。收益公平感知因子包括加入合作社收入水平提高了、合作社分红制度合理、合作社的收入分配挺公平的、合作社分工安排合理、加入合作社每天接待的游客量多和特色表演项目得到额外收入等 6 个题项，方差贡献率 19.44%。旅游服务质量感知因子包括合作社经营项目有特色、合作社民族特色文化展示多、合作社社员服务技术强和合作社提供的旅游项目丰富 4 个题项，方差贡献率 16.24%。

13.5.2.5　因子得分

首先，运用 SPSS 计算出因子得分系数矩阵，如表 13 - 9 所示；其次，运用回归计算法，根据矩阵中的因子得分系数与变量标准化之后的值对应相乘再相加，计算出因子得分，其转化函数为

$$Fi = a_1 X_1^* + a_2 X_2^* + \cdots + a_i X_i^* \qquad (13 - 2)$$

式中：F_i 为第 i 个公因子的得分；a_i 表示第 i 个指标在第 i 个公因子上的得分系数；X_i^* 为第 i 个指标标准化后的值。F 值越高，说明社员对合作社的满意度越高。

由此，利用式 13-1 和式 13-2，结合表 13-9 中的数据，可以计算出因子得分。

$$F_1 = 0.329X_1 + 0.111X_2 + \cdots - 0.128X_{15} + 0.03X_{16} = 7.276$$
$$F_2 = -0.115X_1 + 0.149X_2 + \cdots + 0.082X_{15} - 0.019X_{16} = 2.041$$
$$F_3 = -0.08X_1 - 0.099X_2 + \cdots - 0.263X_{15} + 0.242X_{16} = 17.712$$

表 13-9　因子得分系数矩阵

变量名称	测度项	经营规范性感知因子 F_1	收益公平感知因子 F_2	旅游服务质量感知因子 F_3
X_1	合作社监督机制明确	0.329	−0.115	−0.080
X_2	合作社管理条例健全	0.111	0.149	−0.099
X_3	合作社制定的价格合理	0.253	−0.119	0.025
X_4	合作社统一培训落实	0.262	−0.139	0.001
X_5	合作社工作服装统一	0.125	0.128	−0.119
X_6	景区游客旅游路线安排合理	0.093	0.065	0.054
X_7	加入合作社收入水平提高了	−0.277	0.423	0.000
X_8	合作社分红制度合理	−0.021	0.257	−0.087
X_9	合作社的收入分配挺公平的	0.019	0.193	−0.019
X_{10}	合作社分工安排合理	−0.021	0.257	−0.087
X_{11}	加入合作社每天接待的游客量多	0.114	0.214	0.136
X_{12}	特色表演项目得到额外收入	0.067	−0.187	0.354
X_{13}	合作社经营项目有特色	−0.053	−0.053	0.353
X_{14}	合作社民族特色文化展示多	−0.004	0.168	−0.002
X_{15}	合作社社员服务技术强	−0.128	0.082	0.263
X_{16}	合作社提供的旅游项目丰富	0.030	−0.019	0.242

13.5.3　实证结果分析

13.5.3.1　总体满意度水平

在 3 个公因子中，经营规范性感知因子得分为 7.276，收益公平感知因子得分为 2.041，旅游服务质量感知因子得分为 17.712。由得分可以看出：社员对向游客提供的旅游服务质量是最满意的，其次是经营规范性，满意度最低的是收益公平。社员对合作社提供的旅游项目丰富度、展示的民族特色文化多样性、经营项目特色性以及对自身的服务技术是比较满意的。除此之外，社员对合作社的监督机制的设立、管理条例的制定、价格的合理性、旅游线路的安排、服装的统一以及培训工作的落实也是比较认可的。相比之下，让社员最不满意的是合作社的收益分配问题，主要体现在对加入合作社后的收入水平、分红制度、分工安排及额外收入等方面不满意。

13.5.3.2 不同合作社社员的满意度水平

3家合作社社员对各自合作社的经营规范性、收益公平和旅游服务质量的满意度存在差异（表13-10）。

表13-10 不同合作社的社员满意度水平

公因子	变量名称	测度项	均值		
			马纳提	白马	金灿灿
经营规范性感知因子 F_1	X_1	合作社监督机制明确	4.20	3.67	3.97
	X_2	合作社管理条例健全	4.38	3.83	4.19
	X_3	合作社制定的价格合理	4.24	3.83	4.16
	X_4	合作社统一培训落实	4.10	3.17	2.87
	X_5	合作社工作服装统一	4.44	3.97	4.83
	X_6	景区游客旅游路线安排合理	4.32	4.29	3.17
		总得分	4.28	3.96	3.87
收益公平感知因子 F_2	X_7	加入合作社收入水平提高了	3.98	3.94	3.83
	X_8	合作社分红制度合理	4.32	4.06	3.67
	X_9	合作社的收入分配挺公平的	4.38	4.19	3.50
	X_{10}	合作社分工安排合理	4.36	4.16	3.83
	X_{11}	加入合作社每天接待的游客量多	4.24	3.97	3.17
	X_{12}	特色表演项目得到额外收入	3.54	4.29	2.33
		总得分	4.14	4.10	3.39
旅游服务质量感知因子 F_3	X_{13}	合作社经营项目有特色	3.86	4.29	4.00
	X_{14}	合作社民族特色文化展示多	4.20	3.94	4.17
	X_{15}	合作社社员服务技术强	4.06	4.35	3.83
	X_{16}	合作社提供的旅游项目丰富	4.00	4.00	3.33
		总得分	4.03	4.15	3.83

从合作社的经营规范性来看，马纳提合作社均值得分是最高的，为 4.28。马纳提合作社成立时间最早，由管委会制定社员管理条例和游客管理条例，各项制度比较完善，实行"统一服装、统一编号、统一服务标准、统一马鞍、统一持证上岗"的规范化管理，因此社员对合作社的经营规范性满意度较高。白马合作社因为缺失游客管理条例和合作社管理条例，服务过程也未实行统一管理，尤其是缺少统一培训环节，社员对合作社经营规范性感知满意度较低。金灿灿合作社由于刚刚成立，各项制度条例还未下发、施行，规范性管理工作还需进一步加强。

从社员收益公平满意度来看，马纳提合作社收益公平性高于白马合作社和金灿灿合作社，均值得分为 4.14，其中收入分配公平和分工合理得分最高，分别为 4.38 和 4.36。马纳提合作社采取"同工同酬、平均分配"的收益分配制度，其分工制度和收益分配制度都凸显高度的公平性特征；但是社员对加入合作社获得的额外收入和加入合作社后收入水平满意不高，均值得分 3.54 和 3.98，说明马纳提合作社特色表演项目开发不足，没有充分发挥社员的主观能动性和劳动积极性。社员对白马合作社收益公平满意度的得分为 4.10，其中"特色表演项目得到额外收入"和"合作社的收入分配挺公平的"2 项得分最高，分别为 4.29 和 4.19。白马合作社根据社员交易量（额）实行"按劳分配、多劳多得"原则，即社员自愿上岗接待，接待游客越多，收入越多。社员对"加入合作社每天接待的游客量多"和"加入合作社收入水平提高了"2 项满意度相对较低，原因在于合作社实行"自由竞争、多劳多得"的分配制度，会提高社员的工作积极性和市场开拓性，相应地产生"客户不够多、钱不够赚"的心理现象。金灿灿合作社社员的收益公平满意度是最低的，综合得分3.39，原因在于它采取"不同工却同酬"的分配方式，即入社家庭成员按号码顺序接待游客住宿和提供租马服务，所获收入要平均分给当天没有接待游客的家庭成员，因包含住宿和餐饮接待，成本开支也较大，导致短期内入不敷出，社员只看重眼前利益，容易造成分配不公的假象。

从社员旅游服务质量满意度来看，白马合作社的得分最高，为 4.15，社员尤其是对合作社经营的特色项目和自我服务水平认同感较强，因为白马合作社是市场导向型的合作社，提供的服务内容丰富、形式多样，包括租马、叼羊表演、旅游产品销售、牧家乐、歌舞表演、民族风情观光服务等。相比之下，金灿灿合作社的社员对合作社经营的特色项目和自我服务水平认同感较低，分别得分 3.33 和 3.83，因为金灿灿 2018 年刚刚成立，各方面都处在学习和摸索阶段，合作社整体的旅游服务水平还有很大的提升空间。

13.6　结论与启示

13.6.1　主要结论

13.6.1.1　特色化经营合作社实现了经济、社会和生态功能

喀拉峻世界自然遗产保护地原本是一个交通闭塞、贫困落后、环境脆弱的高山草原牧区，自旅游开发以来，当地牧民的生计方式逐渐从放牧向参与旅游转移，在政府和当地能人的带领下，成立了旅游专业合作社。尽管3个合作社运行机制不尽相同，但均在一定程度上实现了经济功能、社会功能和生态功能。在世界自然遗产保护地生态保护、草原禁牧、牧民搬迁就业安置和发展旅游的背景下，旅游专业合作社的成立转变了牧民生计方式，积极回应草原禁牧政策、保护草原生态环境，解决了草原上富余劳动力就业问题，通过参与旅游实现利润分红，增加了牧民家庭收入，成为实现生态脱贫的重要途径。牧民通过参加合作社的培训提升了职业素质，有了可参照、可学习的管理理念和服务技术，促进了旅游市场规范化培育。此外，通过合作社组织公益性活动（为附近乡村牧民表演叼羊和赛马等哈萨克族传统体育项目），丰富了牧民文化生活，弘扬了草原传统文化。从经济、社会和生态"三位一体"的实现功能来看，喀拉峻世界自然遗产保护地马队旅游专业合作社对解决牧民生计问题、保护生态环境和发展当地旅游业作出了一定贡献。

13.6.1.2　社员参与特色化旅游项目意愿强烈

天山世界自然遗产保护地旅游专业合作社特色化经营模式调查结果显示：社员参与合作社特色化旅游项目意愿强烈，对合作社增加马术表演、马上掰手腕、姑娘追、赛马表演、草原叼羊、马上拾银等项目表示支持。但是目前喀拉峻世界自然遗产保护地的马队合作社开展的特色化旅游项目并不多，主要是租马服务。限制马队合作社开发特色旅游项目的原因有很多，包括合作社开发项目资金不足、规模较小、基础设施建设不全、管理制度不完善等因素，也包括社员缺乏专业训练和指导、普通话水平受限等因素，很大程度上阻碍了合作社特色化项目的开发。

13.6.1.3　不同合作社社员对合作社特色化经营满意度差异大

本研究从社员角度出发，探讨了天山世界自然遗产保护地旅游专业合作社发展现状和存在问题。利用因子分析，提取经营规范性感知、收益公平感知和旅游服务质量感知3个公因子。通过均值对比分析，社员对3家合作社的经营规范性、收益公平性和旅游服务质量的满意度存在差异。社员对马纳提合作的经营规范性和收益公平满意度是最高的；社员对白马合作社的旅游

服务质量满意度是最高的；金灿灿合作社在经营规范性、收益公平和旅游服务质量 3 方面满意度都是最低的，作为刚成立不久的合作社还需在各方面不断改进和完善。

13.6.1.4　不同旅游专业合作社特色化经营模式存在弊端

通过对比分析 3 种不同类型的马队旅游合作社特色化的运行机制以及社员满意度，发现各自存在一些问题。针对天山世界自然遗产保护地不同的旅游专业合作社特色化经营模式展开如下讨论（表 13 - 11）：

表 13 - 11　喀拉峻世界自然遗产保护地马队旅游专业合作社运行机制对比

合作社	治理结构 （经营模式）	运营管理 （组织形式）	利益分配机制 （分配制度）
马纳提合作社	政府＋合作社＋牧民	轮换制	平等参与，平均收益
白马合作社	能人＋合作社＋牧民	竞争制	风险共担，竞争得益
金灿灿合作社	政府＋合作社＋牧户	轮换制	轮流上岗，收益平摊

第一，"政府＋合作社＋牧民""能人＋合作社＋牧民"和"政府＋合作社＋牧户" 3 种不同的旅游合作社模式，因区域位置、背景和成立目标的不同，三者形成了"社员服务取向型"和"市场取向型" 2 种不同主体倾向。2 种取向的差别在于政府是否介入。进一步分析，喀拉峻世界自然遗产保护地是少数民族贫困地区，交通闭塞、牧民居住分散和基础设施落后限制了社区居民参与旅游能力，这决定了政府介入并引导牧民参与旅游的必要性。马纳提旅游合作社和金灿灿旅游合作社正是因为牧民居住分散，无法凝聚力量，而需由政府牵头成立帮助牧民参与旅游的经济组织，其性质是旅游扶贫，服务对象是当地牧民，并采用相应的分工制度——"轮换制"以保证社区牧民参与旅游的公平性。特别是在当地政府的保护下，所在旅游区辐射范围内不准私人和企业组建马队旅游合作社，这样不会对社员造成来自竞争的心理压力，有利于牧民之间形成和谐、稳定的社区关系。在收益分配制度方面，马纳提合作社采取"平等参与，平均收益"的平均分配制度，且将合作社收益全部用在社员分红和参与旅游组织的运营维护上，在社员的心理建设、社会关系维护和经济效益方面都体现出对牧民明显的服务倾向；但是过于注重公平，忽视内部效率，导致社员普遍缺乏劳动积极性和生产动力。

第二，金灿灿旅游合作社以家庭为单位参与旅游，参与户被强制性地捆绑在一起，表现为"轮流上岗，收益平摊"的收益分配机制，与梅里雪山雨崩村住宿服务的"代税制"分配制度相似，该合作社规定将接待户当天所得收益与其他几户牧民平分。这种制度是在无法实现社员"平等参与、平均分配"情景下的一种强制性再分配机制，能避免因竞争带来收入差距进而造成居民社会紧张。但金灿灿合作社除了租马服务，还有餐饮和住宿接待，消耗更多物质资本和人力资本，经营成本较高。该合作社社员所得收入还要与其他九户成员平分，造成牧民只看眼前利益。这种分配方式严重挫伤了社员积极性，不合理的分配方式制约着旅游服务水平和合作社绩效水平的提升。

第三，在"市场取向型"的白马旅游合作社中，政府没有介入的主要原因在于，它形成于喀拉峻景区内的自然村落。牧民聚集在同一个村落，更容易激发社区牧民主动联合意识，并方便后续管理。在旅游发展契机下，由琼库什台村能人带领组建以营利为目的、牧民自愿参与的旅游合作社，因为没有政府的保护，导致该合作社形成"内部竞争＋外部抢客"的竞争分工方式，相应地形成"风险共担，竞争得益"的收益分配机制，即对外与市场上其他"黑马队（散户）"争夺客源，社员共同面临低价竞争的风险，对内与其他社员以多劳多得的分配方式争夺客源，以此形成了市场取向的运行机制。市场竞争压力和高效的分配方式，会提高社员积极性、合作社运行效率及绩效水平。但由于管理者水平有限、培训制度和监督机制不健全，影响了合作社整体旅游服务质量，难以应对市场风险。

13.6.2　启示

总的来说，喀拉峻世界自然遗产保护地的牧民旅游专业合作社，无论是政府主导型还是能人主导型的经营模式，只是经营目标不同，并无优劣之分。本研究最终讨论的是"政府＋牧民""能人＋牧民"和"政府＋牧户"3种不同的治理结构的旅游专业合作社，怎样才能通过参与旅游更好地推动当地经济发展，帮助牧民增收与脱贫，实现生态效益与社会效益。经过上文的总结，3种模式的参与旅游机制都存在一些问题，如何优化现行的运行机制是本研究最根本的目的，因此作出如下讨论：

第一，马纳提合作社旅游经营过度依赖政府的外力帮扶，过度强调"平等参与，平均分配"的分配理念，虽保障了社员参与的公平性，但却丧失了内部主观能动性，社员表现出懒散、懈怠的工作态度，导致旅游服务质量的下降。应取消现行平均分配的收益分配制度和轮流上岗的分工制度。采取"游客打分制＋轮流上岗"结合的方式，实施差异化分级制度，即根据游客体验满意度对社员服务质量进行打分，再依据每个社员的分数制定等级，向游客制定不同等级服务的收费标准，由游客自主选择，最后同等级里采取按编号轮流接待的制度，不同等级采取不同绩效系数，决定工资分配和年底分红额度。以此保证社员分工的公平性，也能有效调动牧民工作积极性，在满足经济需求基础上向社会提供更优的服务，自发提高服务意识和服务精神。同时，争取得到政府的补偿和大力支持，积极开发特色化旅游项目，增加马术表演、马上掰手腕、姑娘追、赛马表演、草原叼羊、马上拾银等项目，丰富合作社服务内容，满足游客多样化的旅游需求。

第二，白马合作社虽然符合市场化的要求，提高了合作社运营效率，但由于村落闭塞、管理者自身能力限制，管理水平有限，合作社缺失监督机制，社员服务质量及游客的权益无法保障，不规范的经营手段影响了社区旅游可持续发展。优化运行机制的关键在于加强合作社规范管理：①通过政府委派专业型管理人才或由企业带动发展合作社。管理者素质、能力水平对合作社绩效影响非常大，在管理机制已然影响到游客和社区牧民的利益的情况下，政府有必要进行管理干预和监督。②内部实施规范化管理，采取"统一服装、统一服务标准、统一培训、统一购买保险"的专业化、品牌化的经营手段，树立合作社形象，增加市场辨识度，区分市场上的"黑马队"。③完善并严格执行合作社社员管理条例和游客管理制度；加强对社员的培训力度，推进牧区双语培训工程，加强对社员旅游服务意识和旅游服务技能培训，提高社员旅游服务质量；完善游客保险服务，增强游客信任感，保障合作社公平、健康和可持续运行。

第三，金灿灿合作社在没有外来竞争、参社家庭少且经营业务处于垄断地位的情况下，实行"轮换制"的分工方式和"代税制"的收益分配制度是非常不明智的，既抑制了接待牧户的个性化服务的想法，也损害了游客自主选择的权益，不利于旅游市场健康发展。因此应采取以"市场自由选择制"代替"轮换制"，激发牧民创新旅游产品的意识，完善社员培训制度，加大培训力度，提高旅游接待服务质量，促进区域旅游可持续发展。

第 14 章

生态移民生计与旅游业可持续协同发展策略建议

　　可持续生计的重要目标就是任何发展和改进都是长远持续性的。要实现参与旅游牧民的生计可持续就必须把参与旅游牧民的生活质量同社会的长远发展目标相结合，使其不但短期内生存质量能得到保证，而且还能具备长期持续发展的能力。当然笔者并不赞同牧民只经营旅游业，牧民可以在参与旅游的同时进行饲养牲畜、打工、打松子、挖虫草、打猎等多种经济活动，多种生计策略组合更有利于抵御和分散牧民生产生活风险，保证其生存质量的提高。通过对影响参与旅游牧民实现长远生计的因素进行分析，笔者提出如下实现牧民长远生计的对策：

14.1　牧民的应对策略

14.1.1　提高旅游经营水平和服务能力

　　牧民应该积极抓住各种学习的机会，提高自己旅游经营服务能力及经营理念，提高汉语水平。同时，注重牧民竞争意识和法律知识的培训，使其明白市场优胜劣汰的原则，并能知法、懂法、守法、利用法律维护自己正当权益，从而恪守市场竞争原则，努力提高自己竞争能力。

14.1.2　加强合作关系，建立合作组织

　　牧民应该加强牧民之间、牧民与山庄之间的合作与信任关系。相互介绍游客，公平、有序地开展旅游业。山庄可以给牧民介绍租马的生意，牧民租马时也可以向游客推荐山庄吃住，这样不仅能促进旅游有序开展，也能使邻里关系更为融洽。建立牧民合作组织，要由牧民自行组织、自选领导委员会，使其能够更好地代表牧民的利益与旅游公司、政府进行利益的博弈，使其为牧民争取

到最大的利益；同时，也能保障牧民之间公平开展旅游经营，防止抢客、强买强卖的事件发生。合作组织还可以向外与疆内旅行社、国内旅行社进行沟通，建立相关的合作关系，使牧民形成一个强有力的竞争整体。

14.1.3　多种生计组合策略

多种生计策略的组合能够更好地抵御和分散牧民生产生活中的风险，确保其生存质量的维护与提高。参与旅游并不是牧民获取经济利益、保障其生存质量的唯一有效途径，祖祖辈辈留传下来的放牧、挖虫草、打松子、打猎等，现在已经成为牧民日常生活和参与旅游中不可或缺的一部分。旅游旺季在 6—10 月初，牧民夏季牲畜处于放养的状态，4—5 月是挖虫草的季节，牧民在 7 月底 8 月初要进行牧草收割，9 月初是打松子的季节，打猎一般放在冬季下雪以后。这样看来只有割草与打松子的时间在旅游旺季之内，割草需要花 10 多天时间，牧民可以根据自家劳动力和参与旅游情况安排这段时间的活动；打松子时间正好是旅游最好的 9 月，牧民可以根据自身和当年旅游业开展情况进行选择。牧民同时开展多种生计，若遇到某一种生产活动不景气的情况，也能保证其生活质量不受太大影响。

14.2　旅游龙头企业的应对策略

14.2.1　加大对当地牧民的雇用力度

旅游公司是研究区的旅游龙头企业，拥有雄厚的资金和较好的旅游经营管理理念，旅游公司可以尽量雇用当地牧民，不仅给牧民提供就业机会，有利于增加牧民的就业途径，增加牧民经济收入来源，减少牧民对龙头企业的排斥，还能促进当地旅游业健康、稳定、有序、长远的发展。

14.2.2　承担部分牧民培训项目

龙头企业在景区各项服务中，应加强与牧民的联系，使牧民感受到旅游业的服务理念。同时龙头企业可以对牧民提供免费的参观、服务演示，让牧民从对比和实践中找到差异，促使其提高自己的服务水平。

14.3　政府的应对策略

政府作任何决策都应该将参与旅游牧民的生活质量同社会的长远发展目标相结合，使其不但短期内生存质量能得到保证，而且还能具备长期持续发展的能力。

14.3.1 加强对牧民的各项技能培训

从上文的分析我们得知，牧民对旅游技能学习热情较高，但是学习能力不强。除了牧民自主向村里有经验的牧民进行学习以外，政府应该针对牧民需要开展双语培训，因为牧区居民主要是少数民族，他们要学习汉语，还要学会相关的服务技能，以前政府提供的培训都是使用汉语讲授，很多汉语水平不好的牧民有学习意向，但是语言的阻碍使得他们对原本很感兴趣的培训望而生畏。政府应采用双语教学，让牧民理解参与旅游经营的服务理念，并且使服务意识深入人心，促进牧民自主学习汉语，提高服务水平，从而提高牧民的经营理念和经营水平，提高牧民参与旅游的市场竞争力。

14.3.2 开发冬季旅游

研究区夏季旅游开发走向成熟，而冬季旅游基本处于空白状态。研究区春节、冬季运动会、景区冬景等都很具有地方特色。景区管理者应该积极开发冬季旅游，使牧民经营旅游不再受季节的束缚，增加牧民参与旅游时间，从而稳定牧民旅游收入。

14.3.3 建立健全相关规章制度

目前，当地政府对保护当地牧民参与旅游经营采取了很多办法，但是没有成系统，而且在落实方面也存在很多问题，长此以往必将阻碍牧民参与旅游经营的积极性，而且有可能引发一系列社会问题，这需要引起当地政府的注意与重视。建立健全牧民参与旅游项目的相关规章制度，鼓励牧民积极参与旅游，使牧民参与旅游的相关利益得到保障，不仅有利于当地的长治久安，有利于旅游业更好地在当地开展，也能促使牧民更加积极地参与到旅游业中来，提高当地牧民的收入水平，保证牧民的生存质量。

14.3.4 营造较好的社会环境

社会环境的安定是旅游业开展的另一条生命线，人们对自身人身安全的要求是最基本的要求。只有拥有稳定的社会环境，人们才愿意进行更高级的消费。政府应该努力为旅游业营造较好的社会环境，保障旅游业能够顺利、安全的开展。

14.3.5 加快完善社会保障体系

政府应该充分发挥服务功能，将社会保障法治建设提高到重要的位置。充分考虑当地牧民对社会保障的现实需求，在促进社会保障体系完备的前提下，增加保障项目，扩大覆盖面，完备牧区社会保障体系。在制定牧民社会保障政策时，应把近期目标和长期目标结合起来考虑，以实现牧区居民社会保障制度的统筹发展、提高牧民生存质量为目标。

14.4　巩固生态移民成果、促进牧民生计可持续的建议

14.4.1　生态移民政策内容及实施方面的建议

不断提高管理部门工作人员的工作效率，完善相应的管理制度，提高政策信息的公开化和透明化。创新旅游管理模式，促使旅游开发向健康化、生态化、高效化发展，在追求经济效益的同时注重生态环境的保护，减轻牧民保护生态环境的负担。针对牧民进行生态移民政策满意度和受偿需求，及时了解牧民对政策的感知及满意度，并和牧民进行有效的沟通与交流，提高牧民对政策的满意度，促进牧区经济发展。

14.4.2　增强生态移民政策效果的建议

在保障牧民生活基本需求的基础上，加强农牧业生产型牧民的劳动就业、生产技能培训，尤其是对新型农业种植、畜牧业养殖等方面技术的推广与普及。提高农牧民的综合文化水平，让更多的牧民掌握从事第二、第三产业的技能，提高牧区劳动力的就业竞争力，使农牧民有一个稳定的收入渠道。

对旅游经营型牧民应给予政策上的引导，激发牧民自主创业的热情，鼓励牧民成立旅游经营专业合作社，提高合作社市场营销水平，加强团队合作力度，使其具有更强的竞争力，从而获得更高的收益。同时加大对旅游经营型牧民的经营培训力度，鼓励牧民开发符合游客需求的旅游产品，充分发掘本民族特色文化资源，促使牧民参与旅游向多元化、特色化经营方面发展。

14.4.3　牧民自身问题解决的建议

研究中发现大多数牧民过度依赖政府，有"等、靠、要"思想。政府在生态移民安置就业等方面通过各种造血式补偿途径，使牧民适应新的生产生活环境，使其生计方式多样化、收入来源多元化，从而使牧民由传统的游牧角色转变为定居从事现代化农牧业生产或经营旅游业的新型农牧民的角色。

另外，牧民由于自身文化水平的限制，对生态移民和定居工程等认识不够。首先，政府部门应加强与牧民的沟通，及时了解和满足牧民的实际需求，

加大宣传教育力度，使牧民正确认识环境保护的重要性以及牧民定居工程、生态移民和牧民自身利益的关系，使牧民从内心真正理解和接受这些政策措施。其次，针对牧民的培训工作应该更系统化，从最基础的汉语教学、基本理论知识的理解和掌握以及法律知识的宣传开始，增加实践教学的课程，使牧民能够从实践中真正学到技术和经验，从而实现增收的目的。

14.4.4 牧民生计改善的建议

牧户依靠传统畜牧业生计方式是难以摆脱贫困落后面貌的，必须借助多样化生计途径以增收脱贫。旅游发展中基础设施建设、技能培训、旅游补贴等政策发挥了综合效应，为牧民从多元化角度参与旅游经营提供了现实基础。因此，在新疆牧区畜牧业与旅游业发展相结合是改善牧户生计状况的有效路径。但从参与旅游生计方式在从业时间、从业人群、收入水平、家庭资源占用等方面的特征分析，目前条件下，参与旅游在新疆天山世界遗产保护地仅是牧民传统畜牧业生计方式的有益补充而非替代。通过提升教育水平增强自我发展能力、发展本地综合性特色产业以促进牧民多种方式就业等发展战略组合，推动牧区经济整体水平发展，进而改善牧民生计水平，是各地方政府的当务之急。

基于上述研究结论，在生态文明建设的背景下，以促进牧区可持续发展为出发点，以提升牧民生计能力为目标，以推动生计互利共生为导向，以促成区域人与自然和谐共生为最终归宿，本研究提出以下草原生态保护与可持续性牧民生计对策建议：

14.4.4.1 完善草原管理制度，推动牧区可持续发展

（1）加强草原生态环境治理力度，保障草原生态安全。草地是牧区发展的根基，维护草地生态平衡是推进牧区可持续发展的重中之重。从草原实际情况出发，以统筹规划、保护优先、封育结合、注重实效为原则，坚持依法立法、科学立法、民主立法，积极出台相应法规条例，并适时对草原保护条例进行修订完善，推动草原生态文明建设。不断完善《中华人民共和国草原法》；严格制定草原监督管理机制，对破坏草原的行为予以惩罚；合理划分放牧区与休牧区范围，以草定畜，注重草畜平衡。另外，在条件允许的情况下，牧区应加大人工种草力度，增加草原面积。

（2）建立健全生态移民保障制度，发挥政府服务功能。生态移民政策对保护生态环境和改善牧民生活水平具有重要作用，因此应高度重视生态移民政策实施工作，动员未参与移民的牧民，保障移民工作尽快完成。对已经实施移民的牧民，安置好其定居后的生产生活。继续建立并完善社区基础设施建设，落实政府安置补贴政策，解决牧户生活难题。

（3）稳步推进旅游开发，发挥旅游经济效益。

第一，要严格规范旅游经营秩序，提高服务质量。严格制定并施行牧户旅游经营规范条例及行业标准，约束经营户的失信行为，整改旅游经营"乱象"；实行培训后上岗制度，严格把控旅游服务质量，提升游客旅游体验的满意度；加强宣传文明出游，倡导游客爱护草原生态环境，保护景区的一草一木。

第二，着力推进"农旅"融合发展，带动牧民就业创收。在旅游开发时，首先，保存传统游牧文化的原真性，避免过度商业化，真实还原"风吹草低见牛羊"自然景色；其次，通过开展特色民俗歌舞表演、原生态牧家乐美食品尝、家访体验等活动，将传统游牧文化融入旅游经营活动中，拉近游客与草原的心理距离，增强游客体验感，而且牲畜养殖为旅游业经营提供的绿色畜产品，保留了传统美食的原汁原味；最后，哈萨克族生态保护禁忌建立在人与自然和谐共生的基础之上，是保护生态系统的重要屏障，有利于向游客全面展示草原生态保护文化，发挥教育示范作用。

14.4.4.2　推进牧区工程建设，提升牧民生计能力

（1）创新牧区扶贫工程，提升政府精准帮扶能力。在生态移民安置过程中，顺应牧民过上美好生活的愿望，积极探索符合本地实际的集体经济发展途径，明晰贫困牧户的困难所在，精确掌握群众所思所想、所忧所盼，把扶贫各项政策落到实处，通过开展劳务输出、加强技能培训等方式，提升牧民创收能力。加强村集体"造血"功能和自我发展能力。

（2）推进牧区双语培训工程，增强牧民汉语沟通能力。积极开展牧民汉语培训工作，配备牧区汉语教师，成立汉语夜校，开设"汉语培训班"，鼓励教师利用闲暇时间教授牧民学习汉语，提高牧民汉语水平，让牧民克服语言障碍，更好地理解党和政府制定的方针、政策，并解决牧民对外沟通难题，提升牧民自身素质，增强牧民再就业、择业本领。

（3）实施牧民就业技能培训工程，增强牧民就业能力。结合牧民当前就业难的状况，积极为牧民开展旅游服务技能、牲畜养殖技能等多种形式的技能培训活动，推进开展"牧民课堂""知识讲堂"等活动，进一步拓宽牧民收入渠道，促进牧民增收，并适度加大政府对牧民创业、就业的资金、技术支持力度，降低牧家乐、马队等合作社准入门槛，发挥合作社帮扶作用，减少牧民的后顾之忧。

（4）推进牧区人才培养工程，提升"带头人"能力。成立村民代表培训班，培养优秀村民代表并发挥其号召力与带头作用。在生态移民安置工作中，村民代表要加强对生态移民政策的宣传力度，搭建政府与牧户的沟通桥梁，做好政府与牧户之间的沟通工作，增强彼此间的信任感。村民代表要为牧户选择

生计策略出谋划策，尽可能避免牧民"走弯路"。

14.4.4.3　完善共生体系，推动生计互利共生

（1）协调共生单元，释放共生能量。调查研究发现，景区内开展畜牧生计与旅游生计的牧户数量差距较大，其中旅游生计远远少于畜牧生计。因此，应增加旅游生计牧户量，缩减畜牧生计牧户量，促使两者比例协调，推进生计共生。大力宣传"限牧兴旅"政策，鼓励牧民经营旅游业。向牧民提供资金扶植，开放银行小额贷款，解决牧民筹集资金难等问题；积极培育新型旅游经营主体，推进畜牧业生产与旅游业经营；积极培育牧民专业合作社，解决牧业生产集约化、专业化问题；扶植旅游经营龙头企业，提供一条龙式的旅游服务。

（2）构建培训机制，完善共生界面。加强开展经营旅游业培训活动，提升对客服务质量。聘请旅游服务行业专家，定期向牧民传授经营技能以及经营难题解决办法。采取"不培训不上岗"政策，鼓励牧民积极参与旅游专业培训。"科学技术是第一生产力"，提升畜牧业生产效率，必须依靠科学技术。积极开展牲畜养殖技能培训活动，提高畜牧业生产效率。通过邀请业内专家开展知识讲座的形式，向牧民传递养殖知识。开设流动课堂，进行现场教学，针对牲畜养殖常见问题逐一向牧民解答。尤其注重详尽讲解冬季牲畜产崽注意事项，提高冬季幼崽成活率。

（3）健全管理体制，优化共生环境。搭建冬季旅游产品开发平台，延长旅游经营期限，缩短共生时差。特克斯县冬季文化旅游从 11 月开幕一直持续到翌年 4 月，通过举办哈萨克族习俗展、冬宰节、草原滑雪、冰雕展等特色活动，让游客体验独特的草原冬季游乐趣。为广泛吸引游客，可通过举办滑雪比赛等赛事活动创造新的旅游吸引点。

健全旅游业经营管理体系，规范市场秩序。成立草原旅游经营监管小组，严格制定奖惩机制，对未按规定获取牧家乐经营权、私自开展旅游经营活动的牧户予以处罚，并督促其补办相关手续。根据当地物价水平，制定统一餐饮、住宿价格标准。开设游客服务热线，保护消费者合法权益。

大力宣传文明旅游，规范游客行为。通过印发宣传册、播放宣传视频和宣传口号等方式向游客传达保护景区生态环境的重要性；制定并实施景区游客行为规范，要求游客遵守环境保护守则，提升游客环保意识。严明破坏景区环境处罚制度，对违反景区生态保护规范的行为予以处罚。

参考文献
REFERENCES

阿德力汗·叶斯汗，2004. 从游牧到定居是游牧民族传统生产生活方式的重大变革 [J].
　　西北民族研究 (4)：132 - 140.

安虎森，张天骄，2018. 民族地区实现平衡发展的基本思路：学习十九大精神体会 [J].
　　经济与管理评论，34 (3)：5 - 14.

安士伟，樊新生，2018. 基于收入源的农户生计策略及其影响因素分析：以河南省为例
　　[J]. 经济经纬，35 (1)：29 - 34.

安艳艳，张文，2007. 基于居民感知与态度的旅游地社区主导旅游业发展机制研究 [J].
　　北京第二外国语学院学报 (旅游版)，12 (7)：13 - 20.

白爽，何晨曦，赵霞，2015. 草原生态补奖政策实施效果：基于生产性补贴政策的实证分
　　析 [J]. 草业科学，32 (2)：287 - 293.

包智明，2006. 关于生态移民的定义、分类及若干问题 [J]. 中央民族大学学报 (1)：27 - 31.

卞显红，张树夫，王苏洁，2005. 旅游发展中居民态度与社区问题研究 [J]. 人文地理，
　　20 (4)：95 - 100.

卞莹莹，宋乃平，2014. 农牧交错带不同生计方式农户对生态环境的感知和适应：以宁夏
　　盐池县皖记沟村为例 [J]. 浙江大学学报 (农业与生命科学版)，40 (2)：210 - 222.

蔡林，2014. 中国生态移民工程的问题及规范性研究 [J]. 环境保护，42 (23)：45 - 47.

蔡为民，张佰林，张凤荣，等，2017. 沂蒙山区农户生计变迁及其住宅形态的响应研究
　　[J]. 自然资源学报，32 (4)：704 - 714.

曹世雄，2012. 生态修复项目对自然与社会的影响 [J]. 中国人口·资源与环境 (11)：
　　101 - 108.

常凤，李国平，2019. 健康中国战略下体育与医疗共生关系的实然与应然 [J]. 体育科学，
　　39 (6)：13 - 21.

陈百明，2002. 区域土地可持续利用指标体系框架的构建与评价 [J]. 地理科学进展 (3)：
　　204 - 215.

陈飙，杨桂华，2008. 梅里雪山雨崩村旅游社区参与的组织形式与分配制度 [J]. 思想战
　　线 (3)：127 - 128.

陈飙，钟洁，杨桂华，2007. 云南香格里拉藏族社区参与旅游发展过程的限制性因素研究
　　[J]. 西南民族大学学报 (8)：165 - 169.

陈冬季，2005. 新疆牧民定居后的社会整合与文化重构 [J]. 昌吉学院学报 (3)：1 - 4.

陈刚，陈海军，ROUSSEAU J F，2019. 生态环境的变化对民族村寨生计的影响与适应性研究：以云南红河沿岸为例 [J]. 原生态民族文化学刊，11 (2)：11 - 16.

陈国阶，2007. 我国生态移民的战略思考与建议 [J]. 决策咨询通讯 (5)：1 - 4.

陈佳，杨新军，尹莎，等，2016. 基于 VSD 框架的半干旱地区社会：生态系统脆弱性演化与模拟 [J]. 地理学报，71 (7)：1172 - 1188.

陈佳，杨新军，王子侨，等，2015. 乡村旅游社会-生态系统脆弱性及影响机理：基于秦岭景区农户调查数据的分析 [J]. 旅游学刊，30 (3)：64 - 75.

陈健美，罗少强，2019. 我国网络零售、快递及第三方支付产业共生关系探讨 [J]. 商业经济研究 (18)：84 - 87.

陈静梅，2015. 国内生态移民研究述评 1990—2014 [J]. 贵州师范大学学报（社会科学版）(3)：94 - 101.

陈雷，张陆伟，孙国玉，2010. 可行能力视角下的失地农民问题研究：以淄博市为例 [J]. 中国社会科学院研究生院学报 (3)：71 - 77.

陈楠，乔光辉，张云耀，2009. 基于无助理论的残疾人旅游障碍与旅游参与意图关系研究：结构方程式模型的应用 [J]. 旅游学刊，9 (24)：47 - 52.

陈能汪，李焕承，王莉红，2009. 生态系统服务内涵、价值评估与 GIS 表达 [J]. 生态环境学报，18 (5)：1987 - 1994.

陈祺琪，张俊飚，蒋磊，等，2016. 基于农业环保型技术的农户生计资产评估及差异性分析：以湖北武汉、随州农业废弃物循环利用技术为例 [J]. 资源科学，38 (5)：888 - 899.

陈巧岚，2010. 参与式发展：程阳桥景区民族旅游的人类学透视 [D]. 南宁：广西民族大学.

陈薇，杨帆，2018. 基于共生理论的威县农业循环经济产业链主体行为分析 [J]. 农业经济 (8)：9 - 11.

陈伟娜，闫慧敏，黄河清，2013. 气候变化压力下锡林郭勒草原牧民生计与可持续能力 [J]. 资源科学，35 (5)：1075 - 1083.

陈相凝，武照亮，李心斐，等，2017. 退耕还林背景下生计资本对生计策略选择的影响分析：以西藏 7 县为例 [J]. 林业经济问题，37 (1)：56 - 62.

陈昱，陈银蓉，马文博，2011. 基于 Logistic 模型的水库移民安置区居民土地流转意愿分析：四川、湖南、湖北移民安置区的调查 [J]. 资源科学，33 (6)：1178 - 1185.

陈志永，况志国，2009. 郎德苗寨社区主导旅游发展中的个人理性与集体行动的困境 [J]. 学术探索 (3)：72 - 79.

褚力其，姜志德，王建浩，2020. 牧民草畜平衡维护的影响机制研究：认知局限与情感依赖 [J]. 中国农村经济 (6)：95 - 114.

崔庆五，2005. 影响三峡库区移民社会稳定的因素研究 [D]. 重庆：西南师范大学.

崔晓明，陈佳，杨新军，2017. 乡村旅游影响下的农户可持续生计研究：以秦巴山区安康市为例 [J]. 山地学报，35 (1)：85 - 94.

崔亚楠，李少伟，余成群，等，2017. 西藏天然草原生态保护补助奖励政策对农牧民家庭收入的影响 [J]. 草业学报，26 (3)：22 - 32.

崔延虎，2002. 游牧民定居的再社会化问题［J］. 新疆师范大学学报（哲学社会科学版），
　　23（4）：76-81.

狄青，2015. 陕南生态移民借贷行为的影响因素研究［D］. 杨凌：西北农林科技大学.

翟彬，梁流涛，2015. 基于可持续生计的农村反贫困研究：以甘肃省天水贫困地区为例
　　［J］. 农村经济（5）：55-60.

翟黎明，夏显力，吴爱娣，2017. 政府不同介入场景下农地流转对农户生计资本的影响：
　　基于 PSM-DID 的计量分析［J］. 中国农村经济（2）：2-15.

丁凤琴，高晶晶，2015. 西部少数民族聚居区生态移民人口迁移的文化适应：以宁夏中部
　　干旱带地区为例［J］. 农业经济问题，36（6）：75-82.

丁凤琴，刘钊，景娟娟，2016. 宁夏中部干旱带生态移民文化适应的代际差异［J］. 农业
　　经济问题，37（10）：95-104.

丁金梅，李霞，文琦，2017. 能源开发区生态补偿方式对农户生计影响研究：以榆林市为
　　例［J］. 地理与地理信息科学，33（6）：80-86.

丁士军，张银银，马志雄，2016. 被征地农户生计能力变化研究：基于可持续生计框架的
　　改进［J］. 农业经济问题，37（6）：25-34.

丁文强，侯向阳，刘慧慧，等，2019. 草原补奖政策对牧民减畜意愿的影响：以内蒙古自
　　治区为例［J］. 草地学报，27（2）：336-343.

丁文强，侯向阳，尹燕亭，等，2020. 草原补奖政策下牧户是否超载？谁在超载及影响因
　　素：以内蒙古为例［J］. 草地学报，28（1）：12-19.

丁一，陈鹰，2014. 西部民族地区水电开发农村生态移民问题探讨：以四川省大渡河硬梁
　　包水电站移民安置为例［J］. 农村经济（9）：58-62.

董荣书，张洁，王文强，等，2015. 供磷水平对"热研5号"柱花草-根瘤菌共生体系的影
　　响［J］. 草地学报，23（1）：211-214.

董晓林，熊健，2019. 市场化进程中社会网络对农户生计多样化的影响［J］. 华中农业大
　　学学报（社会科学版）（5）：71-77.

董乙强，安沙舟，孙宗玖，等，2016. 禁牧对中度退化伊犁绢蒿荒漠植被特征的影响［J］.
　　中国草地学报，38（1）：93-99.

董乙强，孙宗玖，安沙舟，2018. 放牧和禁牧影响草地物种多样性和有机碳库的途径［J］.
　　中国草地学报，40（1）：105-114.

杜本峰，李碧清，2014. 农村计划生育家庭生计状况与发展能力分析：基于可持续性分析
　　框架［J］. 人口研究，38（4）：50-62.

杜三强，程云湘，周国利，等，2019. 生态奖补政策下的牧民收入影响因素分析：以肃南、
　　甘南为例［J］. 中国草地学报，41（4）：118-127.

杜思，曾小波，李友国，2019. 大豆快生根瘤菌 $SfHH$103_03182 基因突变体的构建和共
　　生固氮表型分析［J］. 华中农业大学学报，38（1）：35-42.

段伟，任艳梅，冯冀，等，2015. 基于生计资本的农户自然资源依赖研究：以湖北省保护
　　区为例［J］. 农业经济问题，36（8）：74-82.

风笑天，2004．"落地生根"？三峡农村移民的社会适应［J］．社会学研究（5）：19-27．

冯邦，杨祝良，2019．外生菌根共生：共生真菌多样性及菌根形成的分子机制［J］．中国科学（生命科学），49（4）：436-444．

冯伟林，李树苗，李聪，2016．生态移民经济恢复中的人力资本与社会资本失灵：基于对陕南生态移民的调查［J］．人口与经济（1）：98-107．

冯晓龙，刘明月，仇焕广，2019．草原生态补奖政策能抑制牧户超载过牧行为吗？基于社会资本调节效应的分析［J］．中国人口·资源与环境，29（7）：157-165．

付奇，李波，杨琳琳，等，2016．西北干旱区生态系统服务重要性评价：以阿勒泰地区为例［J］．干旱区资源与环境，30（10）：70-75．

付少平，赵晓峰，2015．精准扶贫视角下的移民生计空间再塑造研究［J］．南京农业大学学报（社会科学版），15（6）：8-16．

傅斌，王玉宽，徐佩，等，2017．农户生计与生态系统服务耦合关系研究进展［J］．生态经济，33（1）：142-145．

高功敬，2016．中国城市贫困家庭生计资本与生计策略［J］．社会科学（10）：85-98．

高攀盛，张勇娟，安沙舟，2016．禁牧对乌鲁木齐市城市周边典型草地类群落数量特征的影响［J］．新疆农业科学，53（10）：1907-1913．

高倩，2011．乡村旅游地居民主观幸福感研究：以江西婺源为例［D］．南京：南京大学．

高新才，王娟娟，2009．生态经济视阈下的游牧人口定居研究［J］．北方民族大学学报（哲社版）（1）：64-68．

高雅灵，林慧龙，马海丽，等，2020．草原补奖政策对牧户牧业生产决策行为的影响研究［J］．草业学报，29（4）：63-72．

高阳，2017．基于结构与功能演变规律的农村居民点更新研究［D］．北京：中国农业大学．

高瑛，王娜，李向菲，等，2017．农户生态友好型农田土壤管理技术采纳决策分析：以山东省为例［J］．农业经济问题，38（1）：38-47．

巩毅梅，2007．非自愿移民社会心理的嬗变及其影响因素研究［D］．成都：四川大学．

关江华，黄朝禧，胡银根，2014．不同生计资产配置的农户宅基地流转家庭福利变化研究［J］．中国人口·资源与环境，24（10）：135-142．

关江华，黄朝禧，胡银根，2013．农户宅基地流转意愿差异及其驱动力研究：基于农户可持续生计视角［J］．资源科学，35（11）：2266-2272．

郭丽丹，刘云，2015．我国社区参与旅游发展研究综述［J］．旅游管理研究（7）：34-36．

郭凌，王志章，2009．论民族地区旅游社区参与主体的培育：以泸沽湖里格岛为例［J］．广西师范大学学报，45（3）：110-115．

郭圣乾，张纪伟，2013．农户生计资本脆弱性分析［J］．经济经纬（3）：26-30．

郭秀丽，周立华，陈勇，等，2017．典型沙漠化地区农户生计资本对生计策略的影响：以内蒙古自治区杭锦旗为例［J］．生态学报，37（20）：6963-6972．

哈斯巴根，吕君，2009．内蒙古草原生态旅游可持续发展研究［J］．内蒙古财经学院学报

　　（1）：37－41.

海滨，2005. 哈萨克牧民定居的高级形式：城镇化 上［J］. 昌吉学院学报（3）：5－9.

韩文文，刘小鹏，裴银宝，等，2016. 不同地貌背景下民族村农户生计脆弱性及其影响因
　　子［J］. 应用生态学报，27（4）：1229－1240.

韩学雨，2015. 生态移民安置模式满意度比较研究［D］. 银川：宁夏大学.

韩柱，2014. 牧民合作社本质特征及发展趋势［J］. 草业科学，31（4）：754－759.

郝文渊，杨东升，张杰，等，2014. 农牧民可持续生计资本与生计策略关系研究：以西藏
　　林芝地区为例［J］. 干旱区资源与环境，28（10）：37－41.

郝玉章，风笑天，2005. 三峡外迁移民的社会适应及其影响因素研究［J］. 市场与人口分
　　析，11（6）：62－68.

何景明，2006. "农家乐"发展中政府的"缺位"与"越位"［J］. 旅游学刊，3（21）：11.

何仁伟，李光勤，刘运伟，等，2017. 基于可持续生计的精准扶贫分析方法及应用研究：
　　以四川凉山彝族自治州为例［J］. 地理科学进展，36（2）：182－192.

何仁伟，刘邵权，陈国阶，等，2013. 中国农户可持续生计研究进展及趋向［J］. 地理科
　　学进展，32（4）：657－670.

何昭丽，米雪，喻凯睿，等，2017. 农户生计资本与旅游生计策略关系研究：以西北 A 区
　　为例［J］. 广西民族大学学报，39（6）：61－68.

贺爱琳，杨新军，陈佳，等，2014. 乡村旅游发展对农户生计的影响：以秦岭北麓乡村旅
　　游地为例［J］. 经济地理，34（12）：174－181。

贺莉，付少平，2014. 资本下乡对灾害移民生计的影响：以邛崃市南宝山安置点为个案
　　［J］. 中国农业大学学报（社会科学版），31（4）：28－37.

侯东民，2014. 西部生态移民跟踪调查评述：我国贫困带扶贫宜做战略性调整［M］. 北
　　京：中国环境出版社.

侯向阳，李西良，高新磊，2019. 中国草原管理的发展过程与趋势［J］. 中国农业资源与
　　区划，40（7）：1－10.

胡晗，司亚飞，王立剑，2018. 产业扶贫政策对贫困户生计策略和收入的影响：来自陕西
　　省的经验证据［J］. 中国农村经济（1）：78－89.

胡继然，姚娟，赵向豪，等，2018. 家庭属性对牧民生态移民安置意愿的影响研究［J］.
　　林业经济问题，38（4）：37－42.

胡特，2017. 农村土地流转中转出户与转入户生计脆弱性比较研究［D］. 武汉：华中农业
　　大学.

胡业翠，刘桂真，李静，2016. 移民安置区农户土地利用与生计变化研究［J］. 中国土地
　　科学，30（10）：29－36.

胡志毅，张兆干，2002. 社区参与和旅游业可持续发展［J］. 人文地理，17（2）：38－41.

黄建伟，喻洁，2010. 失地农民关键自然资本的丧失、补偿及其对收入的影响研究：基于
　　七省一市的实地调研［J］. 探索（4）：86－92.

黄建伟，2011. 失地农民可持续生计问题研究综述［J］. 中国土地科学，25（6）：89－95.

贾国平，朱志玲，王晓涛，等，2016. 移民生计策略变迁及其生态效应研究：以宁夏红寺堡区为例 [J]. 农业现代化研究，37（3）：505-513.

贾燕，李钢，朱新华，等，2009. 农民集中居住前后福利状况变化研究 [J]. 农业经济问题（2）：30-36.

贾耀锋，2016. 中国生态移民效益评估研究综述 [J]. 资源科学，38（8）：1550-1560.

江进德，2012. 基于农户意愿的替代生计选择研究 [D]. 兰州：西北师范大学.

姜冬梅，2012. 草原牧区生态移民研究 [D]. 杨凌：西北农林科技大学.

蒋艳，2004. 关于欠发达地区社区参与旅游收益分配的探讨 [J]. 重庆交通学院学报（社科版），4（3）：49-51.

蒋宇欣，吴雨才，2019. 员工工作满意度相关文献综述研究 [J]. 全国流通经济（21）：87-89.

焦健，田长富，2019. 根瘤菌共生固氮能力的进化模式 [J]. 微生物学通报，46（2）：388-397.

解保军，2019. 人与自然和谐共生的现代化：对西方现代化模式的反拨与超越 [J]. 马克思主义与现实（2）：39-45.

金晓霞，2008. 农民生计多样性与农村居民点布局关系的研究：以丰都县为例 [D]. 重庆：西南大学.

卡那·吐尔逊，2011. 新疆生态移民工程政策分析 [D]. 北京：北京林业大学.

康晓虹，史俊宏，张文娟，等，2018. 草原禁牧补助政策背景下牧户生计资本现状及其影响因素研究：基于内蒙古典型牧区的调查数据 [J]. 干旱区资源与环境，32（11）：59-65.

孔祥智，钟真，原梅，2008. 乡村旅游业对农户生计的影响分析：以山西三个景区为例 [J]. 经济问题（1）：115-119.

邝佛缘，陈美球，鲁燕飞，等，2017. 生计资本对农户耕地保护意愿的影响分析：以江西省587份问卷为例 [J]. 中国土地科学，31（2）：58-66.

郎富平，杨眉，2006. 社区居民对乡村旅游的态度感知分析 [J]. 中国农村经济（11）：68-74.

郎玉屏，2011. 民族社区参与世界遗产保护机制研究 [J]. 生态经济学（2）：421-424.

黎洁，李树苗，费尔德曼，2010. 山区农户林业相关生计活动类型及影响因素 [J]. 中国人口·资源与环境，20（8）：8-16.

黎洁，赵西萍，2001. 社区参与旅游发展理论的若干经济学质疑 [J]. 旅游学刊，16（4）：44-47.

黎洁，2016. 陕西安康移民搬迁农户的生计适应策略与适应力感知 [J]. 中国人口·资源与环境，26（9）：44-52.

黎洁，2007. 生态旅游发展与社区居民自然生态保护行为关系的实证研究 [J]. 中国人口·资源与环境，17（5）：128-132.

黎平，2005. 试论山区旅游的社区参与 [J]. 林业经济问题，25（3）：186-187.

李斌，李小云，左停，2004. 农村发展中的生计途径研究与实践 [J]. 农业技术经济（4）：10-16.

李斌，2005. 生态家园富民工程"三位一体"项目对宁夏盐池县农户生计影响的研究 [D]. 北京：中国农业大学.

李炳宽，2008. 试分析社区参与旅游发展的类型和层次 [J]. 林业经济问题，28 (4)：363 - 366.

李呈澄，王立祥，任利利，等，2019. 共生菌温度适应性对松树蜂潜在分布区的影响 [J]. 东北林业大学学报 (5)：112 - 117.

李春杰，姚祥，南志标，2018. 醉马草内生真菌共生体研究进展 [J]. 植物生态学报，42 (8)：793 - 805.

李聪，郭嫚嫚，李萍，2019. 破解"一方水土养不起一方人"的发展困境？易地扶贫搬迁农户的"福祉-生态"耦合模式分析 [J]. 干旱区资源与环境，33 (11)：97 - 105.

李聪，康博纬，李萍，等，2017. 易地移民搬迁对农户生态系统服务依赖度的影响：来自陕南的证据 [J]. 中国人口·资源与环境，27 (11)：115 - 123.

李聪，柳玮，冯伟林，等，2013. 移民搬迁对农户生计策略的影响：基于陕南安康地区的调查 [J]. 中国农村观察 (6)：31 - 44.

李翠珍，徐建春，孔祥斌，2012. 大都市郊区农户生计多样化及对土地利用的影响：以北京市大兴区为例 [J]. 地理研究，31 (6)：1039 - 1049.

李丹，许娟，付静，2015. 民族地区水库移民可持续生计资本及其生计策略关系研究 [J]. 中国地质大学学报，15 (1)：51 - 57.

李东洲，2015. 宁夏中南部生态移民安置区存在的问题及对策 [J]. 中共银川市委党校学报 (1)：75 - 76.

李光明，潘明明，2013. 个人特征、家庭特征、就业环境对维吾尔族农村劳动力外出务工意愿的影响 [J]. 统计与信息论坛，28 (8)：91 - 97.

李广东，邱道持，王利平，等，2012. 生计资产差异对农户耕地保护补偿模式选择的影响：渝西方山丘陵不同地带样点村的实证分析 [J]. 地理学报，67 (4)：504 - 515.

李海燕，蔡银莺，2014. 生计多样性对农户参与农田生态补偿政策响应状态的影响：以上海闵行区、苏州张家港市发达地区为例 [J]. 自然资源学报，29 (10)：1696 - 1708.

李海燕，蔡银莺，2015. 生计资本对农户参与耕地保护意愿的影响：以成都市永安镇、金桥镇，崇州市江源镇为例 [J]. 冰川冻土，37 (2)：545 - 554.

李辉，王生鹏，孙永龙，2008. 民族地区社区参与旅游发展现状与对策研究 [J]. 西北民族研究，58 (3)：136 - 141.

李惠梅，张安录，杨欣，等，2013. 牧户响应三江源草地退化管理的行为选择机制研究：基于多分类的 Logistic 模型 [J]. 资源科学，35 (7)：1510 - 1519.

李慧玲，马海霞，杨睿，2017. 棉花主产区棉农生计资本对生计策略的影响分析：基于新疆玛纳斯县和阿瓦提县的调查数据 [J]. 干旱区资源与环境，31 (5)：57 - 63.

李健瑜，陈晓楠，2018. 可持续生计视域下生态移民工程效果探析：基于陕南 599 份农户问卷的实证分析 [J]. 干旱区资源与环境，32 (12)：41 - 48.

李靖，廖和平，2018. 区域贫困农户生计能力与生态环境的关系：以重庆市 16 个区县为例 [J]. 中国农业资源与区划，39 (9)：175 - 182.

李静，2015. 我国草原生态补偿制度的问题与对策：以甘肃省为例 [J]. 草业科学，32 (6)：1027 - 1032.

李宁，王芳，2019. 共生理论视角下农村环境治理：挑战与创新［J］. 现代经济探讨（3）：86-92.

李培林，王晓毅，2013a. 生态移民与发展转型：宁夏移民与扶贫研究［M］. 北京：社会科学文献出版社.

李培林，王晓毅，2013b. 移民、扶贫与生态文明建设：宁夏生态移民调研报告［J］. 宁夏社会科学（3）：52-60.

李树苗，梁义成，FELDMAN M W，等，2010. 退耕还林政策对农户生计的影响研究：基于家庭结构视角的可持续生计分析［J］. 公共管理学报，7（2）：1-10.

李双成，王珏，朱文博，等，2014. 基于空间与区域视角的生态系统服务地理学框架［J］. 地理学报，69（11）：1628-1639.

李双成，2015. 生态系统服务地理学［M］. 北京：科学出版社.

李维，宋永全，2015. 普洱市生态移民安置模式探讨［J］. 防护林科技（8）：113-116.

李伟娜，2017. 基于农户可持续生计的乡村旅游精准扶贫研究［D］. 青岛：青岛大学.

李文辉，2016. 基于利益驱动的黄土丘陵区迁移农户生计模式选择研究［D］. 西安：西北大学.

李霞，文琦，朱志玲，2017. 基于年龄层次的宁夏生态移民社会适应性研究［J］. 干旱区资源与环境，31（5）：26-32.

李小云，董强，饶小龙，等，2007. 农户脆弱性分析方法及其本土化应用［J］. 中国农村经济（4）：32-39.

李小云，杨帆，2005. 入世对我国少数民族妇女生计发展的影响［J］. 妇女研究论丛（4）：21-26.

李晓嘉，蒋承，2018. 农村减贫：应该更关注人力资本还是社会资本？［J］. 经济科学（5）：68-80.

李肖钢，王琦峰，2018. 基于公共海外仓的跨境电商物流产业链共生耦合模式与机制［J］. 中国流通经济，32（9）：41-48.

李鑫，杨新军，陈佳，等，2015. 基于农户生计的乡村能源消费模式研究：以陕南金丝峡乡村旅游地为例［J］. 自然资源学报，30（3）：384-396.

李雪萍，王蒙，2014. 多维贫困"行动-结构"分析框架下的生计脆弱：基于武陵山区的实证调查与理论分析［J］. 华中师范大学学报，53（5）：1-9.

李琰，李双成，高阳，等，2013. 连接多层次人类福祉的生态系统服务分类框架［J］. 地理学报，68（8）：1038-1047.

李耀松，许芬，李霞，2012. 宁夏生态移民可持续发展研究［J］. 宁夏社会科学（1）：29-35.

李永红，刘小鹏，裴银宝，等，2016. 生态移民安置区城镇土地利用变化研究：以宁夏红寺堡镇为例［J］. 宁夏大学学报（3）：372-377.

李愈哲，樊江文，胡中民，等，2015. 草地管理利用方式转变对生态系统蒸散耗水的影响［J］. 资源科学，37（2）：342-350.

梁福庆，2011. 中国生态移民研究［J］. 三峡大学学报（人文社会科学版）（4）：11-15.

梁福庆，2007. 中国长江三峡工程库区生态移民思考及对策 [J]. 水利学报（增刊1）：521-525.

梁珺宇，汪靓，贾其隆，等，2019. 基于藻菌共生体系的 SBR 处理模拟生活污水研究 [J]. 水处理技术，45（4）：116-120.

梁巧，吴闻，刘敏，等，2014. 社会资本对农民合作社社员参与行为及绩效的影响 [J]. 农业经济问题，35（11）：71-79.

梁义成，FELDMAN M W，李树苗，等，2010. 离土与离乡：西部山区农户的非农兼业研究 [J]. 世界经济文汇（2）：12-23.

林志斌，1998. 关于"参与式"农村社区发展问题的讨论 [J]. 科技导报（9）：62-64.

刘大海，李宁，晁阳，2008. SPSS 15.0 统计分析从入门到精通 [M]. 北京：清华大学出版社.

刘贵峰，臧润国，刘华，等，2012. 天山云杉种子形态性状的地理变异 [J]. 应用生态学报，23（6）：1455-1461.

刘贵峰，2008. 天山云杉种群与群落特征及其地理变化规律的初步研究 [D]. 北京：中国林业科学研究院.

刘静艳，韦玉春，刘春媚，等，2008. 南岭国家森林公园旅游企业主导的社区参与模式研究 [J]. 旅游学刊，6（23）：80-86.

刘俊清，2010. 生态旅游开发中的社区参与问题探析 [J]. 经济论坛（12）：184-185.

刘丽梅，吕君，2010. 中国社区参与旅游发展研究述评 [J]. 地理科学进展，29（8）：1018-1024.

刘思峰，2004. 灰色系统理论及其应用 [M]. 北京：科学出版社.

刘伟忠，2007. 政策适用主体及其政策态度分析 [J]. 社会科学研究（4）：41-45.

刘纬华，2000. 关于社区参与旅游发展的若干理论思考 [J]. 旅游学刊（1）：47-52.

刘文丽，刘亚，曾尚梅，等，2015. 农民专业合作社绩效评价影响因素探析 [J]. 中南林业科技大学学报，35（12）：133-140.

刘相军，杨桂华，2009. 传统文化视角下的社区参与旅游收益分配制度变迁机理研究：以梅里雪山雨崩藏族村为例 [J]. 旅游论坛，2（3）：366-369.

刘向华，2018. 我国农业生态系统服务价值的核算方法 [J]. 统计与决策，34（3）：24-30.

刘小鹏，王亚娟，2013. 我国生态移民与生态环境关系研究进展 [J]. 宁夏大学学报（自然科学版），34（2）：173-176.

刘旭玲，杨兆萍，谢婷，等，2007. 喀纳斯世界遗产价值分析与保护开发 [J]. 干旱区研究，24（5）：723-727.

刘学武，2016. 宁夏生态移民无土安置区风险评估研究 [J]. 地域研究与开发，35（5）：175-180.

刘学武，2011. 生态移民中政府权威与民间社会运作体系的互动 [D]. 北京：中央民族大学.

刘永茂，李树苗，2017. 农户生计多样性弹性测度研究：以陕西省安康市为例 [J]. 资源科学，39（4）：766-781.

刘志飞，2016. 农户生计资产对土地利用的作用研究 [D]. 南昌：江西财经大学.

刘自强，李静，董国皇，等，2017. 农户生计策略选择与转型动力机制研究：基于宁夏回族聚居区 451 户农户的调查数据 [J]. 世界地理研究，26（6）：61 - 72.

罗丞，2015. 生计资本对农村留守妇女外出务工意愿的影响：以安徽巢湖为例 [J]. 西北人口，36（3）：37 - 42.

罗康隆，杨曾辉，2011. 生计资源配置与生态环境保护：以贵州黎平黄岗侗族社区为例 [J]. 民族研究（5）：33 - 39.

罗凌云，风笑天，2001. 三峡农村移民经济生产的适应性 [J]. 调研世界（4）：21 - 23.

罗万云，王光耀，韦惠兰，2018. 环境风险认知、生计禀赋与农民生态移民意愿：基于甘肃省西部生态贫困县市的实证调查 [J]. 北方民族大学学报（4）：90 - 97.

罗万云，韦惠兰，王光耀，2019. 农民生态移民意愿及其决定因素：来自甘肃省沙漠边缘农户调查的微观证据 [J]. 人口与发展，25（2）：97 - 107.

罗义群，2012. 论多元生计方式与构建民族自治地方的和谐共生 [J]. 西南民族大学学报（人文社会科学版），33（1）：23 - 26.

吕惠明，2016. 返乡农民工创业模式选择研究：基于浙江省的实地调查 [J]. 农业技术经济（10）：12 - 19.

吕君，刘丽梅，2006. 草原旅游发展的实践及空间格局研究 [J]. 世界地理研究（4）：100 - 106.

吕一河，胡健，孙飞翔，等，2015. 水源涵养与水文调节：和而不同的陆地生态系统水文服务 [J]. 生态学报，35（15）：5191 - 5196.

吕月静，2015. 宁夏生态移民安置区社会结构分析：以吴忠市红寺堡区为例 [J]. 山西农业大学学报（社会科学版）（1）：22 - 26.

马从礼，2015. 宁夏生态移民安置区社会管理问题研究 [D]. 银川：宁夏大学.

马德峰，2005. 三峡外迁农村移民社区适应现状研究：来自江苏省大丰市移民安置点的调查 [J]. 市场与人口分析，11（2）：62 - 68.

马国君，李红香，2012. 云南金沙江流域干热河谷灾变的历史成因及治理对策探究：兼论氐羌族系各民族传统生计方式的生态价值 [J]. 贵州民族研究，33（2）：85 - 92.

马国强，汪慧玲，2018. 共生理论视角下兰西城市群旅游产业的协同发展 [J]. 城市问题（4）：65 - 71.

马泓芸，2009. 社会资本视域下的旅游地社区居民参与研究：以郎木寺镇为例 [D]. 兰州：西北师范大学.

马玲玲，2008. 新疆牧民适度定居及对策 [J]. 新疆农业科学，45（6）：1196 - 1201.

马伟华，2014. 民族地区生态移民安置中的宗教问题及其相关对策 [J]. 北方民族大学学报（3）：47 - 52.

马志雄，张银银，丁士军，2016. 失地农户生计策略多样化研究 [J]. 华南农业大学学报（社会科学版），15（3）：54 - 62.

蒙吉军，艾木入拉，刘洋，等，2013. 农牧户可持续生计资产与生计策略的关系研究：以鄂尔多斯市乌审旗为例 [J]. 北京大学学报（自然科学版），49（2）：321 - 328.

孟琳琳，包智明，2004. 生态移民研究综述 [J]. 中央民族大学学报，31 (6)：48－52.

孟琳琳，2004. 生态移民对牧民生产生活方式的影响研究 [D]. 北京：中央民族大学 .

孟向京，2011. 三江源生态移民选择性及对三江源生态移民效果影响评析 [J]. 人口与发展，17 (4)：2－8.

聂爱文，2007. 牧民定居及其牧民未来发展 [J]. 青海民族研究，18 (1)：51－55.

宁泽逵，2017. 农户可持续生计资本与精准扶贫 [J]. 华南农业大学学报，16 (1)：86－94.

欧阳志云，郑华，2009. 生态系统服务的生态学机制研究进展 [J]. 生态学报，29 (11)：6183－6188.

彭晖，李佳，2018. 京津冀地区流通业与制造业共生关系探讨 [J]. 商业经济研究 (14)：154－157.

彭晓静，2013. 农业合作社发展的困境及突围之路：运行机制的视角 [J]. 农业经济 (6)：15－16.

皮春燕，刘鑫，王喆，等，2018. 苔藓-蓝藻共生体关系与固氮能力研究进展 [J]. 植物生态学报，42 (4)：407－418.

祁晓慧，高博，王海春，等，2016. 牧民视角下的草原生态保护补助奖励政策草畜平衡及禁牧补奖标准研究：以锡林郭勒盟为例 [J]. 干旱区资源与环境，30 (5)：30－35.

乔蕨强，程文仕，岑国璋，等，2017. 黑河-石羊河流域不同生计类型的农户生计资产研究 [J]. 干旱区资源与环境，31 (2)：32－37.

乔军，2006. 对三江源生态移民权利保障的思考 [J]. 攀登 (3)：124－126.

秦卫华，顾琪，李中林，等，2019. 涉及自然保护区建设项目特点及生态影响分析 [J]. 生态与农村环境学报，35 (3)：398－404.

覃志敏，2015. 连片特困地区农村贫困治理转型：内源性扶贫——以滇西北波多罗村为例 [J]. 中国农业大学学报（社会科学版），32 (6)：5－11.

任国平，刘黎明，付永虎，等，2016. 基于 GWR 模型的都市城郊村域农户生计资本空间差异分析：以上海市青浦区为例 [J]. 资源科学，38 (8)：1594－1608.

任啸，2005. 自然保护区的社区参与管理模式探索 [J]. 旅游科学，19 (3)：16－20.

赛汉，2010. 生态移民政策的文化根源分析：基于内蒙古自治区通辽市 W 村的调查 [J]. 贵州民族研究，31 (2)：68－71.

沙黑拉，2009. 牧区旅游发展中的受益主体研究：以南山西白杨沟哈萨克族为例 [D]. 北京：中央民族大学 .

沈凡，2015. 陕南移民搬迁安置政策的绩效评估 [D]. 杨凌：西北农林科技大学 .

盛潇萌，2007. 可持续生计的失地农民利益补偿问题研究 [D]. 大连：大连理工大学 .

师东晖，2015. 满意度驱动机制对生态移民安置模式选择影响研究 [D]. 银川：宁夏大学 .

师学萍，曹志翔，2016. 尼洋河流域农户生计方式与生态安全屏障建设 [J]. 生态经济，32 (9)：177－180.

施国庆，王晨，2014. 断裂与替代：退湖渔民生计的转型 [J]. 南京农业大学学报（社会科学版)，14（4）：42-48.

施国庆，严登才，周建，2009. 生态移民社会冲突的原因及对策 [J]. 宁夏社会科学（6）：75-78.

施国庆，周建，李菁怡，2007. 生态移民权益保护与政府责任：以新疆轮台塔里木河移民为例 [J]. 吉林大学社会科学学报（5）：78-86.

石德生，2008. 三江源生态移民的生活状况与社会适应 [J]. 西藏研究（4）：93-103.

时鹏，余劲，2013. 农户生态移民意愿及影响因素研究：以陕西省安康市为例 [J]. 中国农业大学学报，18（1）：218-228.

时鹏，2013. 基于农户视角的生态移民政策绩效研究 [D]. 杨凌：西北农林科技大学.

史俊宏，赵立娟，2012a. 迁移与未迁移牧户生计状况比较分析：基于内蒙古牧区牧户的调研 [J]. 农业经济问题，33（9）：104-109.

史俊宏，赵立娟，2012b. 生计转型背景下生态移民生计脆弱性及其可持续生计途径 [J]. 中国管理信息化，15（15）：46-48.

史俊宏，2015. 少数民族牧区生态移民可持续发展战略研究 [J]. 生态经济，31（10）：83-89.

史雨星，姚柳杨，赵敏娟，2018. 社会资本对牧户参与草场社区治理意愿的影响：基于 Triple-Hurdle 模型的分析 [J]. 中国农村观察（3）：35-50.

史玉丁，李建军，2018. 乡村旅游多功能发展与农村可持续生计协同研究 [J]. 旅游学刊，33（2）：15-26.

史玉丁，于浩淼，2017. 可持续生计视阈下日本乡村旅游运作逻辑及其启示 [J]. 世界农业（6）：191-196.

史月兰，唐卞，俞洋，2014. 基于生计资本路径的贫困地区生计策略研究：广西凤山县四个可持续生计项目村的调查 [J]. 改革与战略，30（4）：83-87.

帅军霞，2009. 边远民族地区社区居民参与旅游业初探：以石林县阿着底村为例 [J]. 和田师范专科学校学报，4（28）：31-32.

斯琴朝克图，房艳刚，王晗，等，2017. 内蒙古半农半牧区农户生计资产与生计方式研究：以科右中旗双榆树嘎查为例 [J]. 地理科学，37（7）：1095-1103.

宋冰，2017. 威宁彝族回族苗族自治县迤那镇农民生计方式变迁研究 [D]. 贵阳：贵州民族大学.

宋连久，孙自保，孙前路，等，2015. 藏北草原牧民可持续生计分析：以班戈县为例 [J]. 草地学报，23（6）：1287-1294.

宋璐，李树茁，2017. 子女迁移对农村老年家庭生计资本的影响：基于家庭结构的可持续生计分析 [J]. 人口研究，41（3）：65-75.

宋茂华，2012. 农民专业合作社收益分配机制及影响因素分析 [J]. 经济与管理，26（9）：21-25.

宋章海，韩百娟，2008. 旅游开发中的社区参与问题研究 [J]. 生态经济（学术版）（2）：147-153.

苏芳，蒲欣冬，徐中民，等，2009. 生计资本与生计策略关系研究：以张掖市甘州区为例

[J]. 中国人口·资源与环境，19（6）：119-125.

苏芳，尚海洋，2012. 农户生计资本对其风险应对策略的影响：以黑河流域张掖市为例 [J]. 中国农村经济（8）：79-87.

苏芳，尚海洋，2013. 生态补偿方式对农户生计策略的影响 [J]. 干旱区资源与环境，27（2）：58-63.

苏芳，郑亚萍，周亚雄，2017a. 农村劳动力转移与农户生计间的影响关系分析：以甘肃省为例 [J]. 干旱区地理，40（4）：875-880.

苏芳，周亚雄，2017b. 新型城镇化背景下劳动力转移对农户生计策略选择的影响分析 [J]. 数理统计与管理，36（3）：391-401.

苏芳，2014. 多种生态补偿方案下流域农户生计的响应机制 [J]. 冰川冻土，36（6）：1591-1598.

苏芳，2017. 农户生计风险对其生计资本的影响分析：以石羊河流域为例 [J]. 农业技术经济（12）：87-97.

苏飞，马莉莎，庞凌峰，等，2013. 杭州市农民工生计脆弱性特征与对策 [J]. 地理科学进展，32（3）：389-399.

苏飞，应蓉蓉，曾佳苗，2016. 可持续生计研究热点与前沿的可视化分析 [J]. 生态学报，36（7）：2091-2101.

苏红，许小玲，2005. 三峡移民的社会适应策略 [J]. 思想战线，31（1）：60-65.

苏荟，2016. 个人禀赋和家庭特征对少数民族女性劳动力转移就业的影响分析：基于新疆南疆地区的调查 [J]. 云南民族大学学报（哲学社会科学版），33（4）：85-89.

孙凤芝，许峰，2013. 社区参与旅游发展研究评述与展望 [J]. 中国人口·资源与环境，23（7）：142-148.

孙九霞，保继刚，2006. 从缺失到凸显：社区参与旅游发展研究脉络 [J]. 旅游学刊，21（7）：63-68.

孙九霞，2006. 守土与乡村社区旅游参与：农民在社区旅游中的参与状态及成因 [J]. 思想战线，32（5）：59-64.

孙前路，乔娟，李秉龙，2018. 生态可持续发展背景下牧民养殖行为选择研究：基于生计资本与兼业化的视角 [J]. 经济问题（11）：84-91.

孙荣垆，2017. 红星一牧场哈萨克牧民生计方式调适研究 [D]. 石河子：石河子大学.

孙特生，胡晓慧，2018. 基于农牧民生计资本的干旱区草地适应性管理：以准噶尔北部的富蕴县为例 [J]. 自然资源学报，33（5）：761-774.

孙绪民，周森林，2007. 论我国失地农民的可持续生计 [J]. 理论探讨（5）：90-92.

孙振杰，2018. 京津冀旅游共生关系的协调演化 [J]. 企业经济，37（8）：167-174.

邰秀军，杨慧珍，2017. 民族文化视角下黄土高原生态移民的生计重建 [J]. 农业现代化研究，38（6）：1009-1015.

谭灵芝，王国友，2012. 气候变化对干旱区家庭生计脆弱性影响的空间分析：以新疆于田绿洲为例 [J]. 中国人口科学（2）：67-77.

汤青，徐勇，李扬，2013. 黄土高原农户可持续生计评估及未来生计策略：基于陕西延安市和宁夏固原市 1076 户农户调查 [J]. 地理科学进展，32（2）：161 - 169.

汤青，2015. 可持续生计的研究现状及未来重点趋向 [J]. 地球科学进展，30（7）：823 - 833.

汤榕，邹玉忠，许静怡，等，2015. 生态移民迁徙前后生活状况比较和对策研究 [J]. 世界最新医学信息文摘（46）：5 - 6.

唐宏，张新焕，杨德刚，2011. 农户生态移民意愿及影响因素研究：基于新疆三工河流域的农户调查 [J]. 自然资源学报，26（10）：1658 - 1669.

唐丽霞，李小云，左停，2010. 社会排斥、脆弱性和可持续生计：贫困的三种分析框架及比较 [J]. 贵州社会科学（12）：4 - 10.

唐萍萍，胡仪元，2015. 陕南生态移民土地经营权转让意愿及其影响因素研究：以汉中市为例 [J]. 中国农业资源与区划，36（5）：98 - 103.

唐仲霞，刘梦琳，向程，等，2018. 旅游社区治理多主体共生模式研究：基于青海省两个典型社区实例 [J]. 人文地理，33（6）：125 - 131.

陶成琼，2011. 土族女性在民族旅游业发展过程中的角色转变：以青海省互助县 Z 村为例 [J]. 青海社会科学（4）：92 - 96.

陶格斯，2007. 生态移民的社会适应研究：以呼和浩特市蒙古族生态移民点为例 [D]. 北京：中央民族大学.

田世政，杨桂华，2012. 社区参与的自然遗产型景区旅游发展模式：以九寨沟的研究及建议 [J]. 经济管理，34（2）：107 - 117.

田素妍，陈嘉烨，2014. 可持续生计框架下农户气候变化适应能力研究 [J]. 中国人口·资源与环境，24（5）：31 - 37.

田艳丽，修长柏，2012. 牧民专业合作社利益分配机制的构建：生命周期视角 [J]. 农业经济问题，33（9）：70 - 76.

佟敏，黄清，2004. 社区参与生态旅游模式研究 [J]. 学习与探索（6）：126 - 128.

涂丽，2018. 生计资本、生计指数与农户的生计策略：基于 CLDS 家户数据的实证分析 [J]. 农村经济（8）：76 - 83.

吐尔逊娜依·热依木，2004. 牧民定居现状分析与发展对策研究 [D]. 乌鲁木齐：新疆农业大学.

万军，王倩，李新，等，2018. 基于美丽中国的生态环境保护战略初步研究 [J]. 环境保护，46（22）：7 - 11.

万文玉，赵雪雁，王伟军，等，2017. 高寒生态脆弱区农户的生计风险识别及应对策略：以甘南高原为例 [J]. 经济地理，37（5）：149 - 157.

汪磊，汪霞，2016. 易地扶贫搬迁前后农户生计资本演化及其对增收的贡献度分析：基于贵州省的调查研究 [J]. 探索（6）：93 - 98.

王成，蒋福霞，王利平，等，2013. 不同后顾生计来源农户的耕地生产投资行为研究：重庆市白林村 471 户农户调查实证 [J]. 中国土地科学，27（9）：19 - 25.

王成，王利平，李晓庆，等，2011. 农户后顾生计来源及其居民点整合研究：基于重庆市西部郊区白林村 471 户农户调查 [J]. 地理学报，66（8）：1141 - 1152.

王成超，杨玉盛，2011a. 基于农户生计演化的山地生态恢复研究综述 [J]. 自然资源学报，26（2）：344 - 352.

王成超，杨玉盛，2011b. 农户生计非农化对耕地流转的影响：以福建省长汀县为例 [J]. 地理科学，31（11）：1362 - 1367.

王大尚，郑华，欧阳志云，2013. 生态系统服务供给、消费与人类福祉的关系 [J]. 应用生态学报，24（6）：1747 - 1753.

王丹，王征兵，娄季春，等，2019. 牧户对草原生态补奖政策认知与评价 [J]. 西北农林科技大学学报（社会科学版），19（5）：88 - 97.

王放，王益谦，2003. 论生态移民与长江上游可持续发展 [J]. 人口与经济（2）：63 - 68.

王济川，郭志刚，2001. Logistic 回归模型：方法与应用 [M]. 北京：高等教育出版社：266 - 279.

王剑华，马军伟，洪群联，2017. 促进战略性新兴产业与金融业共生发展 [J]. 宏观经济管理（4）：24 - 28.

王瑾，张玉钧，石玲，2014. 可持续生计目标下的生态旅游发展模式：以河北白洋淀湿地自然保护区王家寨社区为例 [J]. 生态学报，34（9）：2388 - 2400.

王娟，吴海涛，丁士军，2014. 山区农户生计转型及其影响因素研究：以滇西南为例 [J]. 中南财经政法大学学报（5）：133 - 140.

王凯，李志苗，易静，2016. 生态移民户与非移民户的生计对比：以遗产旅游地武陵源为例 [J]. 资源科学（8）：1621 - 1633.

王凯，欧艳，葛全胜，2012. 世界遗产地居民对生态移民影响的感知：以武陵源 3 个移民安置区为例 [J]. 应用生态学报（6）：1663 - 1670.

王丽春，焦黎，来风兵，等，2019. 新疆精河县生态变化评价及驱动力研究 [J]. 生态与农村环境学报，35（3）：316 - 323.

王丽萍，2006. 政治心理学中的态度研究 [J]. 北京大学学报（哲学社会科学版），43（1）：132 - 141.

王利平，王成，李晓庆，2012. 基于生计资产量化的农户分化研究：以重庆市沙坪坝区白林村 471 户农户为例 [J]. 地理研究，31（5）：945 - 954.

王宁，2004. 新疆游牧民族定居与牧区生产生活方式的转变 [J]. 新疆社会科学（6）：32 - 37.

王沛沛，许佳君，2013. 生计资本对水库移民创业的影响分析 [J]. 中国人口·资源与环境，23（2）：150 - 156.

王倩，邱俊杰，余劲，2019. 移民搬迁是否加剧了山区耕地撂荒？基于陕南三市 1578 户农户面板数据 [J]. 自然资源学报，34（7）：1376 - 1390.

王琼英，2006. 乡村旅游的社区参与模型及保障机制 [J]. 农村经济（11）：85 - 88.

王群，陆林，杨兴柱，2015. 千岛湖社会-生态系统恢复力测度与影响机理 [J]. 地理学报，70（5）：779 - 795.

王如忠，郭澄澄，2017. 基于共生理论的我国产业协同发展研究：以上海二、三产业协同

发展为例 [J]. 产业经济评论（5）：44-54.

王世超，2011. 少数民族旅游地居民地方依恋与旅游开发研究：以大兴安岭鄂伦春民族为例 [D]. 西安：陕西师范大学.

王晓君，周立华，石敏俊，2014. 农牧交错带沙漠化逆转区禁牧政策下农村经济可持续发展研究：以宁夏盐池县为例 [J]. 资源科学（10）：2166-2173.

王晓毅，2016. 市场化、干旱与草原保护政策对牧民生计的影响：2000—2010 年内蒙古牧区的经验分析 [J]. 中国农村观察（1）：86-93.

王欣，2009. 当代新疆牧区社会文化的变迁 [J]. 陕西师范大学学报（哲社版），38（4）：104-112.

王新歌，席建超，陈田，2017. 社区居民生计模式变迁与土地利用变化的耦合协调研究：以大连金石滩旅游度假区为例 [J]. 旅游学刊，32（3）：107-116.

王新歌，席建超，2015. 大连金石滩旅游度假区当地居民生计转型研究 [J]. 资源科学，37（12）：2404-2413.

王娅，周立华，陈勇，等，2017. 农户生计资本与沙漠化逆转趋势的关系：以宁夏盐池县为例 [J]. 生态学报，37（6）：2080-2092.

王彦星，潘石玉，卢涛，等，2014. 生计资本对青藏高原东缘牧民生计活动的影响及区域差异 [J]. 资源科学，36（10）：2157-2165.

王艳，彭婧，党晶晶，2017. 移民的迁移意愿与生活期望：基于宁夏生态移民调查数据的Logistic 回归分析 [J]. 西北人口，38（4）：116-121.

王阳，孟梅，2017. 生计资本对北疆搬迁定居牧民生活满意度的影响 [J]. 草业科学，34（5）：1121-1128.

王湛晨，2017. 生计资本视角下云南省水利水电建设工程移民收入效应研究 [D]. 昆明：云南财经大学.

王兆峰，2008. 人力资本投资对西部旅游产业发展影响的实证研究 [J]. 中国地质大学学报（3）：91-95.

王珍珍，2017. 基于共生度模型的长江经济带制造业与物流业协同发展研究 [J]. 管理学刊，30（5）：34-46.

韦惠兰，罗万云，2018. 精准扶贫视角下农户生计脆弱性及影响因素分析：基于甘肃省贫困地区的实证调查 [J]. 河南师范大学学报（哲学社会科学版），45（2）：65-71.

韦惠兰，祁应军，2016. 农户生计资本与生计策略关系的实证分析：以河西走廊沙化土地封禁保护区外围为例 [J]. 中国沙漠，36（2）：540-548.

魏琦，侯向阳，2015. 建立中国草原生态补偿长效机制的思考 [J]. 中国农业科学，48（18）：3719-3726.

乌静，2017. 牧区生态移民返迁意愿的群体差异及影响因素：以内蒙古达茂旗为例 [J]. 云南民族大学学报，34（1）：89-95.

乌云花，苏日娜，许黎莉，等，2017. 牧民生计资本与生计策略关系研究：以内蒙古锡林浩特市和西乌珠穆沁旗为例 [J]. 农业技术经济（7）：71-77.

乌云花，2007. 牧区旅游业发展中的社区参与问题 [D]. 乌鲁木齐：内蒙古大学.

吴彬，徐旭初，2013. 合作社的状态特性对治理结构类型的影响研究：基于中国 3 省 80 县 266 家农民专业合作社的调查 [J]. 农业技术经济（1）：107－119.

吴孔森，杨新军，尹莎，2016. 环境变化影响下农户生计选择与可持续性研究：以民勤绿洲社区为例 [J]. 经济地理，36（9）：141－149.

吴明证，梁宁建，许静，等，2004. 内隐社会态度的矛盾现象研究 [J]. 心理科学，27（2）：281－283.

吴强，2019. 我国民族传统体育文化资源与旅游资源融合共生的文化空间研究 [J]. 首都体育学院学报，31（1）：56－60.

吴若飞，2011. 论旅游市场的信息不对称与旅游消费者权益保护 [J]. 旅游经济研究（6）：176－177.

吴小影，刘冠秋，齐熙，等，2017. 气候变化对渔区感知指数、生计策略和生态效应的影响 [J]. 生态学报，37（1）：313－320.

伍艳，2016. 贫困山区农户生计资本对生计策略的影响研究：基于四川省平武县和南江县的调查数据 [J]. 农业经济问题，37（3）：88－94.

伍艳，2015. 农户生计资本与生计策略的选择 [J]. 华南农业大学学报，14（2）：57－66.

《新疆森林》编辑委员会，1989. 新疆森林 [M]. 乌鲁木齐：新疆人民出版社.

习泪，风笑天，2001. 三峡移民对新生活环境的适应性分析 [J]. 统计与决策（2）：20－22.

席建超，张楠，2016. 乡村旅游聚落农户生计模式演化研究：野三坡旅游区苟各庄村案例实证 [J]. 旅游学刊，31（7）：65－75.

夏赞才，岳艺吾，龚艳青，2017. 世界遗产地生态移民对农户生计影响实证：以张家界为例 [J]. 旅游论坛，10（2）：96－106.

向明，2010. 社区旅游视角下古镇可持续发展研究：以四川平乐古镇为例 [J]. 商业文化（学术版）（10）：296.

谢高地，张彩霞，张昌顺，等，2015. 中国生态系统服务的价值 [J]. 资源科学，37（9）：1740－1746.

谢晋，蔡银莺，2016. 创新实践地区农户参与农田保护补偿政策成效的生计禀赋影响：苏州及成都的实证比较 [J]. 资源科学，38（11）：2082－2094.

谢先雄，李晓平，赵敏娟，等，2018. 资本禀赋如何影响牧民减畜：基于内蒙古 372 户牧民的实证考察 [J]. 资源科学，40（9）：1730－1741.

谢旭轩，张世秋，朱山涛，2010. 退耕还林对农户可持续生计的影响 [J]. 北京大学学报（自然科学版），46（3）：457－464.

谢彦明，汪戎，张连刚，等，2015. 林业合作社运行机制及转化案例分析 [J]. 西北农林科技大学学报，15（5）：54－60.

邢成举，2016. 搬迁扶贫与移民生计重塑：陕省证据 [J]. 改革（11）：65－73.

熊长江，姚娟，赵向豪，2019. 资本禀赋何以影响牧民的退牧受偿意愿？基于天山天池世界自然遗产地牧民的考察 [J]. 农村经济（9）：116－123.

徐朝旭，裴士军，2019．"绿水青山就是金山银山"理念的深刻内涵和价值观基础：基于中西生态哲学视野［J］．东南学术（3）：17-24．

徐婧，冯雪红，2014．生态移民研究与反思［J］．广西民族研究（4）：149-157．

徐锡广，申鹏，2018．易地扶贫搬迁移民的可持续性生计研究：基于贵州省的调查分析［J］．贵州财经大学学报（1）：103-110．

徐中民，张志强，程国栋，2000．当代生态经济的综合研究综述［J］．地球科学进展（6）：688-694．

许春晓，周美静，2014．从共生概念演变看红色旅游共生发展内涵［J］．湖南财政经济学院学报，30（4）：87-91．

许汉石，乐章，2012．生计资本、生计风险与农户的生计策略［J］．农业经济问题，33（10）：100-105．

许恒周，田浩辰，2018．农户生计多样化视角下农地确权政策实施效果评估：基于1254份农户问卷的实证研究［J］．干旱区资源与环境，32（2）：30-36．

闫丽娟，张俊明，2013．少数民族生态移民异地搬迁后的心理适应问题研究：以宁夏中宁县太阳梁移民新村为例［J］．中南民族大学学报，33（5）：24-28．

严奉宪，武洲洋，黄玲玲，2014．农业减灾公共品：农户自主供给意愿及其影响因素分析：基于湖北省农户调查数据［J］．中国农村经济（11）：52-64．

阎建忠，吴莹莹，张镱锂，等，2009．青藏高原东部样带农牧民生计的多样化［J］．地理学报，64（2）：221-233．

阎建忠，喻鸥，吴莹莹，等，2011．青藏高原东部样带农牧民生计脆弱性评估［J］．地理科学，31（7）：858-867．

阎友兵，蒋晟，王忠，2007．社区参与式乡村旅游的优势与实施策略［J］．宁波职业技术学院学报，3（11）：11-14．

阳宁东，邓文，2012．农民专业合作社在乡村社区旅游中的运用［J］．农村经济（3）：125-128．

杨甫旺，2008．异地扶贫搬迁与文化适应：以云南省永仁县异地扶贫搬迁移民为例［J］．贵州民族研究，28（6）：127-132．

杨光梅，2011．草原牧区可持续发展的生态经济路径［J］．中国人口·资源与环境，21（增刊1）：444-447．

杨怀德，李勇进，冯起，等，2016．石羊河流域不同区域农户生计多样性分析［J］．干旱区地理，39（1）：199-206．

杨明洪，刘建霞，2017．旅游资源规模化开发与农牧民生计方式转换：基于西藏"国际旅游小镇"的案例研究［J］．民族学刊，8（3）：9-18．

杨庭硕，杨曾辉，2011．彝族文化对高寒山区生态系统的适应：四川省盐源县羊圈村彝族生计方式的个案分析［J］．云南师范大学学报（哲学社会科学版），43（1）：27-33．

杨曦，2011．贵州省思南县居民对旅游影响的感知行为研究［D］．重庆：重庆师范大学．

杨显明，米文宝，齐拓野，等，2013．宁夏生态移民效益评价研究［J］．干旱区资源与环境，27（4）：16-23.

杨晓飞，朱琳，李后魂，2019.头细蛾专性授粉体系中区域性共生多样化研究［J］.环境昆虫学报，41（2）：302-309.

杨兴柱，陆林，王群，2005.农户参与旅游决策行为结构模型及应用［J］.地理学报，6（60）：928-940.

杨飏，2005.三峡移民适应状况研究：对宜昌市猇亭区移民适应状况的调查［D］.武汉：华中师范大学.

杨云彦，石智雷，2008.家庭禀赋对农民外出务工行为的影响［J］.中国人口科学（5）：66-72.

杨云彦，赵锋，2009.可持续生计分析框架下农户生计资本的调查与分析：以南水北调（中线）工程库区为例［J］.农业经济问题（3）：58-66.

杨兆萍，陈学刚，刘旭玲，2011.喀纳斯图瓦村落社区参与旅游发展调查［J］.干旱区地理，4（34）：700-706.

姚国征，杨婷婷，高永，等，2017.放牧强度对小针茅草原枯落物分解的影响［J］.干旱区资源与环境，31（7）：167-171.

姚娟，陈飙，2010a.生态旅游区少数民族牧民对定居工程及参与旅游的态度研究：以新疆天山天池、那拉提为例［J］.旅游学刊，25（7）：28-34.

姚娟，程路明，石晓平，2012.新疆参与旅游业牧民生计资本研究：以喀纳斯和乌鲁木齐县南山生态旅游区为例［J］.干旱区资源与环境，26（12）：196-202.

姚娟，李建贵，柴军，2010b.生态旅游区定居牧民变迁环境适应研究［J］.新疆农业科学，47（11）：2288-2295.

姚娟，田世政，2007.社区居民"整体搬迁"模式对生态旅游景区管理的影响［J］.林业经济（6）：66-68.

姚娟，2014.新疆大喀纳斯旅游区生态系统服务价值评估与消耗研究［D］.乌鲁木齐：新疆农业大学.

姚娟，2017.天山世界遗产地居民对生态移民影响的感知研究报告［R］.新疆维吾尔自治区旅游局旅游专题科研项目结题报告（新旅研-12-2015）.

叶琪，李建平，2019.人与自然和谐共生的社会主义现代化的理论探究［J］.政治经济学评论，10（1）：114-125.

叶志英，邓小军，2010.试析民族旅游对少数民族妇女的影响：以云南省弥勒县可邑村阿细妇女为个案［J］.兰州石化职业技术学院学报，4（10）：52-55.

殷瑾，马倩，徐梓皓，2012.基于可持续生计框架的农民培训模式和对策研究：以四川省为案例［J］.中国软科学（2）：60-70.

于洪霞，达林太，2013.草原生态环境政策对牧户生计影响的分析：基于阿拉善左旗的调查［J］.内蒙古社会科学（汉文版），34（6）：168-173.

余青，吴必虎，2001.生态博物馆：一种民族文化持续旅游发展模式［J］.人文地理，16（6）：41-43.

余勇，田金霞，2008. 旅游环境中民族文化的生态适应性变化研究 [J]. 湖北民族学院学报（哲社版），26（1）：15-19.

俞立平，潘云涛，武夷山，2009. 学术期刊综合评价数据标准化方法研究 [J]. 图书情报工作，53（53）：136-139.

袁梁，张光强，霍学喜，2017. 生态补偿、生计资本对居民可持续生计影响研究：以陕西省国家重点生态功能区为例 [J]. 经济地理，37（10）：188-196.

岳明珠，2008. 旅游业发展中有限政府主导型模式构建 [D]. 南京：南京师范大学.

张佰林，杨庆媛，苏康传，等，2013. 基于生计视角的异质性农户转户退耕决策研究 [J]. 地理科学进展，32（2）：170-180.

张彪，谢高地，肖玉，等，2010. 基于人类需求的生态系统服务分类 [J]. 中国人口·资源与环境，20（6）：64-67.

张波，2006. 旅游目的地"社区参与"的三种典型模式比较研究 [J]. 旅游学刊，21（7）：69-74.

张灿强，闵庆文，张红榛，等，2017. 农业文化遗产保护目标下农户生计状况分析 [J]. 中国人口·资源与环境，27（1）：169-176.

张春丽，佟连军，刘继斌，2008. 湿地退耕还湿与替代生计选择的农民响应研究：以三江自然保护区为例 [J]. 自然资源学报，23（4）：568-574.

张翠娥，李跃梅，李欢，2016. 资本禀赋与农民社会治理参与行为：基于5省1599户农户数据的实证分析 [J]. 中国农村观察（1）：27-37.

张东杰，都耀庭，2006. 禁牧封育对退化草地的改良效果 [J]. 草原与草坪（4）：52-54.

张杜杰，董志文，2008. 社区参与旅游业发展对景区的影响研究 [J]. 现代商业（32）：282-283.

张芳芳，赵雪雁，2015. 我国农户生计转型的生态效应研究综述 [J]. 生态学报，35（10）：3157-3164.

张富富，2017. 贵州省民族地区生态移民的生计问题研究 [D]. 贵阳：贵州民族大学.

张会萍，胡小云，惠怀伟，2016. 土地流转背景下老年人生计问题研究：基于宁夏银北地区的农户调查 [J]. 农业技术经济（3）：56-67.

张继涛，2009. 乡村旅游社区的社会变迁 [D]. 武汉：华中师范大学.

张洁，杨桂华，2005. 社区居民参与旅游积极性的影响因素调查研究 [J]. 生态经济（2）：303-307.

张晶，2017. 文化与科技共生模式的实证研究 [J]. 东岳论丛，38（12）：140-146.

张丽，赵雪雁，侯成成，等，2012. 生态补偿对农户生计资本的影响：以甘南黄河水源补给区为例 [J]. 冰川冻土，34（1）：186-195.

张丽君，吴俊瑶，2012. 阿拉善盟生态移民后续产业发展现状与对策研究 [J]. 民族研究（2）：23-33.

张丽君，2013. 中国牧区生态移民可持续发展实践及对策研究 [J]. 民族研究（1）：22-34.

张丽萍，张镱锂，阎建忠，等，2008. 青藏高原东部山地农牧区生计与耕地利用模式 ［J］. 地理学报（4）：377 - 385.

张灵波，2010. 世界遗产旅游地旅游开发的社区参与问题研究 ［J］. 绿色科技（7）：162 - 163.

张灵俐，2014. 近三十年来生态移民研究述评 ［J］. 东北农业大学学报（社会科学版），12 （3）：33 - 42.

张灵俐，2008. 新疆哈萨克族游牧民定居问题研究 ［D］. 石河子：石河子大学.

张钦，赵雪雁，雒丽，等，2016a. 高寒生态脆弱区气候变化对农户生计的脆弱性影响评价：以甘南高原为例 ［J］. 生态学杂志，35（3）：781 - 790.

张钦，赵雪雁，王亚茹，等，2017. 高寒生态脆弱区农户对气候变化的适应需求：以甘南高原为例 ［J］. 生态学报，37（5）：1688 - 1698.

张钦，赵雪雁，王亚茹，等，2016b. 气候变化对农户生计的影响研究综述 ［J］. 中国农业资源与区划，37（9）：71 - 79.

张钦，赵雪雁，王亚茹，等，2016c. 气候变化对石羊河流域农户生计资本的影响 ［J］. 中国沙漠，36（3）：814 - 822.

张钦，2016. 气候变化对高寒生态脆弱区农户生计脆弱性的影响 ［D］. 兰州：西北师范大学.

张瑞梅，2011. 生态博物馆建设与民族旅游的整合效应 ［J］. 广西民族大学学报（哲学社会科学版），33（1）：104 - 107.

张瑞荣，方园，李直，等，2018. 牧户加入牧民专业合作社的影响因素研究：以内蒙古牧区为例 ［J］. 中央民族大学学报（哲学社会科学版），45（2）：54 - 64.

张文彤，吴擢春，2004. 分类树中 QUEST 算法与多水平 logistic 模型的联合应用与比较 ［J］. 中国卫生统计（1）：30 - 32.

张武，张淑兰，顾成林，等，2017. 松嫩平原耕作草甸区中小型土壤动物群落特征 ［J］. 干旱区资源与环境，31（2）：128 - 133.

张骁鸣，2006. 体制精英的个人经验及其对农村社区旅游的影响 ［J］. 中国农村观察（1）：30 - 39.

张瑶，徐涛，赵敏娟，2019. 生态认知、生计资本与牧民草原保护意愿：基于结构方程模型的实证分析 ［J］. 干旱区资源与环境，33（4）：35 - 42.

张银银，马志雄，丁士军，2017. 失地农户生计转型的影响因素及其效应分析 ［J］. 农业技术经济（6）：42 - 51.

张引弟，孟慧君，塔娜，2010. 牧区草地承包经营权流转及其对牧民生计的影响：以内蒙古草原牧区为例 ［J］. 草业科学，27（5）：130 - 135.

张滢，2011. 农民专业合作社风险识别与治理机制：两种基本合作社组织模式的比较 ［J］. 中国农村经济（12）：14 - 24.

张咏，2007. 牧民定居与文化转型：新疆木垒县乌孜别克民族乡定居工程的考察报告 ［J］. 青海民族研究，18（1）：47 - 50.

张智光，2019. 提升一流大学人才培养质量的根本出路：教学-科研-社会服务的超循环共生系统 [J]. 国家教育行政学院学报（3）：11-18.

张忠明，钱文荣，2014. 不同兼业程度下的农户土地流转意愿研究：基于浙江的调查与实证 [J]. 农业经济问题，35（3）：19-24.

赵步，李杨，孙明星，等，2019. 水泥-电力行业的产业共生网络构建及区域案例研究 [J]. 环境科学研究，32（2）：190-196.

赵剑波，2014. 陕南生态移民政策对农户经济结构变化的影响研究 [D]. 杨凌：西北农林科技大学.

赵立娟，2014. 参与和未参与灌溉管理改革农户生计资本的对比分析：基于内蒙古灌区农户的调研 [J]. 中国农业大学学报，19（1）：200-208.

赵同谦，欧阳志云，贾良清，等，2004. 中国草地生态系统服务功能间接价值评价 [J]. 生态学报（6）：1101-1110.

赵文娟，杨世龙，王潇，2016. 基于 Logistic 回归模型的生计资本与生计策略研究：以云南新平县干热河谷傣族地区为例 [J]. 资源科学，38（1）：136-143.

赵文武，刘月，冯强，等，2018. 人地系统耦合框架下的生态系统服务 [J]. 地理科学进展，37（1）：139-151.

赵雪雁，李巍，杨培涛，等，2011. 生计资本对甘南高原农牧民生计活动的影响 [J]. 中国人口·资源与境，21（4）：111-118.

赵雪雁，刘春芳，王学良，等，2016a. 干旱区内陆河流域农户生计对生态退化的脆弱性评价：以石羊河中下游为例 [J]. 生态学报，36（13）：4141-4151.

赵雪雁，王亚茹，张钦，等，2016b. 石羊河流域农户的气候变化适应策略选择 [J]. 西北师范大学学报（自然科学版），52（4）：127-134.

赵雪雁，张丽，江进德，等，2013. 生态补偿对农户生计的影响：以甘南黄河水源补给区为例 [J]. 地理研究，32（3）：531-542.

赵雪雁，赵海莉，刘春芳，2015. 石羊河下游农户的生计风险及应对策略：以民勤绿洲区为例 [J]. 地理研究，34（5）：922-932.

赵雪雁，2012. 不同生计方式农户的环境感知：以甘南高原为例 [J]. 生态学报，32（21）：6776-6787.

赵雪雁，2013. 不同生计方式农户的环境影响：以甘南高原为例 [J]. 地理科学，33（5）：545-552.

赵雪雁，2015. 生计方式对农户生活能源消费模式的影响：以甘南高原为例 [J]. 生态学报，35（5）：1610-1619.

赵烨誉，2017. 易地扶贫搬迁移民的可持续生计研究 [D]. 太原：山西大学.

甄霖，刘雪林，李芬，等，2010. 脆弱生态区生态系统服务消费与生态补偿研究：进展与挑战 [J]. 资源科学，32（5）：797-803.

甄霖，刘雪林，魏云洁，2008. 生态系统服务消费模式、计量及其管理框架构建 [J]. 资源科学，30（1）：100-106.

郑丹丹，雷洪，2002. 三峡移民社会适应中的主观能动性 [J]. 华中科技大学学报（人文社会科学版）(3)：51-57.

郑昊，2014. 我国西部地区生态移民小城镇化问题研究 [D]. 成都：西南财经大学.

郑丽，胡龙波，2018. 中国能源产业与金融业共生演化研究 [J]. 西安财经学院学报，31（4）：44-50.

郑瑞强，于婧，2011. 库区旅游开发带动型水库移民安置模式探讨 [J]. 中国水利（14）：62-65.

郑欣，2017. 武陵山区农户生计转型的影响因素及其生态效应研究 [D]. 恩施：湖北民族大学.

钟建兵，邵景安，杨玉竹，2016. 生计多样化背景下种植业非点源污染负荷演变 [J]. 地理学报，71（7）：1201-1214.

仲俊涛，米文宝，樊新刚，等，2016. 宁夏限制开发生态区农村社区发展能力评估 [J]. 浙江大学学报（理学版），43（1）：1-7.

周红格，2011. 从传统到新型：牧业合作社的制度选择 基于可持续发展的比较分析 [J]. 前沿（5）：138-141.

周洁，姚萍，黄贤金，等，2013. 基于模糊物元模型的南京市失地农民可持续生计评价 [J]. 中国土地科学，27（11）：72-79.

周李磊，官冬杰，袁兴中，2018. 精准扶贫视角下生态系统服务与贫困人口生计耦合关联分析 [J]. 生态学报，38（18）：6391-6401.

周立华，侯彩霞，2019. 北方农牧交错区草原利用与禁牧政策的关键问题研究 [J]. 干旱区地理，42（2）：354-362.

周升强，赵凯，2020. 草原生态补奖政策对农牧民牲畜养殖规模的影响：基于生计分化的调节效应分析 [J]. 中国人口·资源与环境，30（4）：157-165.

周晓芳，2017. 社会-生态系统恢复力的测量方法综述 [J]. 生态学报，37（12）：4278-4288.

周永广，姜佳将，王晓平，2009. 基于社区主导的乡村旅游内生式开发模式研究 [J]. 旅游科学，23（4）：36-41.

朱建军，胡继连，安康，等，2016. 农地转出户的生计策略选择研究：基于中国家庭追踪调查（CFPS）数据 [J]. 农业经济问题，37（2）：49-58.

朱平，2019. 重建人类与自然的共生观：环境伦理学诞生之价值 [J]. 哈尔滨工业大学学报，21（3）：102-107.

朱秀红，2005. 新疆游牧民族定居问题的研究 [D]. 乌鲁木齐：新疆大学.

邹婧汝，赵新全，2015. 围栏禁牧与放牧对草地生态系统固碳能力的影响 [J]. 草业科学，32（11）：1748-1756.

左冰，陈威博，2016. 旅游度假区开发对拆迁村民生计状况影响：以珠海长隆国际海洋度假区为例 [J]. 热带地理，36（5）：776-785.

BERINGER A L，KAEWSUK J，2018. Emerging livelihood vulnerabilities in an urbanizing and climate uncertain environment for the case of a secondary city in Thailand [J]. Sustainability, 10 (5): 1452.

BENNETT E M, BALVANERA P, 2007. The future of production systems in a globalized world [J]. Frontiers in ecology and the environment, 5 (4): 191 - 198.

BIJMAN J, HENDRIKSE G, OIJEN A, 2013. Accommodating two worlds in one organization: Changing board models in agricultural cooperatives [J]. Managerial and Decision Economics, 34 (3 - 5): 204 - 217.

BLOCK S, WEBB P, 2001. The dynamics of livelihood diversification in post-famine Ethiopia [J]. Food policy, 26 (4): 333 - 350.

BROUGHAM J E, BUTLER R W, 1981. A segmentation analysis of resident attitudes to the social impact of tourism [J]. Annals of tourism research, 8 (4): 569 - 590.

CHADDAD F, ILIOPOULOS C, 2013. Control rights, governance, and the costs of ownership in agricultural cooperatives [J]. Agribusiness, 29 (1): 3 - 22.

CHAMBERS R, CONWAY G, 1992. Sustainable rural livelihoods: Practical concepts for the 21st century [M]. Brighton, England: Institute of Development Studies.

CHERTOW M R, 2007. "Uncovering" industrial symbiosis [J]. Journal of industrial ecology, 11 (1): 11 - 30.

CHOGUILL M B G, 1996. A ladder of community participation for underdeveloped countries [J]. Habitat international, 20 (3): 431 - 444.

COSTANZA R, D'ARGE R, DE GROOT R, et al., 1997. The value of the world's ecosystem services and natural capital [J]. Nature, 387 (6630): 253 - 260.

DE BELLO F, LAVOREL S, DÍAZ S, et al., 2010. Towards an assessment of multiple ecosystem processes and services via functional traits [J]. Biodiversity and Conservation, 19 (10): 2873 - 2893.

DIXON J A, GIBBON D P, GULLIVER A, 2001. Farming systems and poverty: Improving farmers' livelihoods in a changing world [M]. Rome, Italy: Food and Agriculture Organization of the United Nations.

ELLIS F, 2000. Rural livelihoods and diversity in development countries [M]. New York: Oxford University Press.

FARVER J A M, 1984. Tourism and employment in the Gambia [J]. Annals of tourism research, 11 (2): 249 - 265.

FISHER B, TURNER R K, MORLING P, 2009. Defining and classifying ecosystem services for decision making [J]. Ecological economics, 68 (3): 643 - 653.

FISHER B, TURNER R K, 2008. Ecosystem services: Classification for valuation [J]. Biological conservation, 141 (5): 1167 - 1169.

GAO L P, KINNUCAN H W, ZHANG Y, et al., 2016. The effects of a subsidy for grassland protection on livestock numbers, grazing intensity, and herders' income in Inner Mongolia [J]. Land use policy, 54: 302 - 312.

INSKEEP E, 1994. National and regional tourism planning: Methodologies and case studies [M]. London: Routledge.

KATES R W, CLARK W C, CORELL R, et al. , 2001. Sustainability science [J]. Science, 292 (5517): 641－642.

KREMER P, HAMSTEAD Z A, MCPHEARSON T, 2016. The value of urban ecosystem services in New York City: A spatially explicit multicriteria analysis of landscape scale valuation scenarios [J]. Environmental science & policy, 62: 57－68.

LA NOTTE A, VALLECILLO S, MARQUES A, et al. , 2019. Beyond the economic boundaries to account for ecosystem services [J]. Ecosystem services, 35: 116－129.

MACDONALD K A, BECA D, PENNO J W, et al. , 2011. Effect of stocking rate on the economics of pasture-based dairy farms [J]. Journal of dairy science, 94 (5): 2581－2586.

MARTINS I M, GASALLA M A, 2018. Perceptions of climate and ocean change impacting the resources and livelihood of small-scale fishers in the South Brazil Bight [J]. Climatic change, 147 (3): 441－456.

MATARRITA-CASCANTE D, 2010. Beyond growth: Reaching tourism-led development [J]. Annals of tourism research, 37 (4): 1141－1163.

MBAIWA J E, 2011. Changes on traditional livelihood activities and lifestyles caused by tourism development in the Okavango Delta, Botswana [J]. Tourism management, 32 (5): 1050－1060.

MURPHY P, 2013. Tourism: A community approach (RLE Tourism) [M]. London: Routledge.

NGUYEN T T, DO T L, BÜHLER D, et al. , 2015. Rural livelihoods and environmental resource dependence in Cambodia [J]. Ecological economics, 120: 282－295.

POSTEL S, BAWA K, KAUFMAN L, et al. , 2012. Nature's services: Societal dependence on natural ecosystems [M]. Washington DC: Island Press.

PRATIW I S, 2000. Understanding local community participation in ecotourism development: A critical analysis of select published literature [D]. East Lansing, Michigan: Michigan state university.

PRETTY J, 1995. The many interpretations of participation [J]. Focus, 16 (4): 4－5.

RAUDSEPP-HEARNE C, PETERSON G D, BENNETT E M, 2010. Ecosystem service bundles for analyzing tradeoffs in diverse landscapes [J]. Proceedings of the National Academy of Sciences, 107 (11): 5242－5247.

RAWLINS J M, LANGE W J D, FRASER G C G, 2018. An ecosystem service value chain analysis framework: A conceptual paper [J]. Ecological economics, 147 (5): 84－95.

ROBINSON B E, ZHENG H, PENG W, 2019. Disaggregating livelihood dependence on ecosystem services to inform land management [J]. Ecosystem services, 36, 100902.

SEBELE L S, 2010. Community-based tourism ventures, benefits and challenges: Khama

Rhino Sanctuary trust, central district, Botswana [J]. Tourism management, 31 (1): 136 – 146.

SHARPLEY R, VASS A, 2006. Tourism, farming and diversification: An attitudinal study [J]. Tourism management, 27 (5): 1040 – 1052.

SCOONES I, 1998. Sustainable rural livelihood: A framework for analysis [R]. IDS Working Paper 72, Brighton: IDS.

SHEKHAR SILORI C, 2004. Socio-economic and ecological consequences of the ban on adventure tourism in Nanda Devi Biosphere Reserve, western Himalaya [J]. Biodiversity & conservation, 13 (12): 2237 – 2252.

SOINI E, 2005. Land use change patterns and livelihood dynamics on the slopes of Mt. Kilimanjaro, Tanzania [J]. Agricultural systems, 85 (3): 306 – 323.

STRONZA A L, 2000. "Because it is ours": Community-based ecotourism in the Peruvian Amazon [M]. Gainesville, Florida: University of Florida.

TAO T C H, WALL G, 2009. Tourism as a sustainable livelihood strategy [J]. Tourism management, 30 (1): 90 – 98.

TAVALLAEE S, ASADI A, ABYA H, et al., 2014. Tourism planning: An integrated and sustainable development approach [J]. Management science letters, 4 (12): 2495 – 2502.

VANSLEMBROUCK I, VAN HUYLENBROECK G, VERBEKE W, 2002. Determinants of the willingness of Belgian farmers to participate in agri-environmental measures [J]. Journal of agricultural economics, 53 (3): 489 – 511.

VIAGGI D, RAGGI M, Y PALOMA S G, 2011. Farm-household investment behaviour and the CAP decoupling: Methodological issues in assessing policy impacts [J]. Journal of policy modeling, 33 (1): 127 – 145.

WALLACE K J, 2007. Classification of ecosystem services: Problems and solutions [J]. Biological conservation, 139 (3 – 4): 235 – 246.

WUNDER S, 2000. Ecotourism and economic incentives: An empirical approach [J]. Ecological economics, 32 (3): 465 – 479.

YANG G, LIU Z, ZHOU H, 2015. Evaluation of the effect of ecological migration on rural household development capability [J]. Journal of human resource and sustainability studies, 3 (1): 9.

YANG W, DIETZ T, KRAMER D B, et al., 2013. Going beyond the Millennium Ecosystem Assessment: An index system of human well-being [J]. PloS one, 8 (5): e64582.

ZHU Z, ZHANG X, 2006. Theoretical critical value curve and driving force formation of ecological migration in the arid land [J]. Chinese science bulletin, 51 (1): 196 – 203.

后 记
POSTSCRIPT

走过了 2020 年不平凡的历程，自然万物共生的地球和人类社会万象丛生的世界是否能形成更和谐和可持续的关系，尚需各方各界的努力和理解。本书讨论我国西部边疆区域重要的天山世界自然遗产保护地旅游开发、生态保护、居民生计、生态系统服务利用等相互之间的复杂关系，在新疆天山天池、喀拉峻、巴音布鲁克等景区开展了较长期的跟踪调查，相关研究成果也分享给了当地的各管理和经营部门，期望本研究能产生更有价值的后续影响和多方效益。

本书最终出版感谢国家自然科学基金委项目、新疆维吾尔自治区农业经济管理重点学科、新疆维吾尔自治区干旱区农村发展研究中心给予经费资助。研究调查和跟踪过程持续近 10 年，与整个研究团队的共同努力是分不开的，也感谢新疆农业大学经贸学院前任和在任的全体领导，以及学院同事、研究生们给予的帮助和支持。特别感谢新疆农业大学副校长綦群高教授，新疆农业大学经济管理学院刘维忠教授、余国新教授、夏咏教授、宋玉兰教授、何峰书记等领导老师的支持和鼓励。

本书得以付梓要特别感谢中国农业出版社的编辑姚佳女士，感谢她一如既往的文字审阅支持，感谢她包容我拖延近 4 年的成书过程。

古人云"五十而知天命"。在现代科技推动下，适应信息技术后的"五〇后"们活跃在社会科技的各个领域。除了生理上眼花、体力下降、精力衰退等症状外，大脑仿佛更活跃，经验积累下性格更沉稳，更能应付一些重要的场景。鉴于此，逐渐明白此天命是人生无常，是自然规律，是机缘巧合，但绝不是倚老卖老、知难而退。

希望在进入五字头的新人生中百尺竿头，仍有勇气尝试新信息技术，适应新生命阶段的新挑战；如年青时代一样保持向上的生命力，葆有旺盛的求知欲，追求内心的丰盈，感受美的事物对精神的滋养。分享科研学术上的点滴收获，与诸君共勉！

姚 娟

2022 年 5 月 25 日